全彩版

# THE NEW SELL

## AND

# SELL SHORT

How to Take Profits, Cut Losses, and Benefit from Price Declines

## 以交易为生

## （II）

·珍藏版·

## 卖出的艺术

［美］ 亚历山大·埃尔德——著 马福云——译 郑磊——审校
（Alexander Elder）

机械工业出版社
CHINA MACHINE PRESS

## 图书在版编目（CIP）数据

以交易为生 . Ⅱ，卖出的艺术：珍藏版 /（美）亚历山大·埃尔德（Alexander Elder）著；马福云译 . —北京：机械工业出版社，2024.1

书名原文：The New Sell and Sell Short: How to Take Profits, Cut Losses, and Benefit from Price Declines

ISBN 978-7-111-74696-6

Ⅰ.①以… Ⅱ.①亚… ②马… Ⅲ.①股票投资—基本知识 Ⅳ.① F830.91

中国国家版本馆 CIP 数据核字（2024）第 017813 号

机械工业出版社（北京市百万庄大街 22 号　邮政编码 100037）
策划编辑：顾　煦　　　　　　责任编辑：顾　煦
责任校对：张慧敏　陈　越　　责任印制：常天培
北京宝隆世纪印刷有限公司印刷
2024 年 5 月第 1 版第 1 次印刷
170mm×230mm·20.75 印张·1 插页·262 千字
标准书号：ISBN 978-7-111-74696-6
定价：129.00 元

电话服务　　　　　　　　　网络服务
客服电话：010-88361066　　机 工 官 网：www.cmpbook.com
　　　　　010-88379833　　机 工 官 博：weibo.com/cmp1952
　　　　　010-68326294　　金 书 网：www.golden-book.com
封底无防伪标均为盗版　　　机工教育服务网：www.cmpedu.com

献给伊娜·费尔德曼，

埃尔德公司的主管，

是她的关照、仁慈和正直，

帮助公司在过去的 12 年获得良好的发展

任何交易都有着两面：买进与卖出。

买进容易，但卖出很难。

只要听到有关公司的好消息，谁都能做出买进的决定。可当你拥有一只股票时，决定应该何时出手可不容易。

人们喜欢拥有希望的感觉，当你持有一只股票时，你往往是怀有希望的。如果这只股票涨了，你会对其拥有更多的希望。而一旦股价掉头向下，你的希望也会立刻随之起伏。

这其实是大多数业余投资者的交易方法。而大多数专业的投资者，他们对待交易通常是冷漠的。专业投资者买卖股票就像小店铺老板买卖蔬菜：挑新鲜的买，捡成熟的卖，把烂掉的扔掉。

本书旨在帮助投资者学会盈利与止损之道。市场是双行线，可涨可跌，懂行的投资者可以在两个方向都赚到钱。在本书中我将会与你分享我从牛市与熊市学到的经验与教训。通过本书，你将学会如何在两个方向都获利的技巧：即市场上涨与市场下跌。

成功的交易取决于 3 个 M：即思维（Mind）、方法（Method）与资金（Money），它们所反映的是心理学、分析以及风险控制三个维度。全世界各地的投资者在交易时的情绪是相似的，因此同样的风险管理规则对各地的投资者都适用，技术分析也是如此。我生活在美国，并在美国从事交易，但我已经将我的方法传授到世界各地，其中包括新加坡、中国香港与台湾，而当我在这些城市从事交易时，这些方法也依旧是行之有效的。我非常期待某天能到中国大陆来传授我的交易方法。

衷心祝愿你能成为一个知识渊博且成功的交易员。祝你成功！

亚历山大·埃尔德博士

市场涨跌交替，犹如季节变换。

活蹦乱跳的小狗会有老的一天，等它老了，虽然不舍但人们还是会把它送到宠物管理处以脱离苦难。明明看好的股票却大幅下跌，资产严重缩水让你苦不堪言……是时候了结这笔交易了。买入股票时人们通常都会觉得很刺激，一腔热情、满怀期待，卖出时却不那么容易，通常也没什么开心可言，但必须卖出。

我想通过本书谈一谈交易的基本构成要素——卖出这个话题，另外我还会讨论做空交易的问题。业余投资者不知道如何做空，也害怕做空，职业投资人却喜欢从做空中获利。股票下跌的速度比上升的速度快很多，了解做空的交易者其获利的机会也会因此倍增。不过在学习做空前，我还是建议先学习何时卖出及如何做好卖出这项工作。打起精神，我们开始学习卖出吧！

## 为什么卖出

市场也会呼吸，当其吸满空气时便会将空气呼出，股市既然会涨也注定会有一跌。想在交易中有所成就，就必须了解市场涨跌规律，同时搞明白自己该何时入场、何时出场。

买入的理由很多，你或许会在乐观情绪或担心错过一次好机会的驱使下买入，也或许会在听到一则有关新产品上市或者听到一个兼并的传闻时买入，也或许是在翻看了市场行情发现一只走势很好的股票时……当你觉得买入理由充分后，你叫经纪人帮你买了股票，随后压力开始了。如果这只股票盘整，你会感到不安，一段时间后你开始怀疑自己是不是又买错了，糟糕的是别的股票开始上涨，而你的股票却纹丝不动，你多半会考虑是不是要卖掉这只股票；如果这只股票顺利上涨，它又会给你带来新的困扰，你会纠结于下列三种选择：获利了结、增加头寸或者静观其变。静观其变是很困难的，尤其对男士来说，因为他们从小就是听着"别总站在那儿，做点儿事吧"这样的话长大的；最糟糕的一种情况是这只股票跌了，你觉得心痛，你心中一定做了痛苦的决定："只要回本，我就立马卖了它。"

对很多人来说，股票微跌时他们心理上最舒服。这个下跌不至于让人感到痛苦，并且价格就在买入价附近，也没有什么卖出的理由。因为亏钱不多也没有别的卖出理由，所以这个时候他们通常会选择什么都不做。

压力是正确决策的天敌，人们处在压力之下就很难保持客观，所以我建议你在开始一笔交易前写下计划，计划必须列明买入的原因，并且包含三个重要的价格：入场价格、止损保护价格、盈利目标价格。在买入前就做好卖出计划，这是为了让你运用理智，如果不理智地去交易，小心自己变成煮熟了的青蛙。

为什么做计划的人不多呢？

有两个原因。第一，大多数交易者从来都不知道上面所述的内容，而新手和场外人士基本没有这个概念。第二个原因是人们喜欢幻想，写一个计划会打乱他们的白日梦，幻想很"丰满"，而写下具体目标和应变计划则

"骨感"得多。

当你拿起本书时，我就认为你已经选择了实实在在的利润，而不是甜美的白日梦。欢迎阅读本书，让我们一起来学习卖出及做空。

## 提问与回答

发现一只好股票，买入后看着股价飙升的感觉非常美妙；做空一只股票后，看着价格下跌也同样让人兴奋。但这些都只是交易游戏中的一小部分，大多数时候我们要面临的是各种各样的问题和麻烦，而做好交易计划则是解决这些问题的有效途径。

做交易计划是件既耗时又费力的事。有时你看了很多股票，也没发现什么亮点；有时找到了一只好股票，你的资金管理又要求不允许介入。你可能会在瞬间完成一笔交易，但要花半天时间来写交易日志。对一个认真的交易者而言，虽然交易计划会耗费很多的时间和精力，但他仍然会坚持去做。我认为华尔街交易员应该谨记"成功是10%的灵感加90%的勤劳"这句名言。

为了做好交易前的准备，本书引入了"提问和回答"这个环节。希望借此回答什么样的机会才是好机会，什么样的风险才是最大的风险这类问题。我常对我的学生说：给我一个做了很好交易记录的人，我会把他打造成一名优秀的交易员。请仔细阅读本书，它会帮你养成提出想法、检验想法并做好交易记录的习惯。我会特别关注你们对书后问题的回答，但不评判对错，我更想让你们了解答案背后的原因。

请不要匆匆翻阅本书，要知道交易是场马拉松长跑，而不是百米赛跑，每天花点时间去思考书后的这些问题，在你都已经对这些问题有过思考之后，记下你的业绩表现。然后放下本书专心交易两三个月，再重新看看你的交易业绩是否有提升。交易与其他的追求一样，付出越多回报越多。

　　交易是个孤独的游戏，所以我鼓励学员与他人分享研究和学习成果。我的一些学员也因此成了好朋友。现在，拿起本书你就已经做出了面对现实考验的决定，祝愿你能在交易生涯中取得成功。

亚历山大·埃尔德

纽约，2011 年

# 目录

中文版序

前言

## 第一部分　心态、风险管理和做好交易记录

|第1章|　**买入**　3

　　交易者要面对的三个重要选择　3

　　工欲善其事，必先利其器：交易者的工具箱　7

|第2章|　**交易心态和风险管理**　9

　　把心态当作交易工具　9

　　资金管理的意义和方法　11

|第3章|　**做好交易记录**　14

　　好记录，好交易　14

　　交易者的表格：基础工作　15

　　交易日记：持续盈利的关键　17

　　如何记录交易计划　21

玛格丽特的方法：把图表挂在墙上　　　　25

给交易表现评分　　　　26

两种交易策略　　　　27

第一部分　练习题　　　　28

第一部分　答案　　　　41

评分　　　　49

## 第二部分　如何卖出

|第 4 章|　**止盈**　　　　55

移动平均线卖出　　　　57

使用通道技术卖出　　　　64

压力位卖出　　　　76

|第 5 章|　**止损**　　　　87

铁三角止损　　　　90

市价止损和限价止损　　　　91

硬止损和软止损　　　　93

糟糕的止损位　　　　94

止损设在前低上：减少滑点　　　　99

尼克止损法　　　　100

使用宽幅止损的时机　　　　104

移动止损　　　　107

安全区止损　　　　109

波幅减少追踪止损法　　　　111

|第 6 章|　**因交易噪声卖出**　　　　115

上涨动力减弱　　　　116

因"交易噪声"而卖出的短期交易案例　　　　118

主观长线交易案例   120

业绩公告发布前卖出   124

市场警钟   129

使用新高新低（NH-NL）指标进行交易   133

卖出决策树   135

第二部分 练习题   140

第二部分 答案   161

评分   175

## 第三部分   如何做空

### |第7章| 做空股票   182

第一次做空   186

顶底不对称   188

顶部做空   190

下跌趋势中做空   195

基本面做空   198

寻找可以做空的股票   205

衡量空头强度的指标   209

### |第8章| 做空非权益类产品   214

做空期货   214

卖出期权   223

外汇   229

第三部分 练习题   233

第三部分 答案   244

评分   252

## 第四部分　熊市课程

| 第9章 | 熊市赚钱 | 258 |
| --- | --- | --- |
| | 大熊苏醒 | 258 |
| | 提前发出警示的情绪指标 | 260 |
| | 牛市见顶 | 262 |
| | 2007 年市场见顶时的顶背离 | 264 |
| | MGM：泡沫破灭 | 265 |
| | 做空猛涨的股票 | 267 |
| | 毁灭价值的熊市 | 270 |
| | 游弋在主要趋势中 | 272 |
| | 在下跌通道中交易 | 274 |
| | 准备收获惊喜 | 276 |
| | 牛市不言顶，熊市不言底 | 278 |
| | 警钟为谁鸣两次 | 280 |
| | 巴菲特先生买得太早 | 283 |
| | 我能火上浇油吗 | 285 |
| | 不断在下跌中做空 | 287 |

| 第10章 | 探索底部 | 290 |
| --- | --- | --- |
| | 股票市场不会跌到零 | 290 |
| | 双螺旋买入信号 | 292 |
| | 及时、准时入场 | 293 |
| | 我最喜欢的大底信号 | 296 |
| | 卖出手中的牛股 | 297 |
| | 每次牛市都磕磕绊绊 | 300 |
| | 令人错愕的做空 | 302 |

| 总结 | 305 |
| --- | --- |

致谢 309

参考文献 311

作者简介 314

读者反馈 316

# 心态、风险管理和做好交易记录

## PART 1

要成为一名成功的交易者，你需要有一种方法，这种方法会帮你发现交易机会，并且这种方法可付诸实践。方法加上纪律会让你走上交易的成功之路。

新手没有计划，也不会方法，更不知道何为纪律、应该遵守哪些纪律。他们每天在各种信息、各种声音中跳来跳去。他们可能今天看到一则关于盈利的新闻后买入，明天又可能在看到（极有可能是自己想象的）头肩顶的形态后卖出，这种情况在交易新手中很常见。要摆脱这种状况，达到以交易为生的目的，就必须制订非常清晰的交易计划和保护措施，以实现一个不断上升的资产曲线。

我自己的操作方法是关注价格和价值之间的距离，奇怪的是，即便我当众在图表中指出的时候，也很少有人注意到这一点。这个概念很简单：价格和价值不同，价格可以低于价值，或在价值之上，抑或等于价值。价格和价值之间的距离或许很大，或许很小，或许正在增加或正在减少。

很少有技术分析交易者想过价格和价值之间的不同。这个想法似乎更适合基本面分析者，但他们同技术分析者一样，也没能处理好这个关系。当我认为未来某个事件会增加一只股票的价值，而目前价格又低于价值时，我会考虑买入。在价值之下买入，在价值之上卖出，并有清晰的逻辑，这样做才能让我在面对逆境时坚定信心。为了实现这个想法，我们需要回答三个问题：如何定义价值；如何追踪价值变化；如何衡量价格与价值之间的差距。

| 第 1 章 |

# 买　入

做交易既需要信心，又需要谦虚。因为市场太过庞杂，一个人无法掌控所有事情，其信息及知识也绝不可能完备，所以交易者应当保持必要的谦虚，这也是我们要选择研究领域的原因。在特定领域开展交易并最终成为该领域的专家，这样才能在该领域拥有信心，但对其他领域应当保持足够谦虚。把金融市场和医学做比较就会发现，现在的医生不可能同时是一名外科专家、精神病学专家和儿科专家。做一名通晓各个领域的名医，这在几个世纪之前或许有可能，但在当代医生必须选择专业化之路。

## 交易者要面对的三个重要选择

认真的交易者需要专业化，他必须选择一个研究和交易的领域。交易者必须做出一些关键性的选择。

### 技术分析 VS. 基本面分析

股票基本面分析员研究上市公司的价值，在期货市场上，基本面分析员探索商品的供需平衡。相反，技术分析者相信股票或期货价格已经反映一切。技术分析者研究走势图和指标系统并得出在当前交易中多空双方谁会胜出的结论。毫无疑问，在两种方法之间会有一些交集。严谨的基本面交易者在交易时会看图表，同样，严谨的技术分析者在交易时，也会希望获得一些关于市场基本面的信息。

## 趋势 VS. 反趋势交易

几乎每个走势图都由价格的趋势性运动和横盘整理构成。强趋势吸引初学者，因为从上涨走势图上可以清晰地看到，如果在底部买入，并且持有到现在，就会赚一大笔钱。不过有经验的交易者知道，大的趋势在图中并不是清晰可见的，在中间似乎很清晰的趋势发展到边缘时，反而显得模糊了。追踪趋势就像骑着一匹总想将你摔下的野马，趋势交易也比它看起来要困难得多。

市场时常会持续地上下往复，虽然没有科学方法能说明为什么这样震荡，但反趋势交易者会利用这种震荡特性做交易。

如图 1-1 所示，获利了结或是做空的纠结心理摆在你面前。从图中很容易辨识出从左侧底部向右的上升趋势，它似乎在叫人买入并持有。但要知道，这是历史走势，如果你此刻有一张多单，你一定会想这个上升趋势会不会在今天或者就在这一小时结束，耐心等待需要强大的心智。

反趋势交易有其自身的利弊。反趋势交易持续时间较短，也不需要太多耐心，这就决定了反趋势交易者只能获得较少的回报。不过对于反趋势交易者来说，有一点非常重要，那就是要"管住自己的手"，等待适当的时机出击。

在《机械交易系统》一书中，理查德·威斯曼清晰地描述了三种类型的交易者——趋势跟踪型、平均反转（反趋势）型和日内交易者的区别。他们有不同的脾性，会把握不同的交易机会并且面对不同的挑战。尽管大多数人的交易风格属于上述三种之一，但大家在做决策时很少会意识到自己是哪类交易者。不过，一位交易者能了解自己的脾性、喜好以及交易风格，是绝对有益的。

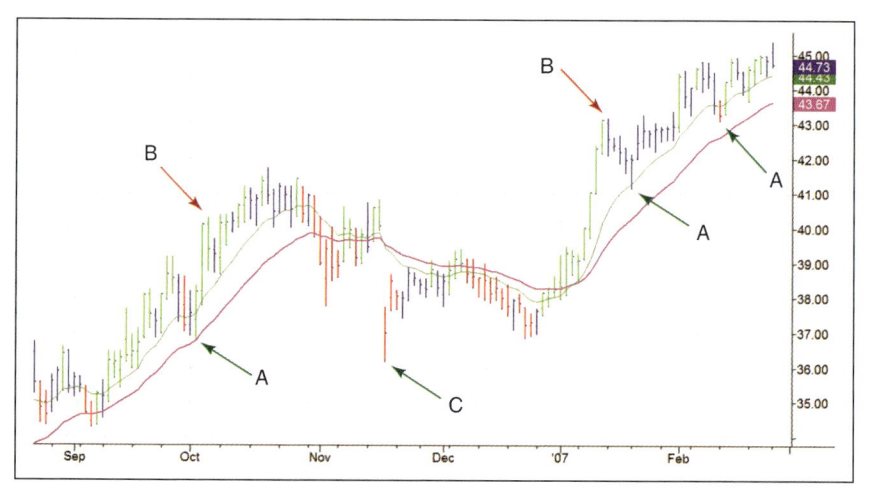

图 1-1　移动平均线确定价值

MW 日线 z 走势图，13 日快速 EMA 和 26 日慢速 EMA

A. 在上升趋势中拉回到价值附近可以买进

B. 价格远在价值之上准备卖出

C. 价格远低于价值时买进

注：慢速 EMA（指数移动平均）很少改变方向，其角度显示价值的增加或减少量。快速EMA 更加灵敏。在上升趋势中，当价格跌入两条线之间的区域时，它们指示了一个好的买入机会。价格被价值用橡皮筋绑着，你可以看到价格每次折回都是因为它离慢速 EMA太远。当橡皮筋拉升至最大，就是在暗示价格距离价值太远，可能有操作机会。

## 主观交易 VS. 系统交易

主观交易者在交易时会看价格走势图，从中获取有利信号，然后做出买卖决定。分析图表和制定决策对大多数主观交易者来说是一个刺激而积极参与的过程。

系统交易者不能接受这种看起来很随意的交易方式。他们不喜欢主观交易者这种渐进式<sup>⊖</sup>的决策过程，而更喜欢研究价格的历史数据，设计一个在历史中表现优异的系统，并做优化，然后使用。与前面的过程相同，他们让系统追踪市场并产生买卖信号。系统交易者利用的是市场会重演这一特性，当然，好的系统交易者知道市场不会简单地重复过去。衡量一个交易系统好坏的依据是系统的稳健性。系统的一致性是指在市场条件改变的情况下它依然保持合理的状态。

这两种交易方式都有一些缺点，主观交易容易让交易新手做出鲁莽的决定，随意交易，而系统交易初学者也常常掉入曲线拟合的陷阱中，他们花大量时间来做研究，最后做出一个在历史中表现完美的系统。可是，如果仅仅是在历史测试中表现完美又有何用？历史永远不会简单地重复。

主观交易让我着迷，作为主观交易者，在研究大盘指数和产业群后，我做出做多或做空的交易决定，然后大致确立买卖价格，并应用资金管理规则来决定交易规模，最后实施交易。在照计划卖出后，价格跳水，并且持续了一段时间，这会给人带来一种莫名的快感。

要决定成为主观交易者还是系统交易者不用分析成本／收益比，顺着自己的脾性、喜好就好，这和选择在哪儿生活、接受什么样的教育、是否结婚以及和谁结婚一样。有意思的是，这两种交易者在其水平达到很高的时候，他们的行为会让人分不清他们具体属于哪一类型。在我看来，顶尖的系统交易者会持续像主观交易者那样行事：何时激活系统 A，何时在系统 B 上减少资金，何时从交易池中增加或减少一个交易品种。与此同时，精明的主观交易者也有看起来非常机械的一系列交易规则。比如，我绝不对抗组合系统给出的信号，也不会在日线图的通道上轨买入或在通道下轨

---

⊖ 渐进式的决策方式，主观交易者并非像交易新手那样完全凭直觉或者情绪进行交易，而是在决策之前要进行涨跌要素的分析，比如先分析市场方向，然后分析当前是否是入场机会，如果不是，可能的入场机会在哪里等，这种决策方式是一步一步得来的；系统交易方式则相对"死板"，只依据系统信号进行交易。——译者注

做空。他们在开立头寸的时候，会将两种交易方式结合起来，但并不改变自己的基本方法。

　　还有一个关键的决定是选择专注哪个市场，股票市场、期货市场、期权市场还是外汇市场？你或许想进一步深入了解这些市场哪个更适合你，比如选择一个具体的股票组合或者一些具体的期货品种，体会并考察哪个市场更适合你，这无可厚非。做出一个合理的决定将帮助你避免左右为难，这也是很多人常犯的毛病。所有这些选择都没有对错之分。你选择的主要依据是它与你的脾性是否完美契合。只有"菜鸟"才会鄙视那些做出与自己不同选择的人。

## 工欲善其事，必先利其器：交易者的工具箱

　　在本书第1版中，我用整整一章来描述我的交易工具箱。有读者喜欢，也有读者抱怨，因为这些知识我已经在第1版<sup>⊖</sup>中写过了。因此，在本书中，我决定简单描述我所使用的工具箱。

　　观察一根K线，我们只能看到五个数据：开盘价、最高价、最低价、收盘价和成交量，期货图表上还包括持仓量。因此，我制定了"五颗子弹"规则——在任意走势图上不允许超过五个指标，如果的确需要，你还可以再加一个，但绝不要再多了。于我而言，四个足矣：移动平均线、交

---

　　⊖　我的方法和技术描述如下：《以交易为生》（本书已由机械工业出版社出版）写了很多交易心理和技术分析指标方面的内容，这本书介绍了三重滤网系统和强力指标。《走进我的交易室（2002）》减少了心理学和技术分析但增加了资金管理和交易计划，里面介绍了组合系统和安全区域止损的概念。《入场和出场（2006）》回顾了16位交易者的成功和失败传奇，书中我对他们每次交易都有评论。还有这些书的彩印版专辑系列。如果你正准备阅读上述这些书中的一本，我建议选《走进我的交易室》，当然所有这些书也都可以作为学习用书。

易通道、MACD 和强力指标<sup>⊖</sup>。你也可以不使用这四个指标，在确定理解了其他指标的工作原理、使用条件和优缺点的基础上放心使用那些指标。选择一个容易上手的工具，深入学习、不断运用，直到你对这些指标的应用得心应手为止。

经典形态如头肩顶、三角形、趋势线怎么样呢？我相信大多数经典形态所谓的意义在于——仁者见仁，智者见智——交易者在图上画经典形态是为了肯定他们的看法，我对经典形态持怀疑态度，因为经典形态太过主观，而我只相信最简单的模式——支撑线和阻力线以及突破和回调。我喜欢计算过的<sup>⊜</sup>指标，因为它们的信号清晰且没有多重解释。

新手对技术分析认识得比较肤浅，他们通常只是简单地将两个指标组合起来。我经常收到读者来信，多数人会问"移动平均线、MACD 和其他指标的确切参数设置是多少？"诸如此类的问题，他们说想通过直接套用我的参数以节省时间，以为那样他们就可以在交易中获利了。他们太天真了，试问，不是自己辛苦研究创造出的交易工具，你在逆境市场中怎么坚定对自己交易工具的信心？

我相信成功的交易有三个基本要素——方法、心态和资金管理。方法即指标和工具仅仅是其中的一个组成部分，同样重要的是心态和资金管理，良好的交易成绩总是将所有这些结合在一起。

---

⊖　强力指标（force index，FI），由本书作者发明，用来指示上升或下降趋势力量大小的技术指标，计算方法：FI=（当前时段收盘价 – 前一时段收盘价）× 当前时段成交量。——译者注

⊜　作者使用的四个指标都是将价格、成交量等要素进行计算，因此称之为计算过的指标。——译者注

# 第 2 章

# 交易心态和风险管理

你的交易工具是什么？一台计算机、一些软件包和数据库，这些就够了吗？你访问了一些与交易相关的网站，也买了一摞与交易相关的书籍，你是不是认为这样就能做好交易了？

## 把心态当作交易工具

你的情绪、期望和恐惧，会直接影响交易结果，过度的情绪波动会让你一败涂地。[一]因此，你的决策制定过程必须清晰且没有偏见，这样才能够让你增加交易经验，使你成为一名更好的交易者。

我在所有的书中都反复讨论交易心态的重要性，在《以交易为生》中尤为突出，我坚信能否处理好个人情绪是交易成功的关键。

### 独处

成功的交易需要自己制订计划并坚定执行，当压力来临时，人们往往会随意或模仿他人交易，这很容易导致交易失败。我要说的是，在制订

---

　　○　你可以在 spiketrade 公司的网站上做一个测试来评估你当前的交易是否合格。

和实施自己的交易计划时，必须和外界保持距离。当一次交易仍然在进行的时候，你不能告诉他人你的交易计划，你需要与自己的交易一起保持孤独，学习你所能学习的，制定决策，记录计划，默默地实施计划。你可以在结束一次交易后，与你信任的人讨论以往的交易，但你必须对目前正在进行的交易保持沉默。

### 善待自己

你必须处理好自己的心态，它是你交易过程中的一部分。在交易者中，莽汉从不把自己的看法当成一回事，而其他失败者不是生搬硬套别人的看法就是异想天开。这些人一直破坏着规则，同时也打击着自己，往复循环。打击自己的人不会成为一名好的交易者。一个值得提倡的做法是：为遵守规则而取得哪怕是局部的成功而庆祝，然后清醒地盘点自己的不足。我有一套方式庆祝成功交易，但绝不在失败后惩罚自己。

### 有些交易者注定要失败

市场会产生无尽的诱惑，形形色色的人在市场中交易，酗酒和吸毒的人都不太可能成功。他们可能会侥幸赢得一些交易，但从长期来看，他们几乎没有获胜的希望。如果你有这些毛病，在没改掉这些毛病之前，最好不要交易。

### 处于糟糕情绪中时最好不要交易

即便是一个优秀的交易者，也只有一个"很窄"的优势，任何减少这种优势的事情都会打破市场与优势之间的平衡。保持轻松的状态对交易成功非常重要，如果有非常严重的牙疼或者与配偶之间产生问题转移了你的注意力，你最好停止交易；如果你感觉自己患得患失，在从这种压力中释放出来之前，也最好不要交易。

### 成功的交易者喜欢玩这个游戏而不是过分关注利润

周末，在完成交易计划后，我会很开心地参与到周一的交易中。夜间冲浪也有类似的感觉，因为知道将在早晨到达岸边。这种感觉来源于之前的准备。

### 做好记录：行动比做梦更重要

收盘后讨论纪律很轻松，但开盘后的你，可能早已把纪律抛到九霄云外了。要想成功，就必须做好交易计划并坚定地实施。交易记录是交易成败的关键，如果持续做好交易记录，你很可能成功；如果没能坚持做交易记录，成功的机会将微乎其微。

## 资金管理的意义和方法

如果把交易比作是走钢丝的游戏，那么风险控制就像是下面的安全网，当你滑落时它会救你的命，所以我们必须重视。

重仓交易时，我们会变得呆板紧张，然后就开始依据情绪做决策，这样的交易结果是不可能理想的。明智的做法是把交易头寸保持在一个让你感觉比较轻松的水平。⊖资金管理的两个有效原则是 2% 和 6% 规则。⊜这两个原则将保护你的账户免遭爆仓厄运。打个比方，2% 规则就像鲨鱼，6% 规则就像食人鱼。"鲨鱼袭击的受害者"不但损失了钱，还会对交易丧失信心，交易时感到恐惧，难以再次下单交易，即便这样，在交易中这仍然不算太严重的风险。严重的是"被食人鱼群袭击了"却浑然不觉，要知道，损失了 1/3 的资产就必须有 50% 的增值才能使总资产回到原来的水平。不过，我们可以通过遵守一个规则从而让每一笔亏损都在能承受的范

---

⊖ 这有利于控制资金风险和保持情绪稳定。——译者注
⊜ 详见《走进我的交易室》。

围内，这就是"2%规则"。与此同时，使用"6%规则"，可以较好地控制长期交易中的风险。

**2%规则：在任何单次交易中资产总风险不多于2%**

假设账户中有10万美元，2%规则意味着单次最大的允许风险是2 000美元。如果决定买一只价格为40美元/股的股票，并且将止损设在38美元/股，每股2美元风险，用单次允许总风险除以每股允许风险（2 000/2），就可以算出允许交易的最大股数是1 000股。如果认定这样的规则，你就应该交易比这个数字小的头寸，这样才会把单次交易总风险控制在2%以内。

2%的规则构成的基础——"铁三角风险控制"：

1. 入场价到止损价水平决定了最大每股亏损。

2. 2%规则定义了整个账户最大的允许风险值。

3. 用最大允许风险值除以每股风险得到可以交易的最大股数。

**6%规则：一旦在某月里账户总损失达到6%，就必须在该月剩余的时间中停止交易**

大多数人觉得事情变坏是因为自己不够努力，他们通常在亏损时继续加码，做最后的努力，试图摆脱困境。事实上，更好的选择应该是停止交易并休息一段时间。6%规则就是强制把资产单月最大亏损额控制在6%以内。食人鱼非常危险，它们成群游动，如果一头牛绊倒在食人鱼活动的河里，将只剩一堆白骨。6%规则要求在发生严重的亏损时，其余资金必须退出市场并在场外等待，就如一头牛被食人鱼吃掉的时候，牛群必须在岸边等待一样。

交易者在每次交易时都应该问自己这样一个问题：6%规则是否允许我交易？如果允许的话，你会知道当前这个月已经亏了多少钱，你也会知道还有多少钱可以损失。如果你本月内前期交易损失加上目前交易的浮亏达到总账户的 6%，你就应当结束当月交易。

多数人交易时情绪波动会比较大，赚钱时欢欣鼓舞，亏钱时垂头丧气。如果想成为一个成功的交易者，使用 2% 规则和 6% 规则后，你的交易将会非常安全。

# 第 3 章

# 做好交易记录

　　当开始一次新的交易时，交易者必须定下两个目标：首先是盈利，其次是在交易后有所成长。交易时有很多意想不到的事会发生，即便是做了周全计划的交易也可能出错，最优秀的交易者也不可能在每次交易中都获胜，这就是交易的真相。另外，对每一次交易来说，交易者最基本的目标应该是在交易后能得到提高。

　　无论盈亏，交易者都必须不断地汲取经验教训，必须在每次交易后变得更好。如果没有，就白白浪费了一次提高的机会，你用来分析所花的所有时间、精力以及资金承担的所有风险都将变得没有任何意义。最好的学习方式是做好每次交易记录，不做交易记录却想成为一名合格的交易员将是一场梦。来吧，把与交易有关的要素都列入表格，并在交易日志中清晰地体现出来，这才是真正交易之旅的开始。

## 好记录，好交易

　　做好交易记录是从经验中学习进步的最好方式，它们将你那一闪而过的经验转变成固化的记忆和经验教训。市场分析和买卖决策都将记录在交易日志中。在遇到困境时，你可以利用这些记忆，重新检验这些信息，这会有效地帮你成为更优秀的交易者。

资金管理规则将帮你度过逆境期。我准备分享我做交易记录的方法，希望会对你有所帮助。资金管理和好的交易记录是在市场中生存和成功的基石，而其他方面，例如分析技术，可以从本书、我的其他书籍或其他作者的书籍中学到。

几乎所有人都有盈利的交易，但无论那次盈利取得多好成绩，都不会让你成为市场中的赢家，毕竟再大的盈利，只要有一次亏损，之前的所有结果都将没有意义，因此你需要建立一种在长期看来可以盈利的模式。

只有资产不断增长，才能证明一个人的交易能力。人们往往在一次大的盈利或一连串盈利后变得骄傲自满、大乐失察。实际上，交易是一件如履薄冰的事，骄傲自满迟早会让利润回吐。

每个人都有做对的时候，即便是让猴子往一个写满股票的黑板上扔飞镖，选出来的股票也很可能获得不错的收益。单独一次获利不能说明任何问题，真正困难的是持续盈利，为了这个目标，我们需要做好两套交易记录。

## 交易者的表格：基础工作

每当我和交易者交谈时，我都为他们少得可怜的交易记录感到吃惊。有些人依赖经纪人，但经纪人做不到那么细致，所以我建议你要有自己的表格。我在我的 elder 公司网站上免费提供了一个基础版的电子表格，作为向交易者提供的一项公共服务。表格形式如图 3-1 所示。

你不需要成为表格专家，但运用表格管理交易数据的能力会让你在交易中获益匪浅。新手拿出看盘的 1/10 时间学习基本的表格知识，水平很快就会有不小的提升。

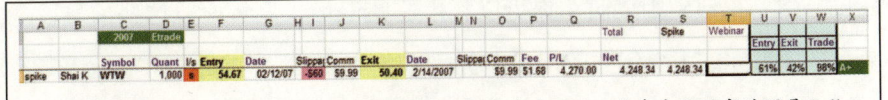

A. 信息来源于机构。我通常想知道我做交易的信息来自哪里，是我自己研究的还是 Spike 网站推荐的，抑或是在线会议推荐的等。当然，我会用我的系统把这些信息核查一遍，做到对每次交易负责。

B. 信息来源于个人。如果信息来源于 Spike 或者在线会议，那么我想知道这个信息是机构中哪个人给出的。追踪下来有些人表现得很好，而有些人的信息却导致亏损。所以我持续观察信息来源的质量。

C. 股票代码。股票名称列。

D. 交易数量。如果是分批出场，我会在这后面插入相应数量的列。

E. 多单或空单。我用 Excel 的自动格式给我的交易方向标出颜色。职业交易者做多或做空都不会感到不舒服。

F. 买入价。

G. 买入日期。

H. 入场指令价格（如果以预定价格入场，就不填写）。如果你更改了预定入场价，就把先前的那个价格填在这一列。

I. 入场盈亏。计算盈亏数额，用不同的颜色进行标注，比如深红色表示亏损，绿色表示盈利，通常使用限价指令会比较有利。[1]

J. 入场交易佣金。如果你在后面还要加上出场佣金计算项，注意把入场和出场佣金分开。

K. 出场价格。

L. 出场日期。

M. 出场指令价格（和 H 列的解释类似）。

N. 出场盈亏（和 I 列的解释类似）。

O. 出场交易佣金。

P. 费用[2]。卖出后计算，如果做空，就在空单成交后收取；如果是多单，就在多单卖出后收取。

Q. 损益，资产增加或减少值，不计算佣金和费用，但要计算滑点。

R. 净盈亏，损益减去佣金和费用。

S. 依据 Spike 获得的净盈亏。因为我的交易信息来源多数来自 Spike 网站，所以我就做了这一列。

T. 从在线会议那里获得的净盈亏，与 S 列的解释类似。

U、V、W、X，这四列是每次交易的表现评分列，后文中我会具体解释。

图 3-1　基础交易记录表

①使用限价指令无滑点。——译者注
②Fee 多指监管费，由卖方交纳。——译者注

每次交易后就在表格上做一次更新，这花不了多长时间。我在表格中为每个账户做了一个记录账户金额的表格，我还做了一个用于记录周账户资金汇总表格，这些表格用来追踪我的资产曲线。

图 3-1 是从我的电子表格中摘录出来的，里面有表头、数据以及对这些数据的解释。

## 交易日记：持续盈利的关键

犯错可以，但不要重复犯错，喜欢探索和学习的人经常会犯错。我在用人时会鼓励他们犯错，这是他们工作职责的一部分。犯错是探索和学习的表现，重复犯错却是粗心或者其他心理问题的标志。

持续做好交易日记是从错误中学习的最好方法，它会让你把赚钱的喜悦和亏钱的苦楚都放入可以追溯的文件中。我的交易日记采用画报形式，有图表、有文字。图表中用带有箭头、线和点评记录入场和出场时的情况。为了让日记总是在最新状态，我通常在早饭之前完成前一天的交易日记。开盘前做完计划，我将开始崭新的一天。

除了非常活跃的日内交易外，记录每一次交易非常重要。如果你每天有多次交易，也该在每三四次交易后就做一次记录。

把画报形式的交易日记转为电子表格。

你可能会把关心的人或事用照相机记录下来，在你的钱包或办公桌上会有你爱人、女友、丈夫、孩子、宠物、房子或者汽车的照片。我也希望你把交易拍下来，这样你会比以往更了解它们。

我喜欢用 Snagit 来制作图表和记录，它可以从行情软件中抓图，也可以画线和写文字。我把完成后的图表粘贴到我的交易日记中。我几乎每天都在用它更新日记或者和朋友们分享交易想法，我们用电子邮件的时候，都喜欢发送截图。

我做交易记录的软件是微软 Outlook，这是个功能非常强大的软件，而不仅仅只是个邮件工具。

用 Outlook 中的日历功能，创建一个新日历，命名为交易。你可以随时查看一天、一周或一月的日历。我喜欢月历格式，这种格式有一个可以随意打开或关闭的目录（见图 3-2）。

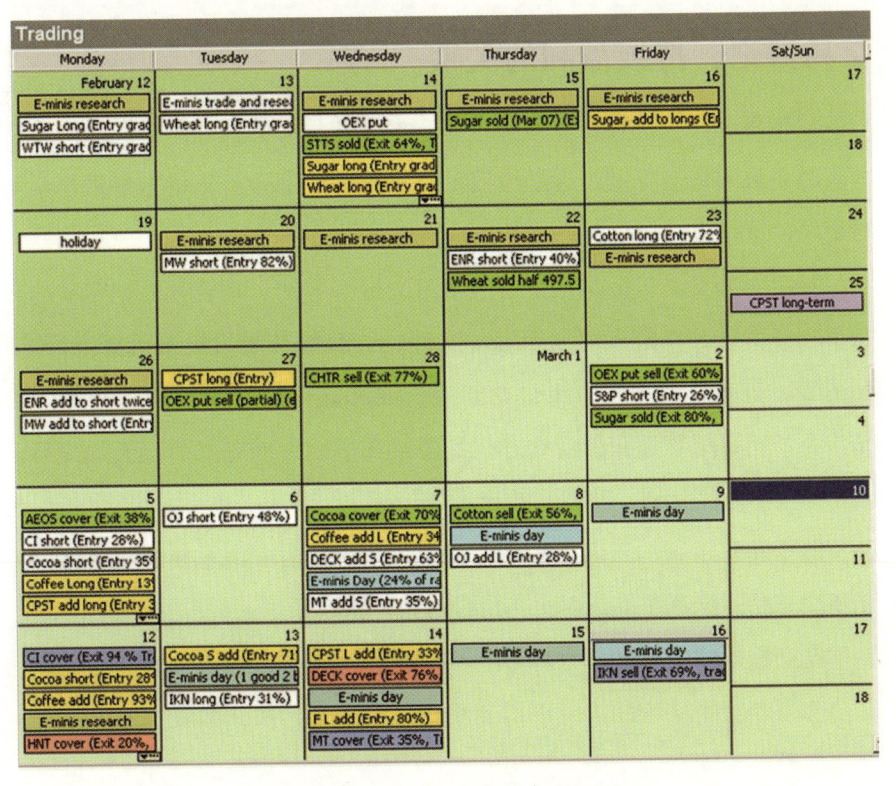

图 3-2　Outlook 中的交易日记

和交易圈的两个朋友克里·劳文、杰夫·帕克一起，我们也特别为持续做好交易日记创建了一个 Outlook，我们把它命名为 AK-47。起初我们是为自己做的，现在我们共享了这个 Outlook，你可以在我的网站上找到对它的描述。

当点击日历创建一个新交易记录时，你可以对这个记录进行标记。如果用不同颜色表示交易的不同状态，在月总结时，看这些颜色就会显得非常方便（见图 3-3）。

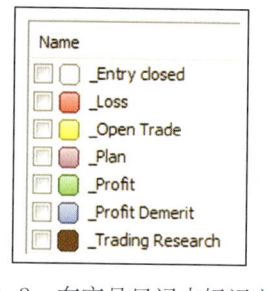

图 3-3　在交易日记中标记入场

Outlook 中的日记有一个颜色列表，给每种颜色赋予一个新信息，这样就很容易识别交易状态了。这是我选择的颜色，你也可以根据自己的喜好选择其他颜色。

无色，表示已经完成的交易。只要结束一次交易，我就做两件事情：第一，记录出场情况，创建一个新入场日记；第二，把颜色从黄色变为白色。

红色，表示以亏损出场。

黄色，表示开仓状态，如果第一次入场，我就把它标记为黄色，因此只要我看一眼 Outlook 日历，发现有黄色标记，我就知道还有开仓状态的交易要处理。

紫色，表示计划中的交易。一旦交易实施，我就把交易日记中的图表拖入交易的那一天，并把颜色改为黄色。

绿色，表示以盈利出场。

蓝色，表示盈利不足的交易。当盈利额少于本应该赚的，或者我破坏了规则，就标记为蓝色。

棕色，表示在研究中（模拟交易）。

大多数时候，我会在日记中插入日线图和周线图，必要的时候也可能加上月线图或者盘中的走势图，如图 3-4 和图 3-5 所示。

图 3-4 是 DB 的周线图，交易信息是朋友分享给我的，斜箭头线表示顶背离，垂直箭头线预示股价可能快速下跌。

日记中还有一部分用来提醒自己一定要等待合适的时机再出手。因为非常看空股票市场，所以生怕自己错过了好的入场点，但还应该更有耐心，等待合适机会。

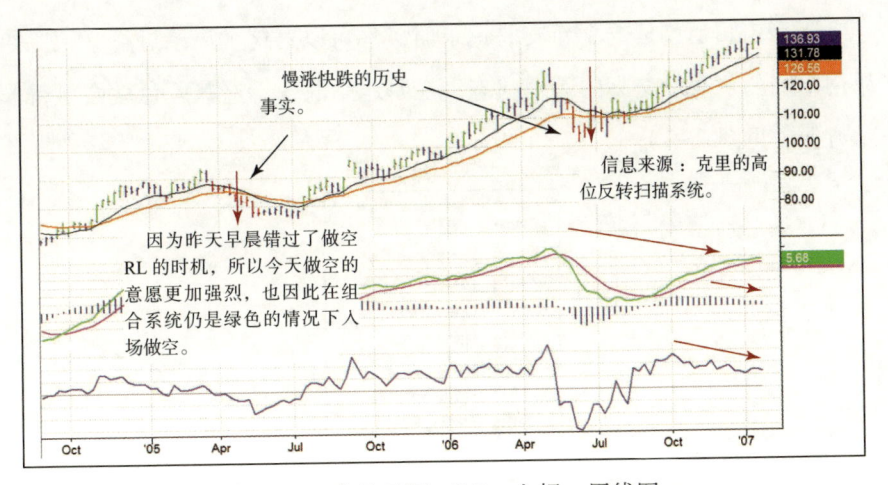

图 3-4  交易日记：DB、入场、周线图

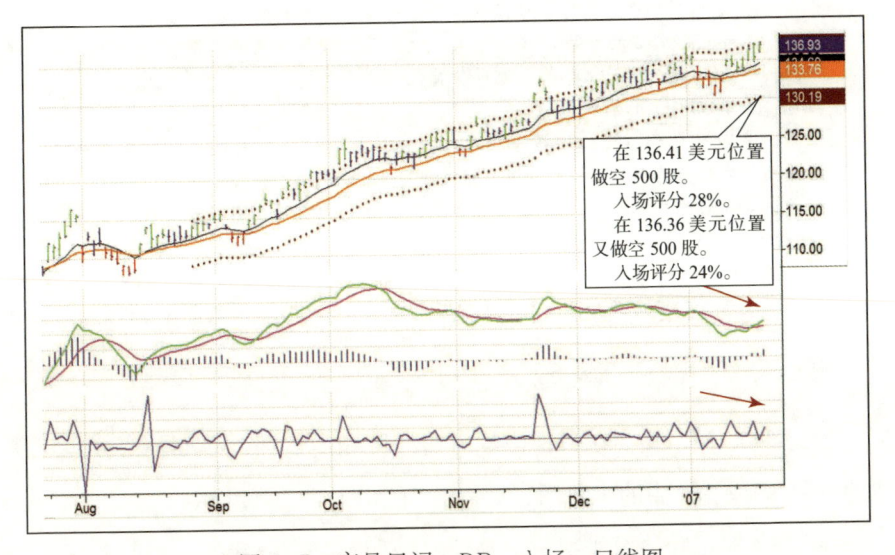

图 3-5  交易日记：DB、入场、日线图

从图 3-5 中可以看到一次看空的顶背离和向上假突破（非常重要的交易信号）。日记记录了我的入场情况，并以百分比的形式对两个出场指令的质量做了评价。当图表摆在我面前，我就能把先前交易经历回想起来，

曾经做什么是对的、做什么是错的，以及如何提高我的入场能力。

在进入下一章之前，你想看看这次做空 DB 股票的交易结果吗？你们已经看到了我的入场，但如果我告诉你我忘记是如何出场的，那会怎么样？如果我告诉你 DB 下跌而我却提早平仓，又会怎么样？这些都没有太大的意义，有意义的事情是让你明白如何做交易日记。

## 如何记录交易计划

我希望到现在你已经相信做好交易记录是交易的最基本要求，你会做这项工作吗？如果你愿意做，我就打开 Outlook 和你分享出场日记，请看图 3-6 和图 3-7。

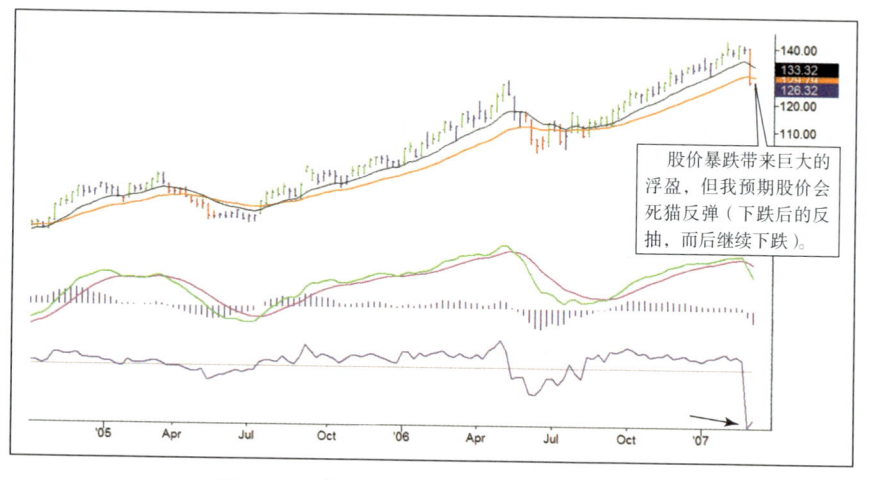

图 3-6 交易日记：DB、出场、周线图

DB 的周线图显示价格跌破价值区，位于两条移动平均线之下，强力指标严重下滑表明到了潜在的底部，同时 MACD 也已经跌到可能反转的区域了。

我相信交易计划的最好的形式就是上面说的那种方式。翻看股票时，你应该在走势图中做简要的标记，或在日记本中写下日期、报价和注释，来表明这是潜在的交易对象。这样做是为了让你把注意力集中在一些有较好机会的股票上，如果有了候选股票，就该对候选股票进行细致研究并对有希望的股票制订交易计划。

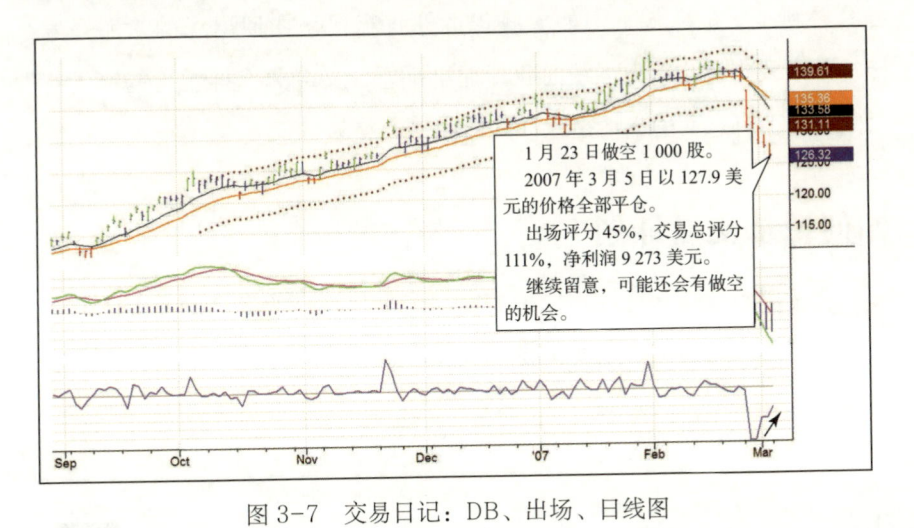

图 3-7　交易日记：DB、出场、日线图

日线图显示价格严重超跌，已经跌破价格通道，但同时强力指标却走出看好走势。熊市价格下跌很快，所有的下跌都会有尽头，再继续下跌对做空者来说不是什么好事。

当有只股票可能会在未来几天内交易，就用同样格式创建一个交易计划，用 Snagit 软件截出周线图，用箭头和线以及文字做好标记，把做好的图表粘贴到新创建的 Outlook 日历中；然后同制作周线图一样，截出日线图，粘贴到同一个 Outlook 日历中，放在周线图下面。在股票名称下面给这个日历命名，并用计划交易的颜色做标记以利于辨识，之后保存。

登录经纪商网站给这次计划下好订单，让经纪人成交后立即通报成交情况。一旦成交，用 OCO（one cancels other，有一个指令成交，就将另一个指令取消）方式设定止盈止损指令，这样当你不看行情时就不怕出现意外情况。

如果已经制订了股票的交易计划，就把股票放到行情软件的备选列表中。电脑屏幕的尺寸虽然限制了图表的尺寸，但这样有个好处，就是只看为数不多的股票，看太多股票容易分心。我用图 3-8 这样的窗口显示重要的市场指数，还有我做多、做空的股票，以及我持仓的期货品种，最下面的是备选列表区，里面是我可能要交易的股票。

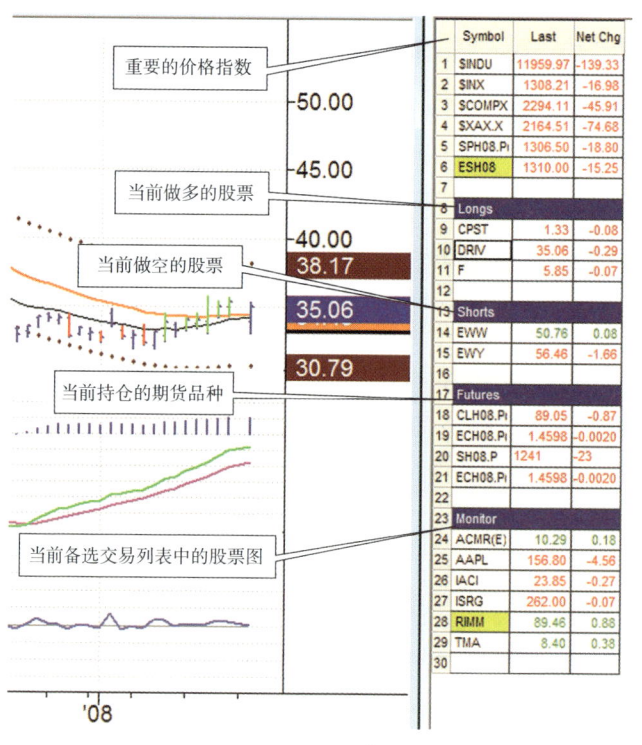

| | Symbol | Last | Net Chg |
|---|---|---|---|
| 1 | $INDU | 11959.97 | -139.33 |
| 2 | $INX | 1308.21 | -16.98 |
| 3 | $COMPX | 2294.11 | -45.91 |
| 4 | $XAX.X | 2164.51 | -74.68 |
| 5 | SPH08.Pi | 1306.50 | -18.80 |
| 6 | ESH08 | 1310.00 | -15.25 |
| 7 | | | |
| 8 | Longs | | |
| 9 | CPST | 1.33 | -0.08 |
| 10 | DRIV | 35.06 | -0.29 |
| 11 | F | 5.85 | -0.07 |
| 12 | | | |
| 13 | Shorts | | |
| 14 | EWW | 50.76 | 0.08 |
| 15 | EWY | 56.46 | -1.66 |
| 16 | | | |
| 17 | Futures | | |
| 18 | CLH08.Pi | 89.05 | -0.87 |
| 19 | ECH08.Pi | 1.4598 | -0.0020 |
| 20 | SH08.P | 1241 | -23 |
| 21 | ECH08.Pi | 1.4598 | -0.0020 |
| 22 | | | |
| 23 | Monitor | | |
| 24 | ACMR(E) | 10.29 | 0.18 |
| 25 | AAPL | 156.80 | -4.56 |
| 26 | IACI | 23.85 | -0.27 |
| 27 | ISRG | 262.00 | -0.07 |
| 28 | RIMM | 89.46 | 0.88 |
| 29 | TMA | 8.40 | 0.38 |
| 30 | | | |

重要的价格指数

当前做多的股票

当前做空的股票

当前持仓的期货品种

当前备选交易列表中的股票图

-50.00

-45.00

-40.00

38.17

35.06

30.79

'08

图 3-8　TradeStation[①]上的图表窗口

① TradeStation，一款美国主流的交易软件。——译者注

图表窗口追踪每日的最新价格和净利变化。从图 3-7 中可以看到，点评中有出场评分，虽然 45% 还算不错，但总交易评分更好。净利超过 9 000 美元，并且还有一条注释"继续留意，可能还会有做空的机会"。了结一次交易不代表交易结束，还有很多可以回顾，可以从中学习，并在未来可能还有新交易的机会。我希望这次练习能让你相信做好交易日记的重要性，你应该把成功或失败的交易记录下来，并从中学习。

图 3-8 是我交易前想看到的软件设置，它一次显示了所有的重要数据：关键指数、持有的股票、持仓的期货品种以及备选交易列表。图 3-9 是对图 3-8 的部分截图，我已经在 Tradestation 中做了设置，这样我点右边的品种，走势图就自动出现在左边。

我也在走势图中写下了与交易有关的关键信息，尤其是入场价格、头寸、盈利目标及止损，因为市场活跃时很容易忘记这些信息，如图 3-9 所示。

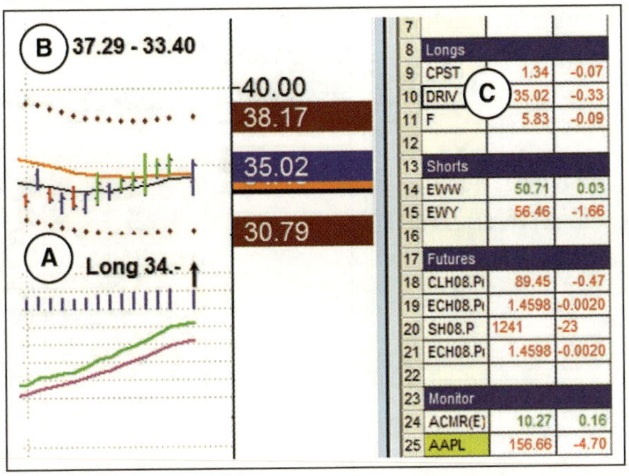

图 3-9    在图表窗口的图上写下标记

A. 表示入场日期和入场价。

B. 提醒我目标价和止损价。

C. 交易陷入麻烦。

一旦你执行了入场计划，就把入场日历从做计划的那天移到入场的那天。如果你喜欢，还可以把入场当天的图表添加进去，加一些简单的评论，比如交易规模、交易评分、入场质量评价，或者由交易引发的感受，等等。把标签颜色从计划交易状态改为开仓交易状态。

多数交易新手感到无所适从，市场巨大的成交量给他们很大的压力，而制订计划和制作备选交易品种会让人工作起来更有条理性，从而更可能实现盈利。图表窗口一直追踪最新价格和每日的价格变化。

　　如果有一个好的记录习惯，你就会发现你采用的交易方法中的缺陷并弥补这些缺陷，如果做这项工作够久，你可能都不会再犯错了，那时你的资产曲线一定会不断上升。

## 玛格丽特的方法：把图表挂在墙上

　　除了电子日记之外，还有一个低科技含量的方法追踪计划中的交易，这就是玛格丽特方法。

　　翻看股票时，你感觉到有一次很好的交易机会，但请相信，这很可能不是好的交易机会。你可能会对自己说：如果再下来一点到它的支撑位，我就买进。可是，如果三周后股票再一次到达你希望的价位，你还觉得它是机会吗？

　　最好的机会总是姗姗来迟，在决定下单买入或做空前，你需要等待更多确定的信息，就如玩字谜游戏一样，你需要更多的字母出现，才能最接近地猜出是哪个词。

　　几年前我采用了好友玛格丽特的方法来追踪交易点子。第一次拜访她的时候我注意到她的交易室有两个黑板，上面挂满图表。玛格丽特解释说，当她看到交易机会即将来临的时候，她就把那只股票的走势图打印出来，并用红笔标记，然后观察股票的历史走势，等待交易机会。玛格丽特把这些图表挂在黑板上，只要走进办公室，她就可以看到手绘的交易信号，这样就不会错过好的交易机会。

　　如果你决定实施玛格丽特的方法，还要注意在交易完成或取消交易计划后，要把旧的图表从墙上拿下来，以确保交易计划是最新的或是更新过的。

## 给交易表现评分

如果交易者不去评价自己的交易表现，就像短跑运动员说自己跑得很快但从不用计时器一样，只有业余运动员的休闲运动才不去计时。但从来都没有"休闲式交易"，交易从来都是很严肃的事情。我主要对买入、卖出和总体交易质量进行评分。

可以通过比较买入点或卖出点在当天价格波动的位置来衡量交易质量。买入时尽可能接近当天的最低价，卖出时尽可能接近当天的最高价。

买入评分 =（当天最高价 – 买入价）/（当天高价 – 当天最低价）

结果以百分比形式表示：如果在最低价买入，评分就是100%；但如果在最高价买入，评分就是0。等级低于20%是比较差劲的，高于50%表示好，高于80%表示优秀。

卖出评分 =（卖出价 – 当天最低价）/（最高价 – 当天最低价）

结果也用百分比表示：如果在最高价卖出，评分是100%；如果在最低价卖出，评分就是0。同样，80%以上表示优秀，20%以下表示差劲。

我自己的目标是评分高于50%，这意味着在日内中点之下买入，在日内中点之上卖出。整个交易行业的专家交易员都以低买高卖为生。对交易质量评分会让你更关注计划的执行，随着时间的推移，你的表现也将越来越好。

回过头来再看图3-1，你就会明白U列和V列的意义了，这两列表示入场和出场评分。从交易心理上讲，如果不断在收盘后做出入场评分，你慢慢就会在盘中控制自己追涨杀跌的想法，因为你的目标是买得更低，卖得更高。

每次交易结束，都应对交易结果进行评分。账户资金虽然重要，但它不会衡量单次交易的表现，单次交易的盈亏数量严重依赖于交易头寸和市场的波动幅度。

衡量单次交易质量最好的方式是盈利或亏损的数量与市场波动幅度的比值。市场当月的正常波动是多少？在这个波动下，你获得了多少利润？回答了这些问题，你就找到了衡量交易质量的方法。

日线图通道能够很好地反映市场近期的波动幅度，我们通过交易评分了解获得波动幅度的百分之多少作为利润才算满意。在波段交易时，我会在日线图上加上通道和长期移动均线，日内交易我就在 5 分钟图表上加上通道和较长期移动均线。

金融市场上经过科学证实的事实是价格围绕价值上下波动，价格不断重复着高涨和下落的走势。我用单次交易利润占通道宽度的百分比来衡量每次波段交易的质量。

交易等级 =（出场价 – 入场价）/（通道上轨 – 通道下轨）

我从入场的那天开始计算通道的高度，回过头再看图 3-1，W 列表示每次交易获得的交易评分。我把波段交易评分在 30% 及以上的交易称为 A 级交易，有时会有 A+ 级的交易，即获得了超过 30% 的交易。20% ～ 30% 的交易我定义为 B 级，10% ～ 20% 定义为 C 级，低于 10% 定义为 C– 级，低于 0 定义为 D 级。只赚到钱是不够的，还要赚到好的交易评分。

对每次入场、出场及完整交易进行评分会让你正视交易。个人投资者没有交易顾问，要想在市场中获胜，必须衡量自己的交易成绩，交易评分的意义就在于此。

## 两种交易策略

对于买入交易，有两种比较流行的策略，一个是"低买、高卖"，另一个是"高买、更高卖"。前者称为价值型交易，后者称为动量型交易。

价值型交易者发掘价值，并在价格接近价值或低于价值时买入，其目标是在价格高于价值时卖出。我在每张图表中都放有两条指数移动平均线（EMA），两者之间的部分我称之为价值区。图表中还有以慢速移动平均线为基础计算的通道⊖，95% 的价格都会包含在这个通道内。价格高于通道上轨，表示市场进入超买区；价格低于通道下轨，表示市场进入超卖区。

动量型交易与价值型交易不同，动量交易者只有当股价加速时才会买入，同时在股价开始失去动能时卖出。

你可以根据自己的性格选择是价值交易还是动量交易。有些人对趋势表示怀疑，所以选择价值型交易；选择动量型交易的人扫描市场，寻找疯狂的趋势，入场后就试图在趋势反转之前离场。

交易者只能自己决定是要成为价值交易者还是动量交易者，无论做出何种选择，都应在交易前写下交易计划，这样才能领先于交易对手。无论你用什么方法，只要有计划，就肯定比其他市场投资者更有优势。

## 第一部分　练习题

新手只要有念头闪过脑海就开始交易，经验老手知道买入需要认真研究。买入同样还需要资金管理，运用简单的数学公式你就会知道在任何一次交易中所能承担的风险大小，违反这些规则的人在市场中肯定走不远。另外，一些心理技术能让你在交易中少一些压力，多一些轻松，如果在做交易记录时再加一些可取的东西，那就更好了。

---

⊖　作者在《走进我的交易室》中有描述：通道上轨 =EMA+EMA × 通道系数，通道下轨 =EMA−EMA × 下轨系数。——译者注

所以，在开始下一章学习之前，我建议你回答下列关于心态、资金管理、买入决策的问题并做好交易记录。仔细思考这些问题把答案写在表格中。如果有些问题你还没掌握，那就重读本书的相关章节。

请阅读本章的所有问题，并把选出的答案记录下来。

答案列表

| 问题 | 最大分数 | 实验1 | 实验2 | 实验3 | 实验4 | 实验5 | 实验6 |
|------|---------|------|------|------|------|------|------|
| 1 | 1 | | | | | | |
| 2 | 1 | | | | | | |
| 3 | 1 | | | | | | |
| 4 | 1 | | | | | | |
| 5 | 1 | | | | | | |
| 6 | 1 | | | | | | |
| 7 | 1 | | | | | | |
| 8 | 1 | | | | | | |
| 9 | 1 | | | | | | |
| 10 | 1 | | | | | | |
| 11 | 1 | | | | | | |
| 12 | 1 | | | | | | |
| 13 | 1 | | | | | | |
| 14 | 1 | | | | | | |
| 15 | 1 | | | | | | |
| 16 | 1 | | | | | | |
| 17 | 1 | | | | | | |
| 18 | 1 | | | | | | |
| 19 | 1 | | | | | | |
| 20 | 1 | | | | | | |
| 21 | 1 | | | | | | |
| 22 | 1 | | | | | | |
| 23 | 1 | | | | | | |
| 24 | 1 | | | | | | |
| 25 | 1 | | | | | | |
| 26 | 1 | | | | | | |

（续）

| 问题 | 最大分数 | 实验 1 | 实验 2 | 实验 3 | 实验 4 | 实验 5 | 实验 6 |
|------|----------|--------|--------|--------|--------|--------|--------|
| 27 | 1 | | | | | | |
| 28 | 1 | | | | | | |
| 29 | 1 | | | | | | |
| 30 | 1 | | | | | | |
| 31 | 1 | | | | | | |
| 32 | 1 | | | | | | |
| 33 | 1 | | | | | | |
| 总分 | 33 | | | | | | |

### 问题 1：持有头寸时的压力

买入一只股票后，大多数人发现其压力最小是在该股：

1. 小幅上涨

2. 大幅上涨

3. 小幅下跌

4. 大幅下跌

### 问题 2：你的交易优势

你的交易优势可能来自于：

1. 基本面分析

2. 技术分析

3. 纪律

4. 以上所有

### 问题 3：三个重要的选择

下列哪项不是三个重要的选择之一：

1. 技术分析 VS. 基本面分析

2. 趋势交易 VS. 反趋势交易

3. 依靠电视新闻交易 VS. 听取别人建议交易

4. 自主交易 VS. 系统交易

## 问题 4：价格和价值

下列关于价格和价值之间的描述错误的是：

1. 价值变化慢，价格变化快

2. 研究收入报告和行业信息可能会让你发现价值

3. 追踪市场平均成本的移动平均可以定义价值区

4. 任何时候价格都等于价值

## 问题 5：基本面分析和技术分析

下列关于基本面分析和技术分析描述错误的是：

1. 基本面分析师计算上市公司的商业价值

2. 只要有精确的基本面数据就可以计算出股价变动的具体方向

3. 技术分析者在价格历史数据中寻找重复的模式

4. 纯技术分析者不关心公司的收入和新闻，他只关心股票历史走势和股票
   报价

## 问题 6：趋势交易 VS. 反趋势交易

相对于反趋势交易，下列哪项不是趋势交易的优势：

1. 每次交易的高利润比例

2. 更低的费用支出

3. 有更多时间做决定

4. 低压力水平

## 问题 7：系统交易 VS. 主观交易

相对于主观交易，下列哪项不是系统交易的优势：

1. 提前知道盈利和损失的期望值

2. 每次交易中的情感因素更少

3. 更加自由

4. 系统交易方法是处理市场不确定性的一种方法

## 问题 8：技术工具箱

技术交易者用技术工具指导买卖，下列哪项描述是正确的：

1. 寻找那些能给你想要的指示信号的工具是正确的做法

2. 工具越多，工具箱越好

3. "五颗子弹规则"允许你只能使用 5 个指标

4. 知名的指标就是最好的指标，交易者都应该使用那些知名的指标

## 问题 9：交易心态

下列关于交易心态的描述哪项不正确：

1. 如果你把交易系统设置到最佳状态，你就不用担心心态问题

2. 交易者大脑不断过滤外来的信息

3. 太过主观的心态导致交易者寻找对自己有利的交易信号

4. 看涨的交易者更可能忽略下跌信号

## 问题 10：交易纪律

因为市场表现出各种各样的情况，所以交易纪律是最基本的要求。关于交易纪律，下列哪项描述不正确：

1. 交易者的自控能力不强，他就更可能失败

2. 戒酒互助协会⊖为市场交易者处理情绪提供了有用的方法

3. 如果你有一个好的交易系统，纪律就不成问题

4. 恣意妄为的交易者注定是失败者

---

⊖ 1935 年 6 月，失意的股票经纪人威尔逊创立了美国戒酒互助协会（AA），全美有 1.1 万个成瘾治疗中心也多数以 AA 的"12 步骤"为基础，对成瘾患者进行治疗救助。——译者注

## 问题 11：处理亏损交易

交易者亏损时感到羞愧，下列哪项描述是正确的：

1. 在交易中，惩罚比奖励更有效

2. 如果你采取了一些正确的步骤，但有一步做错了，你应该惩罚自己

3. 成功的交易者喜欢这个游戏而非金钱

4. 不必为亏损的交易做记录

## 问题 12：过度交易

下列哪项不是由交易头寸过大导致的：

1. 不由自主和紧张

2. 不能冷静

3. 恐惧

4. 注意力更集中

## 问题 13：2% 规则

新手用 2 万美元交易并准备实施 2% 的资金管理规则，股票当前报价 12.5 美元，他准备买入，目标价是 15 美元，止损价格是 11.5 美元，他最大可以买入多少股？

1. 900

2. 400

3. 350

4. 200

## 问题 14：变形的 2% 规则

一个经验老手用 200 万美元进行交易并使用变形的 2% 的资金管理规则，他每次交易的风险上限是 0.25%。股票当前报价 9 美元，他准备买入，并预期该股上升至 12 美元，止损设在 8 美元，他最大可以买多少股？

1. 2 000

2. 4 500

3. 5 000

4. 12 000

### 问题 15：6% 规则

下列哪项是对 6% 规则的正确描述：

1. 它会在单次糟糕的交易中保护账户免遭厄运

2. 它会在一连串糟糕的交易中保护账户免遭厄运

3. 当损失开始上升时，最好的做法是交易更加积极以摆脱困境

4. 6% 规则需要在进入交易后运用

### 问题 16：每次交易的两个重要目标

下列哪两项是每次交易的两个最重要的目标：

1. 赚钱和试验新系统

2. 面对挑战和享受成功的感觉

3. 赚钱和成为更好的交易者

4. 检验你的纪律性和实施计划的能力

### 问题 17：从经验中学习

从经验中学习的最好方法是：

1. 做很多交易

2. 做很好的交易记录

3. 与朋友谈论你的交易

4. 回顾经纪商报告

### 问题 18：交易记录表

下列哪项必须包含在交易记录表中：

A. 资产增值和净损益

B. 每次交易的等级

C. 入场价和出场价的变化

D. 每次交易想法的来源

1. A

2. A 和 B

3. A、B 和 C

4. 以上所有

## 问题 19：交易错误

下列哪项对交易错误的描述不正确：

1. 聪明的人不会犯错

2. 当你学习和探索时错误不可避免

3. 冲动是重复犯错的标志

4. 保持交易记录会让你从错误中得到学习

## 问题 20：交易者的日记

下列关于交易日记的描述哪项是正确的：

1. 如果你打算在出场后填写入场记录，那么入场前就不需要做交易记录

2. 失败的交易记录会比成功的交易记录更有教育意义

3. 必须为你最好的交易创建记录

4. 那些不能记录所有交易的活跃交易者，可以精挑细选一些特定的交易来记录

## 问题 21：入场日记

下列哪项不是入场日记所应包含的内容：

1. 入场原因

2. 多单买入评分或空单卖出评分

3. 入场时的价格图表

4. 交易评分

## 问题 22: 交易计划 VS. 交易日记

下列哪一项正确描述了交易日记和交易计划的区别:

1. 包括两个时间框架的图表

2. 图表标记了买入或卖出的信号

3. 文件名写在股票后

4. 记录买卖评分

## 问题 23: 行情软件的界面

你的交易软件的界面不应该包括下列哪一项:

1. 关键市场指数

2. 已经持有的品种

3. 准备交易的股票

4. 已经退出的股票

## 问题 24: 点评

下列哪项不是进行点评的原因:

1. 提醒你持仓多长时间

2. 便于观察当前持仓是浮盈还是浮亏状态

3. 便于追踪盈利目标和止损

4. 衡量你的交易表现

## 问题 25: 玛格丽特方法

玛格丽特方法:把带有交易信号的图表挂在墙上,以便等待机会。下列哪
项不是玛格丽特方法的优势:

1. 清晰地显示价格或指标的状态

2. 有助于你记住交易计划

3. 如果计划改变了，就把图表换下来，这样你可以及时看到新的计划

4. 把图表挂在墙上会确保你在正确的时间行动

## 问题 26：交易想法的来源

下列哪些可能是交易想法的来源：

A. 你用指标选出的股票

B. 计算机自动选股

C. 从朋友或者交易顾问那里得到的建议

D. 媒体新闻

1. A

2. A 和 B

3. A、B 和 C

4. 以上全部

## 问题 27：给买入和卖出评分

关于给买入和卖出评分的描述，下列哪项是错误的：

1. 买入价和最低价距离越近，评分越高

2. 卖出价和最低价距离越近，评分越高

3. 在中点之上卖出，就会有一个不错的评分

4. 在当天价格的最低 1/4 部分买入会获得一个很好的评分

## 问题 28：给已经完成的交易评分

下列哪项是对已经完成的交易评分的正确描述：

1. 赚钱多少是衡量交易好坏的方式

2. 长期交易者可以用通道来衡量交易质量

3. 交易者获利超过通道的 30% 获得评级 A

4. 交易者获利少于通道的 20% 获得评级 D

## 问题 29：价值型交易 VS. 动量型交易之买入

对买入的描述，下列哪项是错误的：

1. 价值型交易的纪律是"低买高卖"

2. 动量型交易的纪律是"高买、更高卖"

3. 走势图中的上轨显示市场情绪低谷水平，下轨显示市场情绪高涨水平

4. 动量型交易会在市场快速运动的趋势中表现得更好

## 问题 30：价值

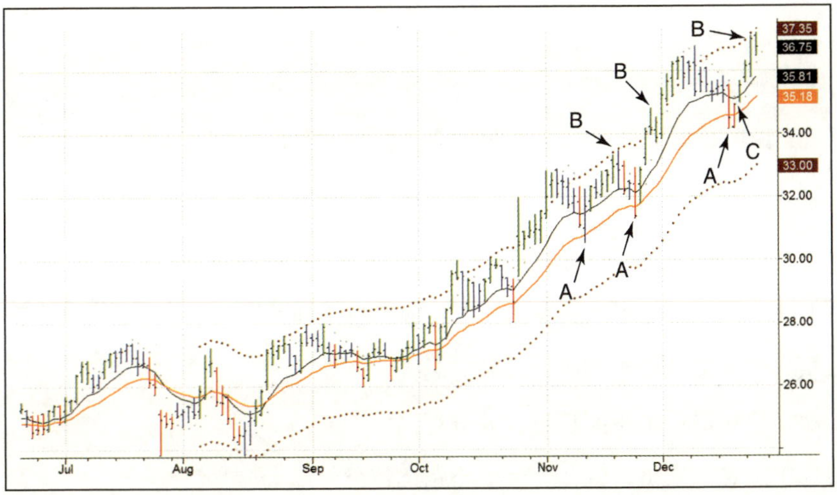

图 P1-1

请在图 P1-1 中找出与图中字母匹配的描述：

1. 价值区

2. 低于价值，考虑买入

3. 高于价值，考虑卖出

## 问题 31：交易日记

图 P1-2 是从交易日记中拿出来的，请在图中找出与图中字母匹配的描述：

1. 交易点的技术交易模式点评

2. 交易表现评分

3. 心理状态描述

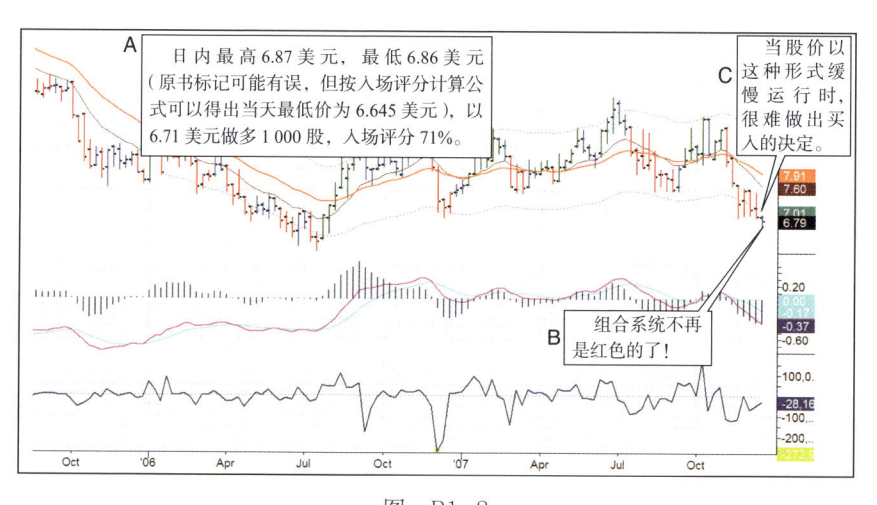

图 P1-2

## 问题 32：交易评分

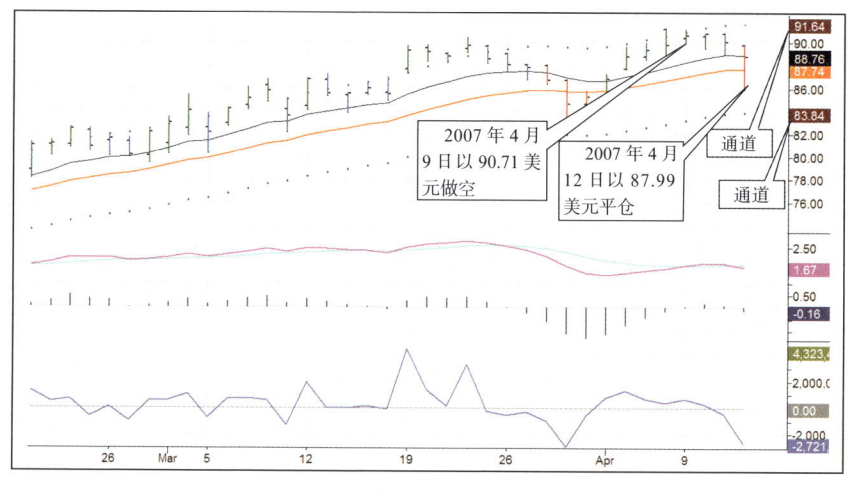

图 P1-3

图 P1-3 日线走势图来自 Spike 网站，也是我曾经交易过一只股票的走势图，没有周线图。从图中容易看到 MACD 的顶背离和强力指标的顶背离。指标的数据是：做空价格 90.71，平仓 87.99，上轨值 91.56，下轨值 83.67，请问本次交易如何评价：

1. 交易水平 A：超过通道差 30% 的盈利

2. 交易水平 B：通道差 20% ～ 30% 的盈利

3. 交易水平 C：通道差 10% ～ 20% 的盈利

4. 交易水平 D：低于通道差 10% 的盈利

### 问题 33：价值投资 VS. 动量投资

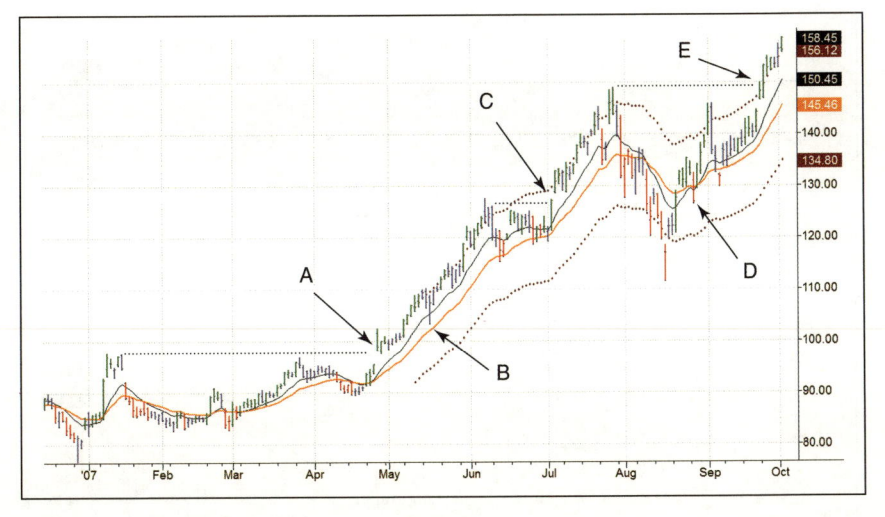

图　P1-4

在图 P1-4 中找出与图中字母所指的位置匹配的价值型买入区域和动量型买入区域：

1. 价值投资买入区域

2. 动量投资买入区域

# 第一部分 答案

## 问题 1：持有头寸时的压力

### 答案 3：小幅下跌

什么都不做相对容易，但思考并做出决策就困难得多。当价格大幅下跌时你会很痛苦，但价格上涨时你又不得不思考退出策略、目标、止损等问题。大多数人感到舒服的状态是价格小幅下跌，因为此时满怀上涨的希望。

## 问题 2：你的交易优势

### 答案 4：以上所有

优势是能够发现并执行交易机会的方法，有优势才会从众多竞争者中胜出。无论是基本面优势还是技术面优势，都要有执行交易信号的纪律。

## 问题 3：三个重要的选择

### 答案 3：依靠电视新闻交易 VS. 听取别人建议交易

严谨的交易者会选择研究和交易的领域。无论是技术分析还是基本面分析，趋势交易还是反趋势交易，主观交易还是系统化交易，在做选择时都应当认真对待。选择的依据很大程度上取决于交易者的脾性，成功的交易需要独立的人格。看电视节目与听专家的建议没什么区别，这种方式根本就不用选择。

## 问题 4：价格和价值

### 答案 4：任何时候价格都等于价值

价格很容易看到但价值需要寻找才能发现，价格会因为大众情绪而改变，但价值改变得很慢。每个价格都因为对价值的短暂认同而形成，但是这种认同在持续改变，价格不断地在价值上下波动。运用简单的工具（例如，双移动平均线）就可以让你对价值大小有个初步的概念，同时也会让你了解价值的变化方向，并据此展开交易。

## 问题 5：基本面分析和技术分析

### 答案 2：只要有精确的基本面数据就可以计算出股价变动的具体方向

拥有精确的基本面数据也不会精确预测出股价的波动方向。基本面分析的问题是价值变化慢而价格变化快。短期来看，价格可能逆基本面数据运行。不过，无论是基本面分析者还是技术分析者，你都应该知道对方的想法。如果既能做基本面分析，又能做技术分析，那么就会对价格的趋势和反转有更深入的理解。

## 问题 6：趋势交易 VS. 反趋势交易

### 答案 4：低压力水平

趋势交易比反趋势交易持续时间更长，同时也需要更多时间去做与交易相关的决策。趋势交易的费用比活跃的反趋势交易的费用低，趋势交易就像骑着一匹总想把你摔下来的野马，需要极大的耐心和自信。总之，趋势交易将面临更多的精神压力。

## 问题 7：系统交易 VS. 主观交易

### 答案 3：更加自由

系统交易者处理过很多历史数据，并据此计算出历史盈亏期望值，因此在交易时系统交易者对盈亏期望值很有信心。按照系统给出的信号做交易，会降低交易者的压力水平，同时降低交易的不确定性。系统交易者放弃的是做决策自由，对主观交易者来说，市况变了，其决策可以跟随变化，但系统交易者必须执行系统给出的交易信号。

## 问题 8：技术工具箱

### 答案 3："五颗子弹规则"允许你只能使用 5 个指标

新手犯的典型错误是使用工具过量，或者在不同的时间使用不同的工具。

把工具数量缩减到几个好用的指标是明智的做法，当然，不同的交易者使用相同的工具，也会产生不同的效果。

## 问题 9：交易心态

### 答案 1：如果你把交易系统设置到最好状态，你就不用担心心态问题

外界信息过于庞大以至于没有人能处理掉所有这些信息，感官帮我们过滤掉很多信息，恐惧、希望等情感因素又过滤掉其中的大部分信息，而仅仅关注与市场有关的部分信息。系统交易有其自身的优势，但因为情感也要参与信息过滤，所以在交易中必定掺杂人的心理因素。

## 问题 10：交易纪律

### 答案 3：如果你有一个好的交易系统，纪律就不成问题

市场给人一种容易赚钱的错觉，所以很多人在没有考虑好实际风险之前就冲进市场开始交易。纪律就是让你制订计划并遵循计划，你必须制订何时入场何时出场的计划。再聪明的人，只要不能拒绝诱惑，都不会有好的交易成绩。

## 问题 11：处理亏损交易

### 答案 3：成功的交易者喜欢这个游戏而非金钱

奖励比惩罚更能提高人的交易表现，学习如何交易要付出成本，给自己足够的时间去学习，为哪怕局部的成功而庆祝。做好交易记录，你将从亏损中学到更多。轻仓交易，你更容易关注交易这个游戏而非你的金钱。当然，你也可以在变得更好及懂得控制风险的情况下，增加交易头寸。

## 问题 12：过度交易

### 答案 4：注意力更集中

重仓时，人们会变得思维僵化并且担心失败，自我调节能力也会恶化，交易表现自然会下降。交易者在仓位过重时往往就不关注市场了，更关注账

户资产。紧张主导着他的思维，阻止他读取市场信号。资金管理的一个重要目标是通过控制仓位让精神处于放松状态，这样才算为你的账户设置了安全网。

## 问题 13：2% 规则

### 答案 3：350

如果账户中有 2 万美元，单次交易他所能够承受的最大亏损就是 2 万乘以 2% 等于 400 美元。以 12.5 美元 / 股买入，止损设在 11.5 美元 / 股，每股风险是 1 美元，理想情况下，他可以买 400 股，但现实情况是买卖股票是有交易费用的，另外也可能有滑点。所以，可以买 350 股是正确答案。他可以买的少一些，但绝不可能买的更多。

## 问题 14：变形的 2% 规则

### 答案 2：4 500

账户金额越大，单次交易所能承担的风险比例就越小。尽管 2% 规则适用于任何人，但大资金账户只有在绝好的机会下，才会使用这样的风险比例。正常情况下，交易者更愿意把风险比例降至 1%。本题中，200 万美元的账户，单次交易最大风险比例 0.25%，单次交易账户的最大风险值就是 5 000 美元，每股风险损失 1 美元，意味着理论上最多可以买入 5 000 股，实际中应加上交易滑点和交易费用，所以这个数字应该小于 5 000 股。

## 问题 15：6% 规则

### 答案 2：它会在一连串糟糕的交易中保护账户免遭厄运

2% 规则用来控制单次交易的风险，6% 规则用于控制一连串糟糕交易的风险。当亏损扩大时，6% 规则强制让你停手，这与大多数人的做法相反，大多人在亏损扩大时往往交易得更加疯狂，但这是死路一条。使用 6% 规则的时间应该是在每次交易之前，它决定你是否还能承担下一次风险。

### 问题 16：每次交易的两个重要目标

### 答案 3：赚钱和成为更好的交易者

交易的主要目的就是为了赚钱，但交易时有很多意外发生，不是每次交易都能赚钱。换句话说，每个交易者都能成为更好的交易者。无论盈亏，你必须通过总结每次交易使自己成为更好的交易者；你必须不断从交易中学习，纪律和实施计划的能力是交易水平提高的两个关键要素。

### 问题 17：从经验中学习

### 答案 2：做很好的交易记录

人的记忆能力有限，做记录可以帮你把一闪而过的经验转变成牢靠的记忆，日记可以重新回顾过去的经验。如果一个人开始使用资金管理保护账户并做了好的记录，那么他就已经在成功的路上了。

### 问题 18：交易记录表

### 答案 4：以上所有

保持记录的意义在于记录交易时的事实（做交易不能做到哪算哪，要为自己的账户负责）。除了基本的入场价、出场价以外，还要计算滑点，分析交易信号的质量，并对每次交易进行评分。

### 问题 19：交易错误

### 答案 1：聪明的人不会犯错

犯错是学习和探索中的一部分，而往往聪明反被聪明误，犯错误没什么大不了的，只要不重复犯错就好。做好交易记录可以帮你避免重复犯错。

### 问题 20：交易者的日记

### 答案 2：失败的交易记录会比成功的交易记录更有教育意义

亏损会让交易者努力学习。学习交易的所有要素并把交易细节记录下来非常重要，只记录一些交易的活跃交易者也需要一个纪律系统，比如无论盈亏，每做几次交易记录一次。

### 问题 21：入场日记
### 答案 4：交易评分

记录入场原因的意义在于让你发现哪一个指标给出更好的结果，分析市场不能在一个时间框架内，分析不同周期有助于加深对市场现状的认识。如果遵循这个规则，那就应该把不同周期的入场图表保存下来。只有在收盘后才能对入场进行评分，总评分只有在你结束交易以后才能计算出来。

### 问题 22：交易计划 VS. 交易日记
### 答案 4：记录买卖评分

交易计划的格式与交易日志相同，都包含了不同时间周期的走势图，并注有交易信号。虽然它们的标记颜色不同，但其命名方式相同。由于只能在交易完成后才能进行评分，所以它们的区别在于交易计划没有买卖评分。

### 问题 23：行情软件的界面
### 答案 4：已经退出的股票

你持有的品种应当显示在行情软件界面上，观察关键市场指数也很重要，比如道琼斯指数和纳斯达克指数。当然，你肯定想把要交易的股票放在显眼的位置，而如果把已经退出的股票放在显示页面上则显得有些乱。如果你没有再次对这些品种进行交易的想法的话，那就把这些品种删掉吧。

### 问题 24：点评
### 答案 4：衡量你的交易表现

如果交易软件可以在屏幕上写点什么的话，就把入场日期和价格写下来，这样就很容易看到这次交易的情况，记录盈利目标和止损目标，因此很容易知道你是浮亏还是浮盈。走势图上的点评不能衡量交易表现，交易表现会在交易表格中完成并转化成交易日记。

### 问题 25：玛格丽特方法
#### 答案 4：把图表挂在墙上会确保你在正确的时间行动

把图表打印出来并做好标记是提高执行交易想法的有效方式，只要在办公室，这些图表就强烈地提醒着你关注交易计划，图表需要定期不定期更换，以免信息不能及时更新。无论图表中的交易信号采用什么方法或什么逻辑得出都不重要，图表只是提醒你按计划交易。

### 问题 26：交易想法的来源
#### 答案 4：以上全部

任何时候你都可能有新的想法，俄国伟大的诗人安娜·阿赫玛托娃曾经说过：如果你知道美妙的诗篇是怎么来的，你就不会感到不好意思。所有这些想法都只是交易系统的素材，你可能把很多想法都套用到交易系统中，但应该只有一部分最后能成为交易标的。

### 问题 27：给买入和卖出评分
#### 答案 2：卖出价和最低价距离越近，评分越高

交易者希望在日内买得更低，卖得更高。在日内最高的 1/4 内买入或者在日内最低的 1/4 部分卖出都不是好的交易，在日内中点之上买入、在中点之下卖出才是好的交易。在日内最低的 1/4 部分买入或者在日内最高的 1/4 部分卖出会得到很高的评分。

### 问题 28：给已经完成的交易评分
#### 答案 3：交易者获利超过通道的 30% 获得评级 A

交易净利会在资产曲线上反映出来，这是衡量你的总体交易水平的好指标，但用它衡量单次交易的质量就不是很好了。与长线交易者衡量交易质量的方法不同，波段交易者使用通道作为衡量标尺。衡量短期交易的最好

方式是利润除以日线图上通道的高度，30% 能获得评级 A，20% ～ 30%
记 B，10% ～ 20% 记 C，10% 以下记 C－，亏损记 D。

### 问题 29：价值型交易 VS. 动量型交易之买入

**答案 3：走势图中的上轨显示市场情绪低谷水平，下轨显示市场情绪高涨水平**

市场相对平静的时候，当价格小于等于价值时买入，当价格高于价值时卖
出是正确的。动量型交易，在向上突破时买入，在单边上涨行情中表现优
异。当价格升破通道上轨时，表示市场处于乐观情绪中，代表市场处于狂
热状态。当价格跌破下轨时，表示市场处于恐慌和低谷状态。

### 问题 30：价值

**答案：1. C；2. A；3. B**

如果价格是一张照片，那么移动平均线就是个相册，它反映市场价值。在
移动平均线附近买入，就是以真实价值在买入，如果在 EMA 之下买入，
就等于买入了低于价值的资产。仅有的科学证明的事实是价格不断在价值
上下运动。如果在通道之上卖出，可以认为你卖了高估的资产。

### 问题 31：交易日记

**答案：1. B；2. A；3. C**

好的交易日记应该包括下列几个部分：基本的技术分析信号、交易信息来
源说明、每次出入场评分及完整交易评分。新手需要记录每次交易的感
受，有经验的交易者交易时不带过多情绪，所以对情绪的记录也比较少。

### 问题 32：交易评价

**答案：1 交易水平 A：超过轨道差 30% 的盈利**

90.71 美元卖空 87.99 美元平仓，赚得 2.72 美元 / 股，交易时的通道差是
7.89 美元。本次交易抓住了轨道差 34% 的利润，获得 A 级评价。交易时

应该更关注获利点数和获利比例，而不是账户的净利润。

### 问题 33: 价值交易 VS. 动量交易

**答案:** 1. B 和 D; 2. A、C 和 E

价值型交易的纪律是"低买、高卖"，动量型交易的纪律是"高买、更高卖"，价值型买入法会在价格回调到价值或者低于价值时买入，而突破前期高点时买入是动量型买入的基本原则。图表中除了上述 5 点外，还有其他的买点，你能找到吗?

## 评分

如果题目有 1 个正确答案，回答正确就得 1 分。如果题目有多个答案（例如，下列四种情况中哪两个是正确的），回答全部正确得 1 分，部分正确，得半分。

28 ～ 33 分，优秀。你已经掌握了买入、资金管理和做好交易记录的所有知识。接下来就可以学习后面章节了。

21 ～ 27 分，相当不错。成功的交易需要最好的表现，回顾那些回答错误的问题，重新复习一遍，在进入下一课的学习之前再做一次测试。

低于 21 分，警示! 在一些专业领域低于 21 的得分是可以接受的，但交易领域绝不能接受。很多职业交易者在市场中等着赚你的钱，在和他们战斗之前，你必须快马加鞭地提高。重新学习本书的第一部分，然后重新做题。如果第二次还是得分很低的话，就把第一部分中有关给投资者建议的部分掌握好。

# 如 何 卖 出

THE NEW SELL
AND SELL SHORT

HOW TO TAKE PROFITS, CUT
LOSSES, AND BENEFIT FROM
PRICE DECLINES

　　你应该在买入前做好卖出计划，书面计划对人的心理会有强烈的影响，它会减轻交易压力、避免情绪紧张。人只有在放松时才能做出最好的决策，事先将出场计划写在纸上就是把分析和交易这两项工作分割开来，达到缓解紧张情绪的目的。

　　交易者在分析时，外界环境应该尽可能平静和安宁，在闭市以后，仔细分析并写下交易计划；另外，交易者应该让交易尽可能的单纯，只关注计划的实施情况。把这两项工作分割开来，以分析师的头脑去分析，以交易员的纪律去执行，让整个过程像一个团队那样协调，这样才能达到好的效果。

　　沃伦·巴菲特曾经说过：当买入一只股票时，你就开始与狂躁的市场先生为伍。这位市场先生每天都跟随着你，让你买进卖出。当然，正确的做法是你应该在大多数时候忽略这位市场先生，因为他是个疯子。

　　市场有时会变得异常低落，这为你提供了买入良机——此时买入正当时；市场有时候又变得非常狂热，它把你的股票推到很高的价格——此时卖出正当时。不幸的是，市场情绪极易传染，这导致很多人亏了钱：当看到市场疯狂时，人们才买入；而当市场低落时，他们却争相卖出。人们一直都在做这样的错事，所以如果在入场前写下出场计划，市场情绪就很难影响到你。

　　本部分内容可以作为卖出者的"菜单"，你可以只点一份菜（选择一种卖出方法），或选择多种卖出方法并灵活运用。你会发现，在不同的市场环境下应该选择不同的卖出方式。

交易时间周期必须非常清晰。你以月为单位进行交易吗？你的波段交易要持续几天？你是不是在时刻盯着行情看，随时准备出击？

如果你是个日内交易者，可能会坐在电脑前随时准备出击。顽固的失败者所做的最糟糕的事就是把日内短线投机变成长线投资；还有，波段交易者如果成天盯着行情看，也通常不会有什么好结果。对波段交易者来说，老看行情极易被震出局，他只看到了次要的信号，导致出局过早，错过了他本想抓住的大行情。

## 三种卖出类型

准备买入一只股票时，你应该问自己是否会用余生持有这只股票，并把它留给后人。如果你的回答是"不"，下一个问题就是：是什么原因让你卖出这只股票？

1. 股票涨多高你才会说"涨得够多了"并获利了结。在你脑海中有价格的卖出点或者你准备卖出的价格区间吗？有没有一个指示系统告诉你上升趋势渐弱并提醒你获利了结？这个问题最好在买入前回答。

2. 如果买入的决策是错的，股票下跌了，那该怎么办？股票跌多少你才肯止损？如果你已经持有一只正在下跌的股票，那么你已经错过了设定止损的最好时机。当股票一跌再跌，超卖的信号也将一再出现，每次超卖，市场看起来都像是要跌到底并开始反转。如果一开始没有做好把损失控制在小范围内的心理准备，你会一直期望股票上涨，但事与愿违的情形会持续很长一段时间。很多交易者因此亏了一大笔钱，最后在愤恨中卖出，因为他们不能再承受这种痛苦。因此，设定止损价格的最好时间是在买入前，而不是买入后。

3. 最后，可能会因为一只股票没有朝你预期的方向变动或者股票走出了可疑的走势，你决定卖出。这只股票做了什么让你改变初衷？我把这种情况叫作"因系统噪声而卖出"。当你更有经验时，你对这类噪声会很敏感。

总之，我们把卖出策略分为下列三种：

1. 止盈卖出。

2. 保护性止损卖出。

3. 在止盈或止损之间卖出，因为市场状况变化了，我们不再希望持有这只股票。

接下来，我们会逐个学习上述三项内容。切记，交易是个庞杂的领域，没人可以掌握所有方法，有很多方法可以去关注，但只能挑选一个适合你的方法，并把自己训练得善于使用这种方法。

| 第 4 章 |

# 止 盈

只要你准备买入股票，就该回答下列问题：

1. 你的止盈价是多少——这只股票可能会涨多少？

2. 股票跌多少你才会相信你的买入决策是错误的，并止损。

3. 这只股票的期望损益比是多少？潜在的收益和风险之间的关系是什么？

职业交易者经常思考这三个问题，赌徒却从不这样问自己。

我们先看第一个问题：这只股票的止盈价是多少？

对波段交易者来说，使用移动平均线和通道组合是设置目标价的好方法。如果要设立长期交易的盈利目标，就需要查看长期的支撑和压力在哪里。进入市场就如跳入激流，你可以在岸边寻找好的跳入点。有些人一辈子都在岸上，为跳入准备了一生。

在岸上当然最安全，你的账户没有暴露在风险之中，银行账户还能挣一些利息，但如果你想跳下水，能完全控制的事情只有你的跳入时机，在找到一次好的入场点之前，千万不要让焦虑和恐惧推你"下水"。

在寻找跳入点的同时，还有两个重要的方面要注意，你必须顺流跳入，以及在搁浅之前找到适合上岸的好地方。你必须设立止盈目标。

我刚开始交易时，心中有个错误的想法："时机正确时出场。"那时我认为设立盈利目标会减少潜在利润。没有盈利目标的业余交易者会迷迷糊糊，没有方向。克里·劳文在评论入场和出场这一节时，一针见血地指出：人们都想从市场中赚钱，但都没想过要从市场中赚多少钱。

如果做一次交易，你期望获利多少？做普通的工作你会知道能拿多少薪水，你会为工作付出多少。做交易却有所不同，有时费力不讨好，有时却轻松挣钱。尽管有的时候我买入后很快就卖出了股票，但设置盈利目标确实对我有利。

本章中，你会看到我的一些交易记录，包括入场、出场和后续追踪情况。因为本章主要讲卖出，我就重点讲卖出交易，而对于买入，我只会说一些入场的原因。

在开始之前，我先对本书中的图表做一说明。因为有些交易出场价非常好，所以这些交易让我难忘；另一些交易我原本可以赚得更多，但我并不因此而后悔，我会为你解释其中的缘由。

新手通常对强烈的趋势非常着迷，有经验的交易者知道清晰的大趋势只会出现在历史走势中。往回看，所有的交易都清晰可见，但未来是模糊不定、易变和不清晰的。开始交易后就如同骑着一匹总想把你摔下来的野马，在竞技中被抛下马，你就会明白如果在马背上的时间超过 50 秒，你都算是个好骑手并能赢得大奖。波段及长线交易，就是"骑"在股票上很长一段时间，而且还是不同的"马"。后面我们会讨论长期头寸的卖出问题。

接下来你看到的这些交易，大多数来自我的个人交易。请关注它们共性的地方，也就是我对每次交易的三个方面都做了评分——入场、出场和总体交易质量；我经常写下交易想法的来源，来自 Spike 网站还是在线会议，这是我自己的家庭作业；我给每个来源都做了盈亏记录，我想知道未来应该多听谁的意见。

在设置止损之前，我先把交易工具列出来给读者。我喜欢的交易工具是：

1. 移动平均线。
2. 通道线。
3. 支撑和压力水平。
4. 其他方法。

## 移动平均线卖出

罗伯特·雷亚是 20 世纪 50 年代知名的市场技术分析师，他对牛市的三个阶段做了很好的解释。第一阶段是价格收复熊市的超跌部分——市场从深度低估到恢复正常水平；第二阶段，价格由于基本面的向好预期而继续上涨；第三个阶段，价格由于投资者狂热、乐观以及贪婪而上涨，此时人们买入的原因是"价格将一直涨下去"。雷亚对道氏理论做了很好的解释，他的理论适用于持续几年的牛市。我发现我能在较短的时间周期内运用这个理论。

我们已经讨论过移动平均体现的是投资者对股票长期价值的共识，当价格低于移动平均线并把均线往下"拽"的时候，熊市就在酝酿之中。当价格止跌，移动平均线走平时，我们需要注意熊市可能结束了。

市场就像两党制的系统，当"熊党"失势时，我们就在下届"选举"中加入"牛党"。牛市的第一个目标位是价值的位置，也就是站上移动平均线。

周线图中，在价值之下买入，把盈利目标设置在价值区，这个方法非常好用。三重滤网系统⊖要求在周 K 线做出战略决策，在日 K 线实施，日线是做战术性买入或卖出的时间框架。

---

⊖ 三重滤网系统是本书作者发明的交易系统。——译者注

我从交易圈的朋友那里收到一幅他曾经交易过的图表，我让克里帮我分析这幅走势图，克里指出这只股票最近跌破近几年的低点并停止下跌。我看股票时通常看周线图（见图 4-1）并把股票的整个历史走势都调出来，我想看看和历史价格比起来，它是便宜还是贵。

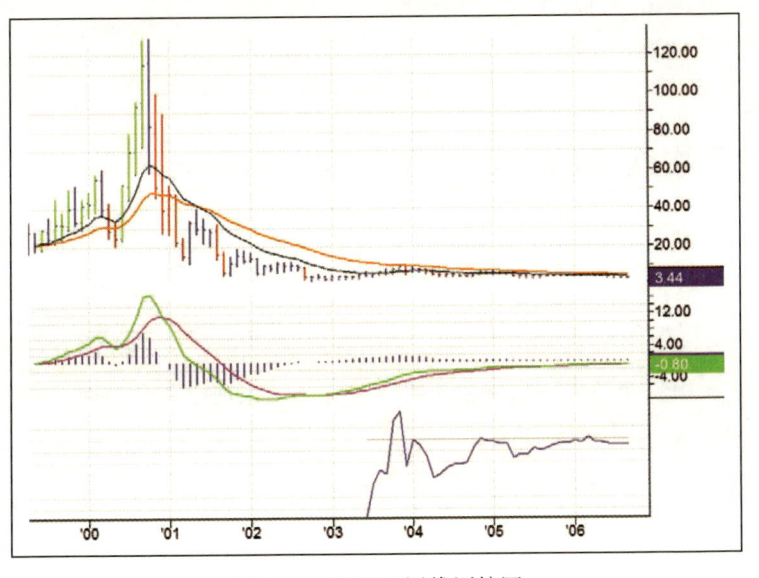

图 4-1　EXTR 周线压缩图

EXTR 历史最高价 120 美元，最低价接近 3 美元，以 3.5 美元交易，绝对是一笔好交易。接着，我打开股票过去两三年的周线走势图（见图 4-2），查看长期价格和指标的运行态势。从图中可以看到股价最近跌破长期支撑 4.05 美元，跌速变慢并且趋势由跌转平，MACD 柱和强力指标走强——牛市信号。我判断周线图上的价值回归会让股票回到价值区，而价值区在 3.67 ~ 3.96 美元之间，也就是两条移动平均线之间的区域。

如图 4-3 所示，在日线图的右侧，EXTR 走出了向下假突破，技术分析这是看涨信号；同时，MACD 柱的底背离也印证这个看涨信号；另外强力指标也发出了最为重要的底背离信号，表明这个价格突破式下跌的动力不足。我决定做多 EXTR，并把止损设在 3.31 美元，止盈设在 3.81 美元，也就是高于通道上轨的位置。从最新的收盘价到目标价的距离是 37 美分，到止损价的距离是 13 美分。收益风险比接近 3：1，尽管这不是最好的比率，但完全能接受。

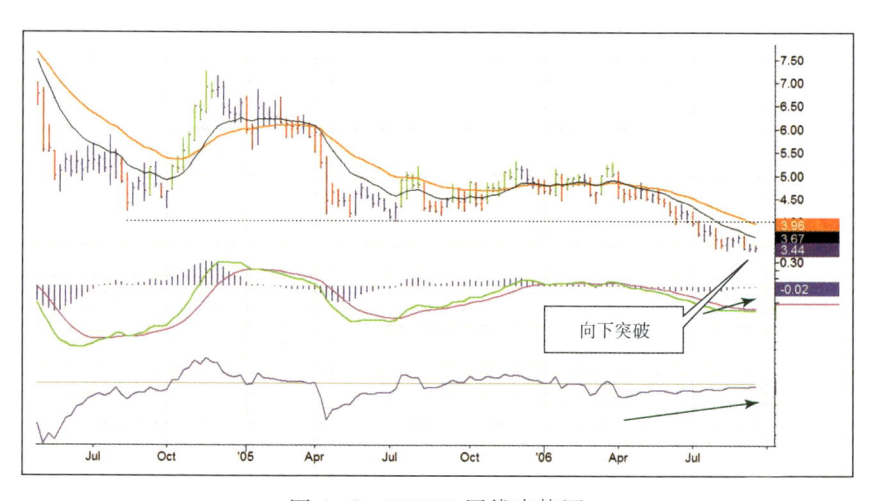

图 4-2　EXTR 周线走势图

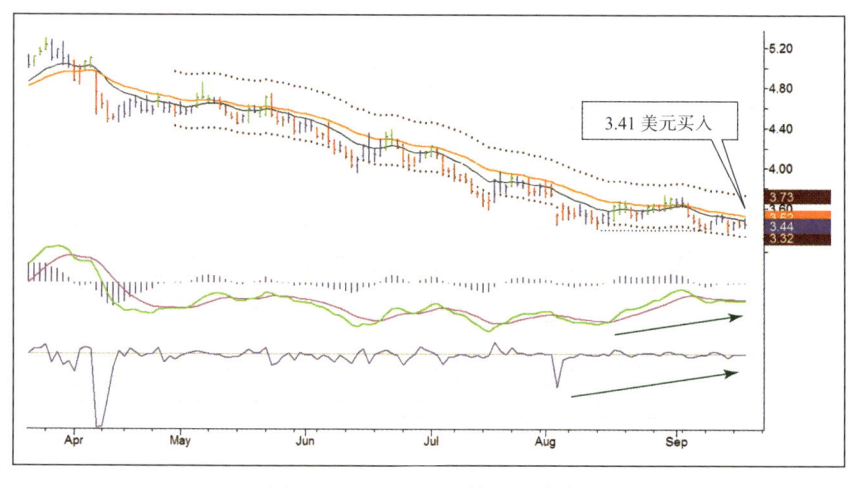

图 4-3　EXTR 日线图，入场

| EXTR | | | 上轨 | 下轨 | 最高 | 最低 | 评分 |
|---|---|---|---|---|---|---|---|
| 入场 | $3.45 | 2006 年 9 月 20 日 | 3.74 | 3.31 | $3.50 | $3.41 | 56% |
| 出场 | | | | | | | |
| 损益比 | | | | | | 总评分 | |

　　这是一次不错的入场——在当日中点之下买入，并取得 56% 的买入评分。在我买入后的第二天，股票走势依然很弱，并在第三天创出新低。这一定触发了市场上的一些止损盘，以此惩罚那些把止损点设在紧邻近期低点的投资者。市场总会有一些噪声，所以你应当把止损设在比关键价格更远一点的地方，这一点很重要。

　　买入第二周 EXTR 暴涨，几乎一天就涨到上轨并以接近最高价收盘，但转天进入窄幅震荡。我认为这是上涨受阻的信号，所以在 3.63 美元卖出（见图 4-4）。从图中可以看出，市场似乎给了更多，但我选择出局。我把止盈看作工作目标，如果市场表现非常强势，我可能把止盈价向上修正，但只要市场稍露疲态，我会尽早出场。

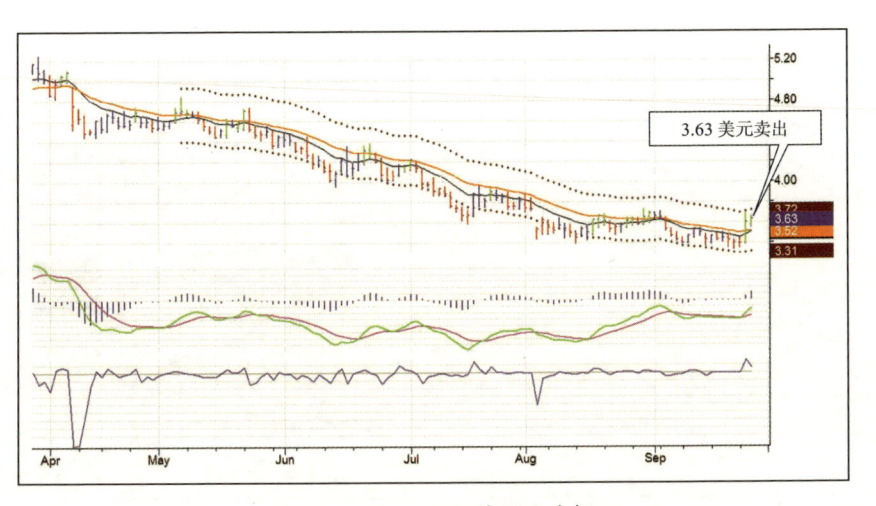

图 4-4　EXTR 日线图，出场

| EXTR | 2006 年 9 月 20 日 | | 上轨 | 下轨 | 最高 | 最低 | 评分 |
|---|---|---|---|---|---|---|---|
| 入场 | $3.45 | 2006 年 9 月 20 日 | 3.74 | 3.31 | $3.50 | $3.41 | 56% |
| 出场 | $3.63 | 2006 年 9 月 27 日 | | | $3.66 | $3.56 | 70% |
| 损益比 | 0.18 | | | | | 总评分 | 42% |

这次卖出非常不错，接近当天最高价，获得 70% 的出场评分。最好的是整个交易评分，18 美分除以通道宽度 43 美分，获得 42% 的交易评分——A+ 交易，成功实现低于价值买入、价格高估时卖出的目标。

做好交易日记的一个基本意义是在月度总结时，它将你带回每一次已经完成的交易中（见图 4-5）。它用后见之明的方式让你重新评估交易表现。如果持续地从经验中学习，每一天你都会比前一天更加优秀。

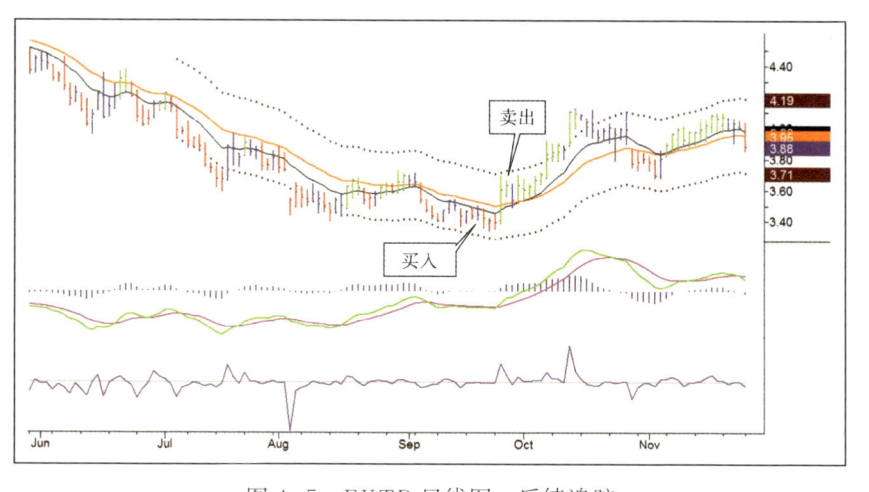

图 4-5　EXTR 日线图，后续追踪

回想这次交易，我本应持有的时间更长一些，但当时我确实不知道哪里是市场的顶，所以必须按照既定的原则去做。知道顶和底的有两种人，一种是在历史图表上做纸上交易的人，另一种是对交易情况说谎的人。对于用真金白银做交易的交易者来说，二鸟在林不如一鸟在手。

你必须开发一种让你感到舒服的交易方式，并无悔地遵循这种方式。

后悔会坏了你的交易心态，如果因为那些没有赚到的钱而后悔，那你将偏离正确之路越来越远并最终失败。

期货市场的优势之一是交易品种比较少，不像股票市场上有几千只股票。周末做家庭作业时，很容易就把期货品种扫描一遍，这让我关注到了黄金市场。

如图 4-6 所示，图表右侧显示黄金已经在盘中跌破支撑线，但收盘在支撑线之上。我从交易训练营的常客大卫·威斯那里学到：从技术分析角度看，向下假突破是很有效的牛市信号。日线和周线系统都开始走强，表明最坏的下跌趋势结束，可以买入。

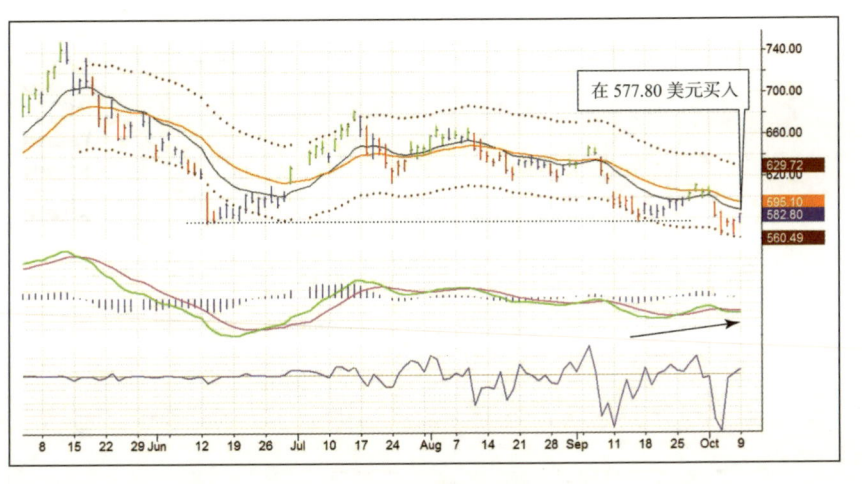

图 4-6　黄金日线图

| | | 上轨 | 下轨 | 最高 | 最低 | 评分 |
|---|---|---|---|---|---|---|
| 入场价 | $577.80 | 628 | 559 | $580.80 | $573.00 | 38% |
| 出场价 | | | | | | |
| 损益比 | | | | 总评分 | | |

从图 4-6 中可以看到，几天前强力指标走出快速下跌尖角形态，这样的下跌尖角表示市场极度恐慌、多头惨败出局，市场多头被清理干净预示着市场即将见底。MACD 线和 MACD 柱在 9 月和 10 月的双底中都发生了

底背离，这就是一个强有力的买入信号。2006年10月10日我以577.80美元的价格买入12月份合约，止盈价在周线价值区附近，也就是630美元之上，止损价略低于近期最低价。

入场当天的最高价是580.80美元，最低573美元，入场评分38%——不算好的评分。我的盈利目标：慢速EMA和通道上轨之间。

我在入场后第三天也就是10月13日星期五卖出（见图4-7），从技术层面看，我不喜欢在日线图上看到价格在碰到慢速移动平均线时窄幅震荡，无论价格上穿还是下穿价值区，价值区都会是阻力区，要突破就需要强而有力地突破，窄幅震荡表示阻力比预想的要大或者上涨动力比预想的要小。我卖出的另一个动机与市场无关，因为隔周我将飞往欧洲，所以想把市场头寸降至最小，我不想持有任何可能耗费时间、精力并需要实时盯盘的头寸。但愿你不会说我在为出局找借口。

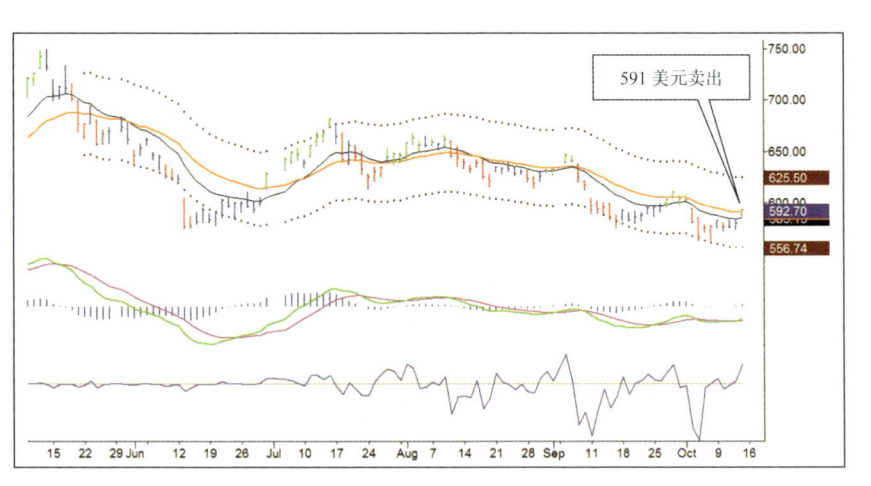

图 4-7　黄金日线，出场

| | | 上轨 | 下轨 | 最高 | 最低 | 评分 |
|---|---|---|---|---|---|---|
| 入场价 | $577.80 | 628 | 559 | $580.80 | $573.00 | 38% |
| 出场价 | $591.00 | | | $584.20 | $587.60 | 52% |
| 总评分 | | | | | | 19% |

这次卖出的评分是 52%，意味着我在当天中点靠上一点的地方卖出，总体交易等级是 B−，因为只赚了 $13.2 美元，与通道差 69 美元相去甚远。很低的评分，不过还是给了我进步的空间。

如果没有交易日记，交易者可能在结束交易后又展开交易。交易日记让我们回顾交易的评分到底是多少。图 4-8 是之后两个月的黄金价格走势。

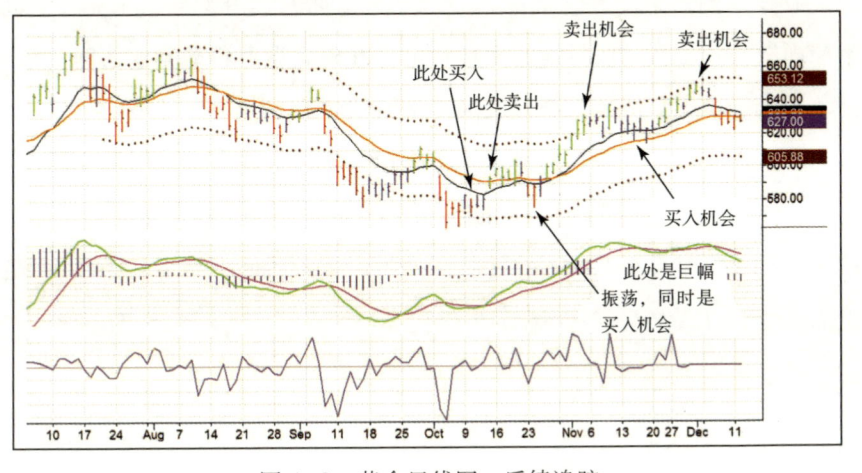

图 4-8   黄金日线图，后续追踪

当我们回顾那些获利较少的交易时，千万要注意不要因为错失赚大钱的机会而打击自己。在我出场后四天，黄金价格创出新高，随后暴跌至我初次入场时的价格水平。日线图中，还有两次非常值得交易的波段交易机会，就是在价值之下买入在价值之上卖出，这些都是非常合理的交易。不过，要知道黄金价格刚刚从熊市中走出来，作为多头应当非常谨慎。切记，只要有怀疑就立即出场。

## 使用通道技术卖出

我们已经学习了在市场走出熊市时，采用日线及周线的移动平均线作为盈利目标的卖出方法，之后，当牛市确立时，这种方法却不常用到。随着价格逐步走高，价格通常高于移动平均线，所以采用移动平均线卖出就不是个好方法了。

在寻找合适的盈利目标位之前，我们先看图4-9，这是一种重要的价格运动模式。从技术分析看，图中看跌信号非常强烈：价格和周线MACD柱的顶背离。A点之后，MACD柱一度低于0，表示牛市正在结束，之后股价创出新高到达B点，但MACD柱却比之前的要低，并且很平滑，这是强烈的见顶信号；同时强力指标也确认了这个信号，价格创出新高，强力指标出现顶背离，MACD线完全走平。

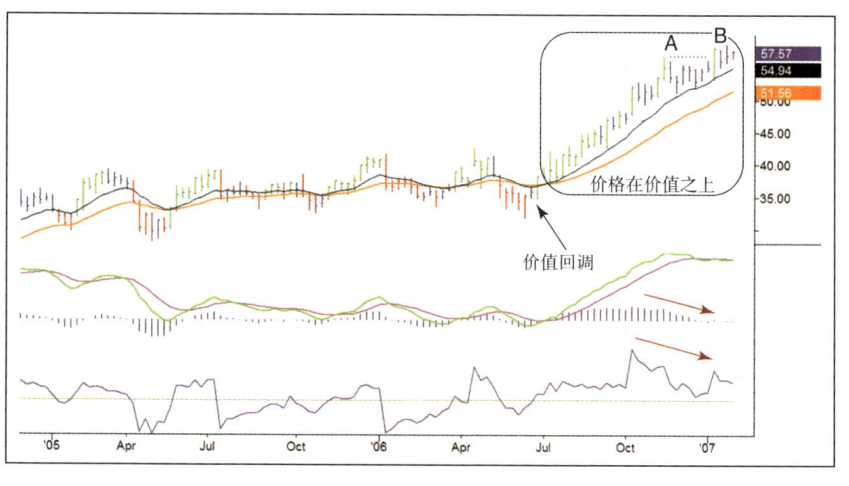

图4-9　INFY周线图

　　这是 INFY 的周线图，2006 年出现反转。在反转时，把周线移动平均线作为盈利目标是可以的，但随后股价不停地上涨了好几个月，而且股价一直在移动平均线之上，这种情况下移动平均线就不能作为设置盈利目标的好工具了，所以在上涨趋势中我们要使用其他工具寻找盈利目标位。

从图4-10的日线图中我们看到价格的短期运动趋势，在这样的上升趋势中交易股票就是重复地在价值区买入，在高于上轨时卖出，这时感觉市场就像取款机一样。事实上，我不愿使用这样的比喻，因为市场绝对不会像取款机那么简单。这种重复模式非常稳定，这种模式下，交易者绝好的盈利目标就是在价格运行到上轨之上时。

　　如果用移动平均线定义价值，那么定义价格的超买或超卖区的理想指标就是通道。理想状况下，我们希望在低于价值时买入，并在通道附近设置一个超买水平。因为每次都要对交易进行评分，所以交易时尽量逢低买入，这样才有可能得到 30% 以上的评分。

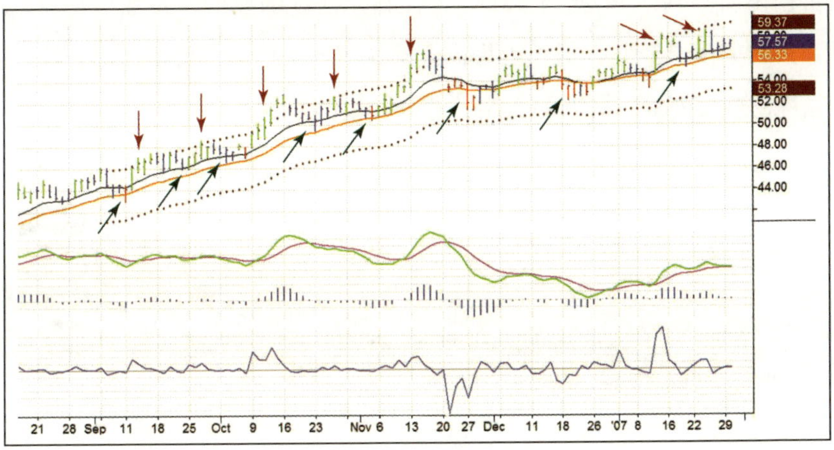

图 4-10　INFY 日线图

　　尽管 INFY 周线图显示价格几个月都运行在均线之上，日线图却是完全不同的运行模式。价格与通道一同上升，就好像沿着一条看不见的轨道上升一样。这种上涨模式非常典型，股票沿着价值区震荡上升。

　　当股票习惯了这样波段上涨的模式，EMA 均线之间的价值区就是一个好的买入点。上轨显示股票超买的区域，而这就是我们的止盈价格区。

　　在一次月度在线研讨会上，杰夫·帕克建议大家关注 CEGE（见图 4-11）。我每月要参加一次月度在线研讨会，每次会议由相隔一周的两个会期组成，众多交易者在虚拟房间聚首，回顾市场并讨论股票。有些人带着他们精挑细选的股票供大家讨论，如果我对某只股票很感兴趣，就宣布转天可能会交易这只股票，而 CEGE 就是这样一个案例。

　　图 4-11 是 CEGE 的周线压缩图，从图中可以看到股价在 20 世纪 90 年代的牛市中达到过 60 美元，然后崩跌，期间虽然不断有反弹，但还是

在最近跌到了3美元附近。从牛市的最高点到现在跌幅超过95%，我把跌幅超过90%的股票叫作"跌落的天使"，并经常在这些股票中寻找候选交易品种。从图4-12和图4-13中可以看到我买入CEGE的入场点。

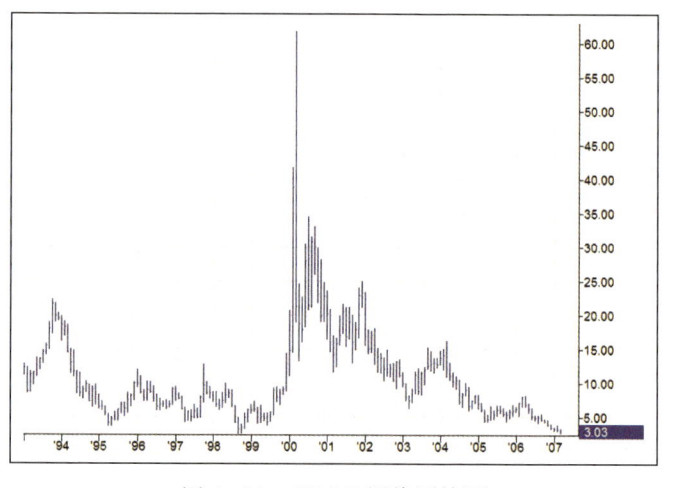

图4-11　CEGE周线压缩图

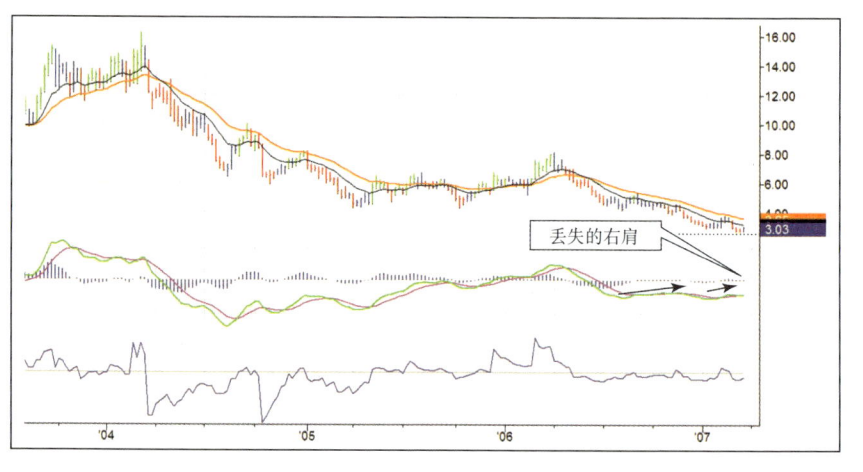

图4-12　CEGE周线图

　　周线图显示强烈的反转状态——假突破伴随着MACD柱的底背离，从图中右侧可以看到可以买入。最近的底背离是一个"丢失的右肩"类型，意味着指标不能再低于0。整个图显示股价已经跌无可跌。

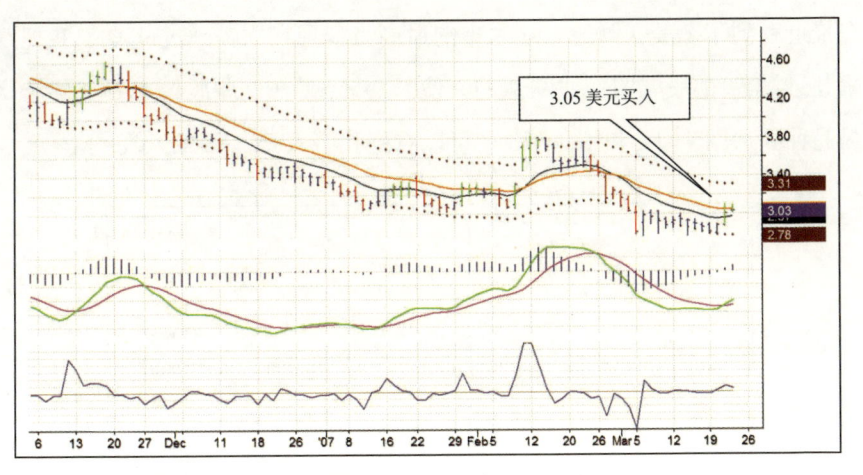

图 4-13　CEGE 日线图，买入

从图中可以看到，超卖后的第一波上涨已经发生过了。价格当时在价值区内，日线图上轨显示那次反弹的绝好盈利目标位。同时，考虑到周线图的牛市运行模式，价格很有可能超过盈利目标。

随后一周的在线会议上，我们又重新讨论了 CEGE，杰夫说这只股票已经严重超买，价格在通道上轨附近已经震荡两天了，MACD 柱也处于超买状态。因为当时我已经持有很多多头头寸，所以我决定转天卖出 CEGE 以降低仓位（见图 4-14）。

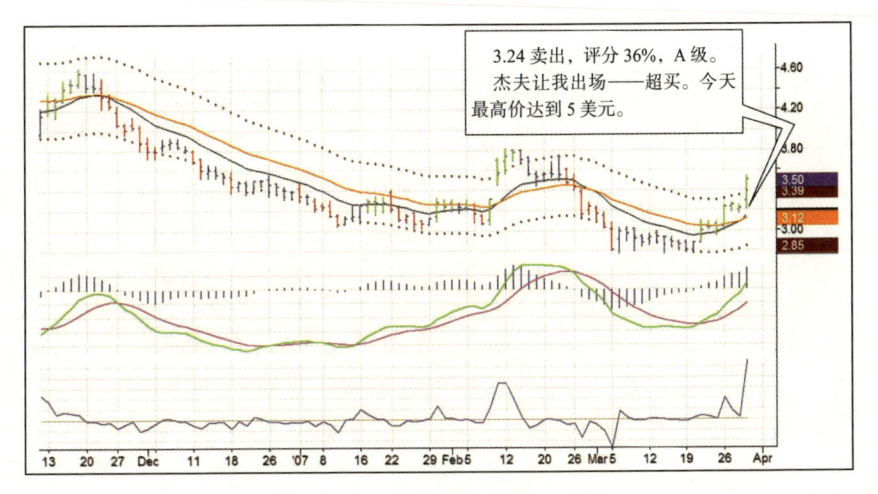

图 4-14　CEGE 日线图，出场

我的出场评分只有 6%，在我卖出后股价迅速上升。这次交易做得不好，但谁又能在每次交易中都获得高分呢？要知道，最重要的是保持平均分大于 50%。这次交易总评分 36%，A 级。

在我卖出后，杰夫说他真想敲他自己，因为卖得太早（见图 4-15）。我准备幽他一默说：提早卖出提早从压力中解放出来，要不然还要决定在这么疯狂的趋势中何时了结头寸呢。但是，坦白来说，这次交易给我们好好地上了一课。

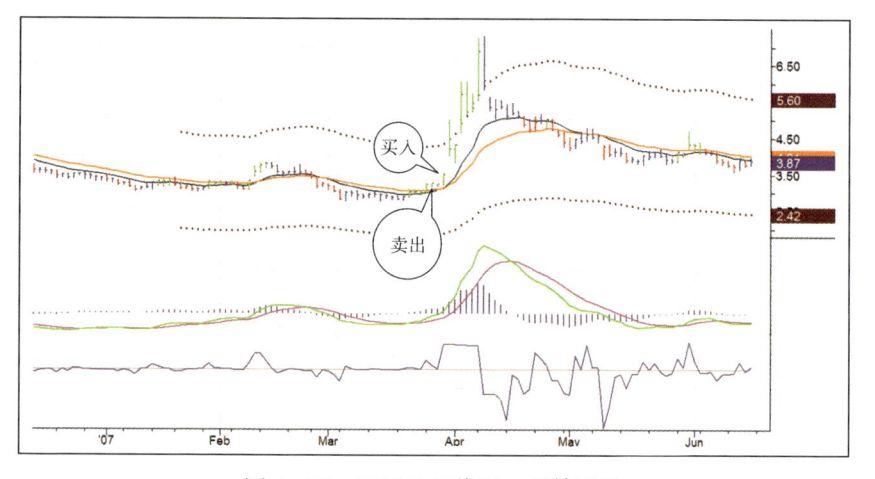

图 4-15　CEGE 日线图，后续跟踪

这次交易的后续跟踪结果让人哭笑不得，股票在我卖出后大幅上涨，后来我收到一些在线会议参与者发来的电子邮件，有些人在我卖出一两天后卖出并赚了大钱，可价格还是一涨再涨。

首先，坚定止盈目标非常重要。其次，不必为错失的利润惩罚自己，否则只会让你在未来的交易之路上胆大妄为。我对杰夫说，你应该为找到这样好的股票而庆祝，如果一直都能买到好股票，它们迟早会让你大发其财。

从图 4-15 中我们可以看到后续跟踪图中通道变宽了。交易程序能根据最新价自动计算通道的宽度并把它们画出来，如果价格波幅加剧，通道就会变宽，因此目标盈利价格是不固定的，目标价格总是变动让交易这个游戏变得有些困难。虽然今天我确定了目标价格，但是几天后，目标价格却变了。

CEGE 在暴涨后又回到了窄幅震荡的格局，而且又跌回到我和杰夫曾经买入的价格，价格似乎又有买入的吸引力了。

### 贪得无厌终是祸

好运来临时多数人想要的更多——大房子、好车甚至新配偶。我记得在一次聚会上聊天时被一对夫妇缠着不能离开，丈夫刚刚升职，妻子就想"升级我们的关系"。铺天盖地的广告让人们奢求更多，有些人毕生都在奢求各种东西，就像笼子里总想咬住自己尾巴的动物一样，这种无尽的追求有时会让人丧失人性。

把这种心态带入交易中，人们就想赚得更多。即便是盈利的交易也不会给他们带来快乐，他们为没有在最低点买入或在最高点卖出而恼羞成怒，这种行为都是在追求不义之财。这种怨恨让他们买得过早而卖得过晚。如果一直都想赚得更多，那么交易者的表现一定比我们这些跟随正确方法的人差。

市场能给予的就那么多，如果想要的更多，必然适得其反。

人生也是交易中最重要的词就是"知足"，你必须决定赚多少才能让你快乐，并据此设定目标，目标会让你的贪婪得到控制。要求太多的人，就成了贪婪和物欲的奴隶，而决定多少就知足的人，会获得自由。

不要误解我的意思，我不是在宣扬贫穷，恰恰相反，我和其他人一样都想乘坐公务舱、住漂亮房子、开豪车，我的意思是，找到让你感到满足的那条线，当达到那条线时你会觉得很开心。这比那种心态不平衡、病态地追求更多的人要好得多。反过来想，如果获得一笔意外之财你会怎么样？如果整月你都做对并赚了很多钱，那该怎样？获得巨大利润的经历让多数人精神错乱、追求更多，他们不断冒险以致风险失控，直到巨大的盈利变成巨大的亏损才如梦方醒。为了保持冷静，你需要做一个利润管理计划——我们会在后面的章节中再次讨论这个问题。

那些总想赚更多的交易者，在接近通道上轨时卖出是很有压力的。我的部分交易是在没有达到盈利目标时卖出，部分交易是在高于盈利目标时卖出。

在学习过程中，应当动态地看待通道这个铁一般的盈利目标设定工具。如果市场转弱，接受比原先预期少的利润无可厚非，不是每次价格都能刚好运行到上轨之上。交易 EXTR 那次卖出时和上轨价差一点，交易黄金那一次差得很大，但我从两次交易中都获得了可观的利润。有意思的是，愿意接受较少的利润的人往往最终能获得更多。见图 4-16 和图 4-17的交易案例。

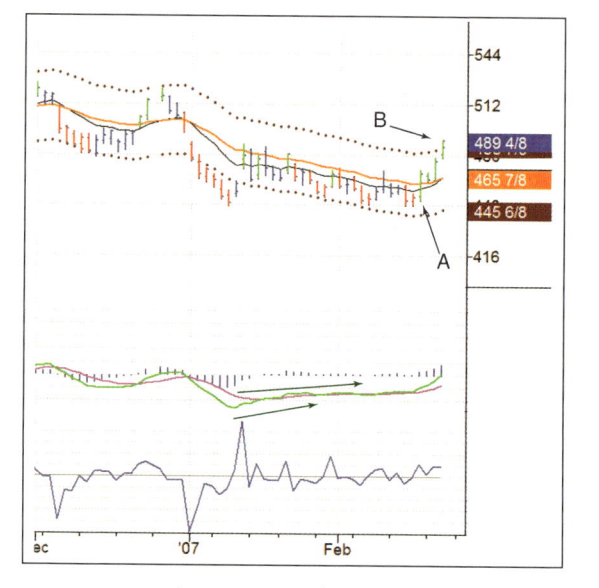

图 4-16 小麦日线图

A. 周线和日线的牛市特征，买入。

B. 了结 1/3 仓位，其余的继续持有。

这幅小麦的走势图表示依据双指标的底背离，在接近低点的地方买入。因为当时非常看多小麦（基于周线图——这里没有显示），所以我只对部分仓位做了获利了结。我违反了规则，并没有在上轨线之上全部卖出。

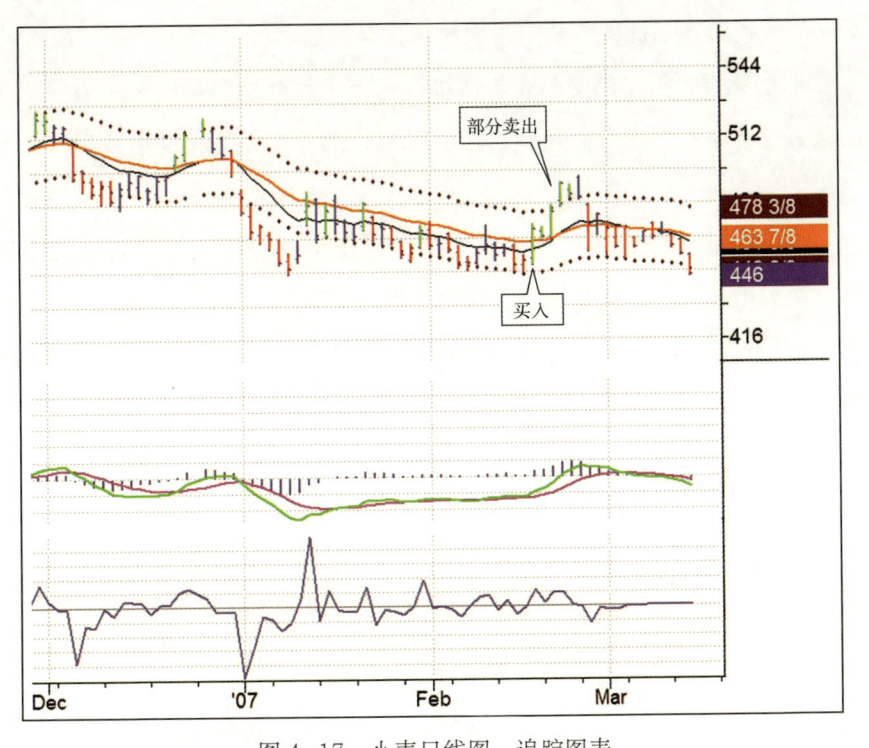

图 4-17    小麦日线图，追踪图表

在了结部分头寸后，小麦继续上涨，价格持续在上轨之上徘徊了几天，之后崩跌。我看着利润减少而不得不选择卖出。尽管本该获得更多利润，但仍然感激市场给我已经获得的这些利润，我没有妄想获得更多。

对于贪婪的交易者来说，强烈的价格运动在超过盈利目标时会给他们带来很大压力。一个人在获利出场后，看着价格继续前行他会气得敲自己头并最终迷失自我。

我们再看另外一则交易案例（见图 4-18 和图 4-19）。2007 年 1 月我基于糖的周线图走势而强烈看多，并在 2007 年 3 月份买入，最终在 5 月份完成交易并取得了不错的利润。

很幸运我们能找到价格反转后持续在通道之上运行的案例，但价格怎么运行其实并不是我要说的重点。我要说的是"知足"好于"奢求更多"。

知足的心态会让你保持冷静和自控，而这样的感受会在未来的交易中引导你获取更多利润。

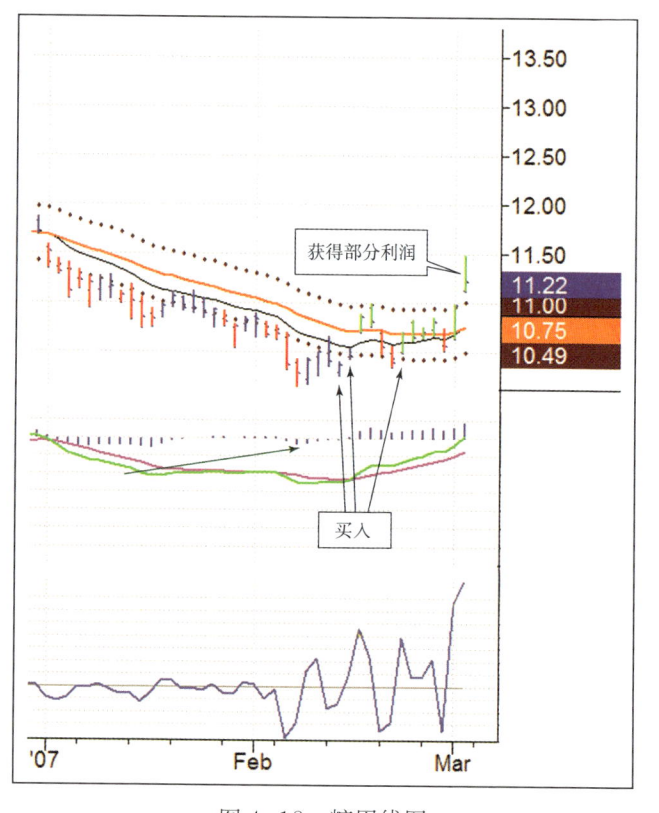

图 4-18　糖周线图

　　糖价在回调后继续上涨，从图中可以推测出日线图的价格一定在通道上轨之上。面对这样的上涨力度，我只平掉了 1/3 的多单头寸，并继续持有余下的 2/3。我对糖价的看多情绪太过严重——因为价格走势印证了我的判断——以至于我忽略了上轨之上的长上影 K 线，收盘几乎是在最低价，而这很可能是市场转弱的信号。

　　我也不是所有的交易都成功，有些亏了钱，还有一些比如前面讲的利润回吐。当出现这样的错误时，我不会惩罚自己。我用交易日记分析期间发生了什么，并从错误中学到尽可能多的知识，我接受自己的不完美，只要能从交易中学到东西，就是一次富有成效的经历。

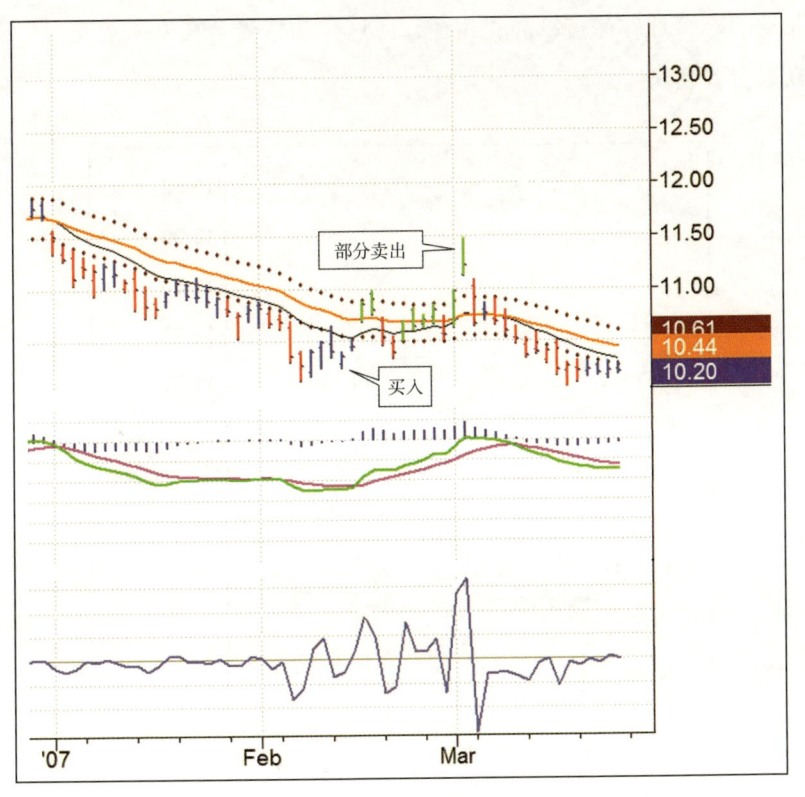

图 4-19    糖日线追踪图

　　后来糖价崩跌，我不得不立即出场。如果我在上轨之上全部获利了结的话，利润将远多于实际获得利润，我错过了一次赚大钱的机会。

### 反弹跌跌撞撞

　　如果使用通道技术给交易设定了盈利目标，但后来你觉得反弹高度会更高一些怎么办？你可能会持有多长时间？尽管价格有时候会反弹得很高，它容易让人放弃先前的决定而持有更长时间，但经验告诉我不要持有头寸时间过久。

　　如果价格比你设定的初始目标价低一些，你会获利了结吗？当这个问题摆在我面前的时候，我就等价格创新高失败的那天以收盘价卖出，或者在次日开盘后不久卖出。

还有一件在交易中非常重要的事情是不要试图预测顶底。一波上涨的最高成交价是市场最贵的那个价格,切记只有那一个价格,因为这个价格出现的频率很低,所以你恰好在这一价格交易的概率就很低,财富会因你寻找顶底而流失。我很早以前就放弃了去寻找绝对的顶底,所以请你记住,最高价永远是最贵的那个价格。

看图4-20,雅虎股价从10月份开始一波行情。和其他多数交易一样,起初价格低于价值,之后反弹到上轨之上,然后跌回价值区,之后又上涨到上轨之上。之后的第二波上涨,价格回调不多,表明股价上涨得很坚决,不给空头参与机会。

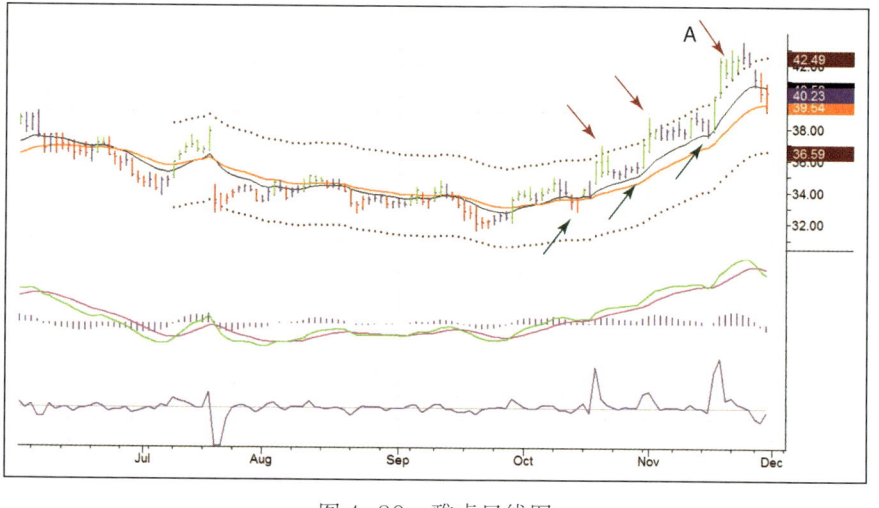

图4-20 雅虎日线图

A.第一根K线创新高失败。

在11月价格回到价值区直接突然快速上涨,达到上轨后又大涨了一天,这一波上涨的第三天股价调整。强力指标显示股价振幅收窄,并且成交量下降,更重要的是股价创新高失败了,这是卖出的信号。

后来几天价格虽然又出现新高，但是大的上涨结束了。三天没有创出新高，价格开始跌回到价值区。早卖胜过晚卖，只有那些有魔法水晶球的人知道每次价格运动的顶部，但这些以魔法水晶球为生的人却经常让水晶球碎成一地。在交易后千万不要后悔，记住这个词——知足。

## 压力位卖出

移动平均线卖出法适用于股票超卖后的反弹，通道卖出法适合短线交易者使用，这些方法可以用于短期波段交易。短期交易的波动幅度相对于长期交易者来说太小，我们曾把长线交易者称为投资者，但世界在变快，每个人又都是交易者。长线交易者的交易周期以月甚至年来衡量，这需要更大的盈利目标。猎鹿的人与猎兔子的人不同，猎鹿的人需要一杆大枪。

支撑和压力区的存在为长线交易者提供了盈利目标。我们把大量交易发生过的地方作为压力或支撑区，这样就很容易知道相对于压力或支撑，价格目前所处的位置。

要想对技术工具有信心，就必须知道这些工具如何工作、它们衡量的是什么。如果准备使用压力或支撑这项技术工具，就需要了解它们的本质。每个价格都表示买入者和卖出者在此达成的共识，同时也是交易大众中买卖双方达成的共识。如果有一批人不认同买卖双方达成的价格，那么就会以其他价格成交，以某个价格成交的成交量越大，表示越多的人认同这个价格。成交密集区表示很多市场参与者认同这个价格水平并在此买卖。

任何价格走势都不是直线运动，价格是在做区间运动，就像水在堤坝前打转一样。一旦堤坝决裂，价格就立即"蜂拥向前"，直到找到下一个"池塘"为止；之后，还会花很长时间在这个"池塘"打转，如果池塘堤坝再次决裂，价格就再次"蜂拥向前"。

如果单个价格代表买卖双方的共识，那么交易区间就代表一大批交易者对市场价值区间的认同。当价格运动到区间边缘时，业余交易者会非常兴奋，他们希望价格突破区间并在区间之上买入或在区间之下卖出。与此相反，职业交易者了解大多数突破都是假突破，价格随后会折回，其交易方向与业余交易者相反，在区间的上边缘卖出，下边缘买入。尽管业余投资者也会因为突破而赚钱，但长期看来，他们会败给职业投资者。

从图表上看价格来回运动驱动着交易区间的形成。横盘整理的区间有非常清晰的下沿和上沿，也就是支撑和压力，价格区间重现了买卖双方巨大的财力和情感的付出。如果用波动区间的平均日成交量乘以区间的天数，很快就会知道在这段期间内成交额高达数亿美元。

人们在金钱面前会变得相当情绪化。你认为在数亿美元面前，买卖双方会无动于衷吗？

支撑和压力建立在两种重要的情感——痛苦和后悔之上。那些在震荡区间上沿买入的人看到价格下跌时会非常痛苦，他们在等待价格反弹所以不会卖出。当价格反弹到买入价附近时他们选择立即卖出。那些做空的人也在等待价格反弹以便做空，他们因没有提早做空而后悔，后悔情绪会让他们在价格回到初次想做空的价格时再度做空。上述两种情形成就了区间上沿。痛苦和后悔的情绪阻止了价格向上突破。

我们一起回顾两个有关支撑和压力的例子：IBM 和欧元。

从图 4-21 可以看到，2005 年 IBM 跌到 73 ~ 78 美元区间，并在此处震荡了大概 3 个月，然后向上突破。在这个区间成交了 5 亿股，总价值大约 370 亿美元。你可以感受到这么大的成交额牵动着多少人的心！一年后 IBM 再度跌到这个价格区间的时候，一定会有很多人因为一年前没有买入而后悔，他们大量买入筹码，把 IBM 股价推得越来越高。

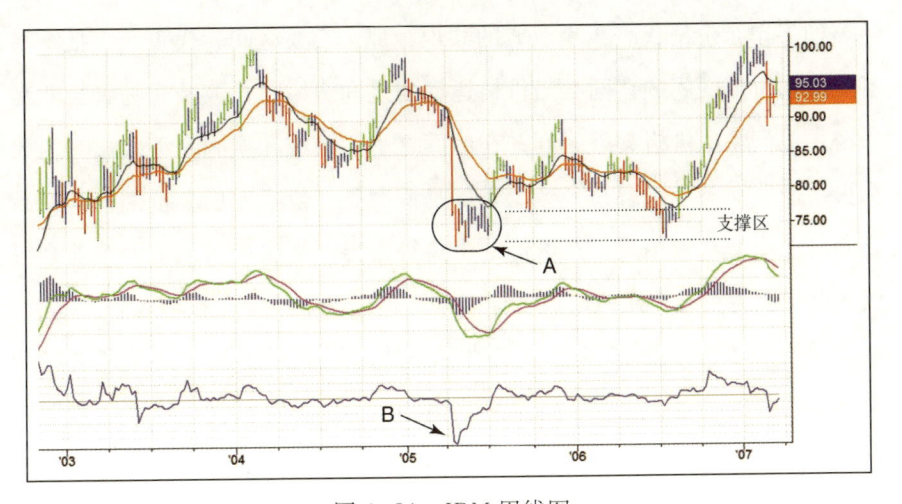

图 4-21   IBM 周线图

A. 在这个区间以约 75 美元的价格成交了 5 亿股，成交额为 370 多亿美元。

B. 注意强力指标形成尖角下跌，这是重要的市场见底的信号。你能在图中找到另外两个尖角下跌的情形吗？

如何在一大波上涨中设置盈利目标？看图 4-21 你就会发现，近年来只要 IBM 的股票进入 95 ～ 100 美元区间，沉重的抛压就随之而来。想想那些在 2004 年以 100 美元买入的可怜的投资者，经历了紧张和痛苦的下跌之后，他们依然在等待价格回到当初买入的位置，那样他们就可以解套了。

当然不亏本不是真正的不亏本。利息、货币贬值、机会成本以及持有亏损头寸的精神负担都是损失。这些失败者在等着价格再次回到当初买入的位置时卖出股票，所以如果你是一位聪明的交易者并在接近 75 美元时买入，你希望在股价超过 100 美元的时候再卖出吗？因此，这个区间一定是一个非常好的获利了结区。

如果图 4-22 所示，2001 年欧元创立后立即大幅上涨，3 年时间就从 0.85 美元升至 1.36 美元。2005 年出现欧元严重的熊市走势，如图 4-22 向右下斜的箭头所示，下跌开始，后来欧元找到支撑也就是 2004 年的低点，然后跌破这个低点，把一些脆弱的多头洗出局。

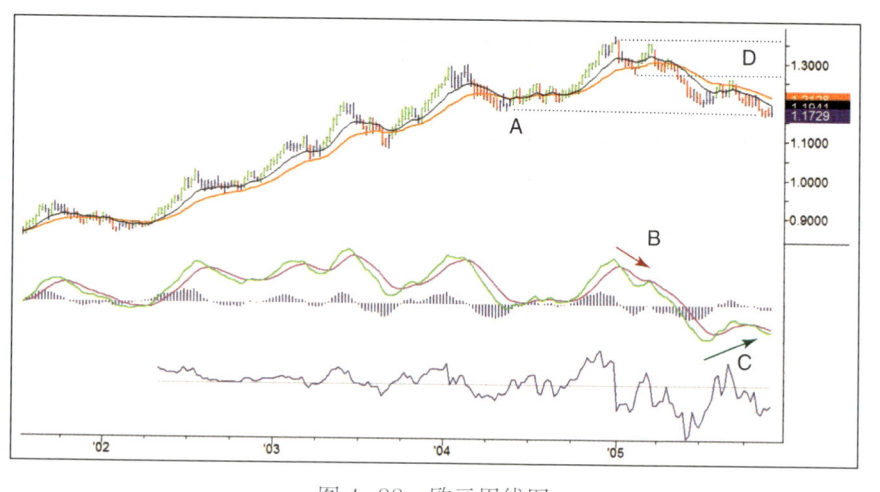

图 4-22　欧元周线图

A.支撑　　　B.顶背离　　　C.底背离　　　D.压力区

　　要知道支撑和压力不是用玻璃板做的，它们更像是铁丝网，牛市和熊市都可以在它们那儿找到支撑。事实上，一些很好的买入信号发生在股价轻微跌破支撑的时候，在牛市重新成为主导趋势之前，会引发多头止损并把那些不坚定的多头洗出局。

　　在图 4-22 的右侧，我们可以看到走牛迹象。最后一根 K 线已经开始上涨，该变化告诉我们"大熊"渐渐不行了，买入正当时。

　　如果我们在这里做长线多单，假如价格上升，盈利目标应该放在哪里？我们知道阻力就在成交密集区 1.30 ～ 1.35 之间，也就是 2005 年的顶。

　　货币交易是出了名的难做，因为它们几乎 24 小时不停地波动。你可能已经熟睡，但是地球另一边的竞争者正在赚你的钱。如果你是个波段交易者，想抓住持续几天或几周的价格波动来赚钱，那么最好不要交易货币。把货币交易留给日内交易者或者长线交易者吧，这些人能从货币走势的长期趋势中赚到钱。

　　跟踪欧元的后续走势我们会看到系统发出的信号（如图4-23所示）——MACD出现底背离，向下假突破，周线图开始上涨，它们在区域B相互验证，给出特别强烈的买入信号。这次买入欧元的行动非常成功，我们把长期的盈利目标设置在2005年形成的顶部压力区一带。

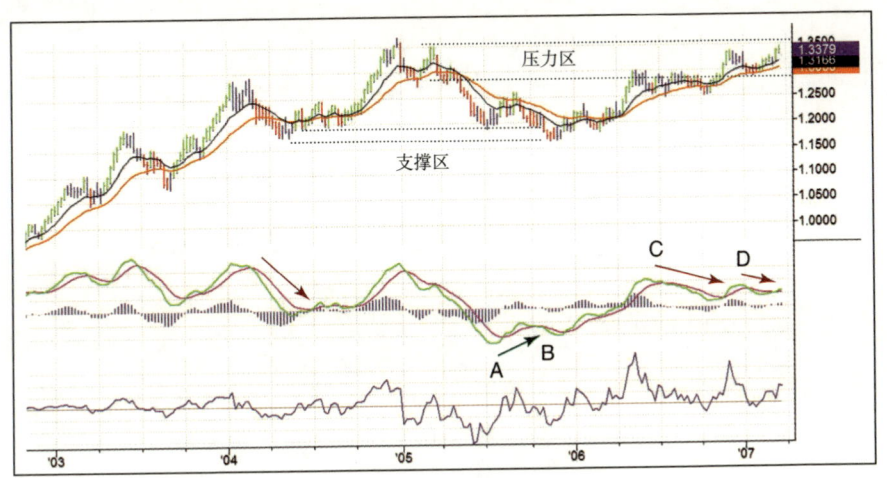

图 4-23　欧元周线跟踪图

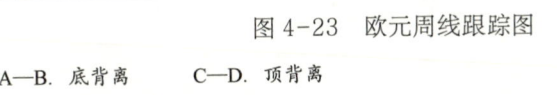

A—B. 底背离　　　C—D. 顶背离

　　在到达压力区点C后，欧元停止上涨并整理了好几个月。对应C点，MACD柱也出现了新高，说明在过去一年中多头力量创出新高，这意味着未来价格可能还有新高。但在2006年年底以及2007年年初，MACD柱给出不同的信息，顶背离表明上涨趋势走到了尽头。

　　观察支撑和压力能帮你在长期交易中设置合理的盈利目标。设置长期交易盈利目标的最大价值在于让你把注意力放在长远但可以到达的目标上，这会让你坚守长期头寸而不致于被价格或指标的短期波动洗出局。

　　从心理上讲，长期交易比波段交易更困难。在波段交易中交易者是主动的，可以每天观察市场变化以随时调整止损和盈利目标、增加头寸或者部分获利了结，或者完全结束一次交易，有些人觉得能随时控制交易是件非常舒服的事。长期交易的心态完全不同，几周或者几个月交易者都不能做任何事，即便发现了短期的顶和底也不能做任何事，因为交易者是在等待价格触发长期盈利目标。这也是设置价格目标如此重要的原因，它能增加交易者持股的信心。

我用另外一则交易案例来总结本节内容。如图 4-24 所示，该走势图上附有心理状态的点评，点评中说明了为什么长期交易要比短期交易困难及一些与如何控制交易有关的事情。

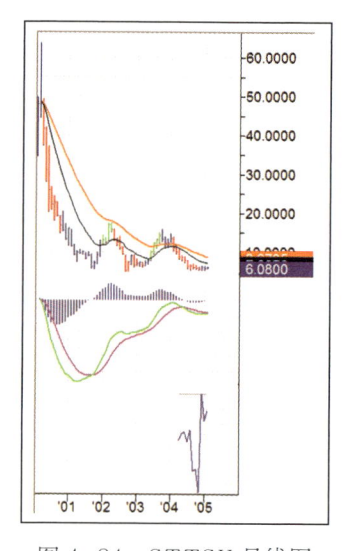

图 4-24　STTSY 月线图

从它取了新名字叫 STTSY 的那天开始我就在关注它，这条信息来自 2004 年 11 月的一次在线研讨会，当时最活跃的参与者是杰基·帕特森，一位辞掉工作专职交易的加利福尼亚人。她很擅长挑选股票，但除了 STTSY 外，我对她的股票大多不感兴趣。

这家计算机芯片检测企业的股价在 1990 年时曾达到过 60 美元，但在熊市中跌到 6 美元，这也是我们曾经说过的"跌落的天使"。不过，还是在股票止跌后再选择买入吧，毕竟买入便宜的股票没问题，但买入下跌途中的股票就不好了。周线走势非常吸引人。从图中可以看到在股价从 60 美元跌到 6 美元的途中，在 17 美元附近有过一次反弹。之后一次反弹是在 5 美元之下展开，反弹到 16 美元。这只股票非常活跃，即便跌去 90% 也没跌死，还能有如此之大的反弹。在熊市中活跃的股票往往是下次牛市中买入的绝佳候选股。

把图 4-24 的右边缩放到图 4-25 走势图就变得更加有吸引力，股价在过去 6 个月有个 3 个明显低点，分别是 5.50 美元、5.40 美元和 5.37 美元，这告诉我支撑非常牢靠，即便股价又小幅创出新低也拒绝加速下跌，而是顺利返回到区间之上。这样的下影线往往表明有实力资金卖出打穿低点，好让那些担惊受怕的多头把股票卖给他们。

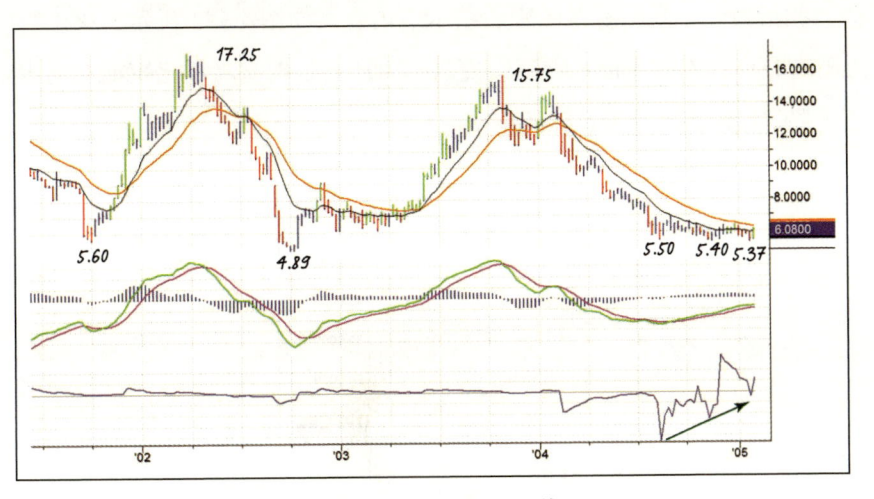

图 4-25　STTSY 周线

在图的右侧，股票又跌穿了 6 美元，低于 6 美元好像是一个非常强的支撑区域。看全图容易发现强压力区在 16 美元附近，因为之前每次股价到达那个区域就好像遇到了天花板掉头向下。

空头力量非常弱，MACD 柱在最近的下跌中处于零轴之上，强力指标也有 3 次尖角下跌并且一次比一次浅，确认空头力量越来越弱。

当图中最右边出现上涨信号时，表明市场去掉了买入的最后"枷锁"。我以 5.99 美元的价格买入 1 万股，当时我准备持有到 16 美元，当然我也意识到这可能需要多年时间，我希望从这次交易中赚 10 万美元。

股票如预期在上涨，我又以 6.13 美元的价格买了 5 000 股，几周后我在 6.75 美元把这 5 000 股卖掉，每股赚 63 美分，算是赚了一次"快钱"。事实证明，长期持有比短线交易的压力大得多。

STTSY 之后快速上涨到 8.16 美元，然后跌回到我的买入价附近。因为对起初的计划非常有信心，所以我决定继续持有。股票之后又上涨到 8.85 美元，从图 4-26 可以看到，当时发生了一次强力指标的顶背离（图中向右下斜的箭头）以及见顶的组合信号，但由于太注重 16 美元的目标价，所以我咬牙没有卖出。快速下跌导致浮盈减少了将近 3 万美元，账户暂时处于亏损状态。我继续坚持最初的计划，专注看涨的细节，一根创新低的长上影线结束了下跌。强力指标又一次显示底背离，如图中向右上斜的箭头所示。STTSY 再一次上涨，当价格达到 8.42 美元的时候，我觉得长线持股的乐趣越来越少。

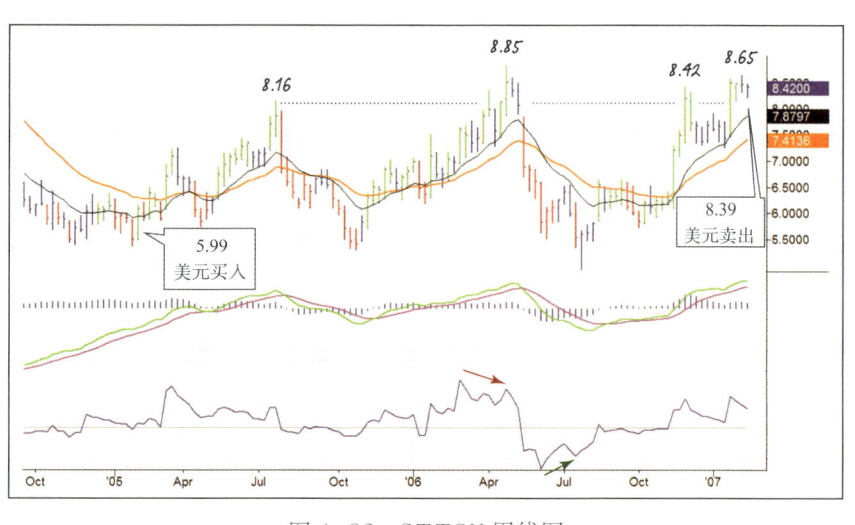

图 4-26　STTSY 周线图

在这次交易期间，我还在其他股票上做了很多波段交易。短期交易的乐趣和利润都比较多。和 STTSY 一样，我还持有其他股票长线头寸，因为计划让我持有的时间更长一些。在 STTSY 上的头寸开始让我头疼，我受够了股价在 8～9 美元之间来回震荡，然后又跌回我买入的价格，我觉得这对我的工作和精神毫无利益可言。

2007 年 2 月，在持有 STTSY 两年之后，股票又涨到 8.65 美元，比前一次高点 8.42 美元略高。动能再次减弱，周线价格运动区间也变窄了，这样的走势通常预示着价格即将下跌。这时，持有 STTSY 给我带来沉重的精神负担，所以我在 8.39 美元全部卖出，并没有赚到 10 万美元，只赚了 2.4 万美元，加上 5 000 股赚的 3 000 美元，总共 2.7 万美元。卖出 STTSY 之后我备感轻松，从股价的来回大幅震荡中解放出来了。由于我仍然保持继续追踪股价的习惯，所以如图 4-27 所示，后来的走势让我哭笑不得、无话可说。

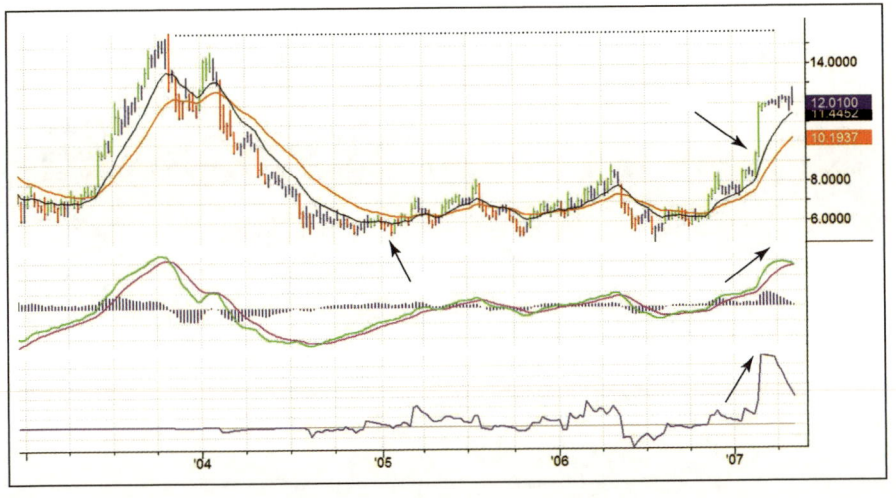

图 4-27　STTSY 周线追踪图

在我卖出 STTSY 之后几天股票企稳，随后大幅上涨，在我卖出两周后股价涨到 12 美元。所有指标都显示这是一次非常强大的多头市场，指标也创了新高。它们指示短暂的弱势可能会发生，但多头依然非常强劲，并且 12 美元似乎不是最后的高点，股价似乎要涨得更高，而起初设立的 16 美元的目标价也指日可达。

我要买回它吗？当然不，我与 STTSY 两年的纠葛已经结束了。尽管与股票巨大的涨幅比起来我确实盈利不多，但这也是我能获得的利润。为什么我要说这次交易？我们能从中学到什么？当然，可以学到很多，下面是我总结的学到的东西，不按重要性排序。

1. 首先，入场点非常好。我准确地识别出了底部并在很好的时间点上买入。其次，尽管未持有足够的时间来获得全部的预期利润，但这次交易的盈利目标是可以达到的。

2. 这次交易表明我更适合做短期交易。因为我决定学习长期交易，必须要在长期交易中增加一些短期交易。我决定在未来的长期交易中先建立一个核心头寸，核心头寸将从头持有到尾，核心头寸不大，这样压力会小一些。同时，我会顺着核心头寸的方向进行规模大一些的短期交易。如图4-26所示，初次买入后每次上涨都是很好的波段买点，而在价格上攻到通道上轨的时候，又都是很好的卖点。只要价格跌回我第一次买入的区域就是一次好的买点。

3. 这次交易提醒我们善待自己很重要，把头脑作为交易工具，控制自己不要犯错，像这样过早出场你可能会砸坏电脑，且无益于提高自己。交易的目标是从错误中学习，不是用错误去惩罚自己。

4. 最后一条，当然并非它不重要，我希望你能明白即使专家也会犯错。我到现在还会犯错，交易想法中长满犯错的野草，比如不记日记或违反资金管理规则。如果你犯错了，交易结果其实已经变得不那么重要了。

每开始一次交易，你都应该有两个目标：赚钱和变成更好的交易者。你不一定每次都达到第一个目标，但必须达到第二个目标。如果没有从交易中学到什么，你就是在浪费时间和金钱。在这次交易中，我用表格和电子日记做了细致的注释，让我从交易中学到经验。利润相对较少，但从中学习到的东西却非常多。

在写本书的时候，我还有一些长线头寸。我在关注一只美国工业股，我相信这只股票能从 7 美元涨到 20 美元之上。我对纳斯达克板块的一只股票更感兴趣，1990 年其股价是 100 美元，然后跌去 99%，我大部分头寸都在低于 1 美元的时候建立，我准备持有这只股票多年，盈利目标是 20 美元。这两只股票我都配有核心头寸，核心头寸从来不碰。另外在这两只股票上还有一些规模较大的短期头寸按照核心头寸的方向在活跃地交易着。

# 第 5 章

# 止　损

如果把买入股票比作结婚，使用止损就像签订离婚协议。如果感情破裂，离婚不会带走痛苦，但会减少争吵和不愉快。如果你是乐观的多头，但发现喜欢的股票与"熊"为伍，那你会怎么办？任何分手都会带来痛苦，但决定谁会得到什么的时机应该是当你们还在牵手时。

每次交易最基本和最现实的底线是确定止损额度。你很喜欢一只股票，也对这只股票满怀期待，但如果这只股票下跌了，你该怎么办？你曾经所有的股票交易想法都有好结果吗？或者有那么一两次不是很好？比一两次多？很多？有没有遇到需要止损的困惑？你应当分析图表，并决定如果情势变坏你会在哪里出场。

即便是"常胜将军"也需要在交易中设置保护性止损，当情势变得不利时止损会强制让你卖出。有些交易者也喜欢在快速移动的行情中使用追踪止损。

一旦开始交易，你的脑中就会有"所有者效应"，这种效应有害无益，它会把何时卖出这个问题变得困难，实际上决定卖出价格的最好时机是在买入之前。

想想衣橱里的老款夹克，你不会把它们扔了，因为那是你的财富，你一直都拥有它。除了占用衣橱的一点空间外，它不会带走你任何东西（在你脑海中，可能会觉得拥有一只不起眼的小幅亏损的股票没什么，但一阵子以后小幅亏损可能变得非常巨大），你也不必为这件夹克付租金。可是账户中的小亏损可能会越变越大，甚至让你爆仓。

一次糟糕的交易可能会给你的账户"凿个洞"，一连串糟糕的交易就会毁了你的账户。

不止损而持有错误头寸的另一个坏处是会妨碍你展开其他更好的交易，这和牙疼会占用比你预想的多得多的注意力一样。市场对交易者的不利会束缚后者的行动，让其很难再进行新的交易。持有亏损头寸不但损失了金钱和其他机会，还会给人带来痛苦。

没有止损的交易系统不是完整的交易系统，如果使用不带止损的交易系统，就像赛车不系安全带一样，你可能会赢得一些比赛，但一次严重的事故就会要了你的命。

止损把交易者和现实连接起来。你可能有很好的获利方法，但决定在哪里止损会让你有风险意识。这就产生了一个基本问题：潜在的利润是否值得去冒险。

每次交易都应该设定止损。请务必遵循这个简单的规则：在确切地知道止损位置之前，不要交易。入场前你必须做出这个决策，当然你还应该确立一个盈利目标以计算损益比。没有目标的交易无异于赌博。

20年前我的一位朋友做交易亏了一大笔钱，后来他去做了经纪人，我就把账户开在他名下。每次下单时他都会在挂电话之前让我设好止损。后来这位朋友成了非常成功的资产管理人，他是我见过的最有纪律的经纪人。

追踪止损怎么样呢？市场在变、价格在变，你对股票的看法也可能改变，你可能会觉得牛市更强或更弱了，或者熊市更强或更弱了。随着损益比的变化，你可能希望改变最初的止损，可是怎么做好这项工作呢？在交易的世界中你怎么都行，但大多数行为都是亏钱的行为，你该会为追踪止损设定什么样的规则呢？

追踪止损的最基本规则是只有在价格对你有利时它才会启用。如果做多并把止损放在较低的位置，那就只能把新的止损价抬高而不能把它调低。做空的情况与此相反。

止损是一条单行道，交易者只能收紧它，而绝不能放松它。

因为你期望股票上涨，所以买入股票，如果你期望股票下跌，你还会买股票吗？如果股票开始下跌，就表明你的决策可能是错的。这时把止损向下移动就是在纵容你的错误，千万不要这样做。

上面我们讨论过有关止损的话题如下：

- 交易需要止损，没有止损的交易无异于赌博。
- 在入场前交易者需要知道止损设在哪（如果损益比太低也不要入场）。
- 只有在行情对你有利的情况下才更改止损。
- 每个人都必须使用硬止损，只有专家型交易者才可以使用软止损，这个随后讨论。

如果你对以上几点有疑问，请重新阅读本节；如果你同意以上几点，我们就继续学习并讨论如何设置止损这个话题。还有一个有关止损的重要说明：在价格达到你的止损后再次进入是绝对没有问题的。新手往往在一只股票上孤注一掷，在市场淘汰他们之前，他们甚至不再关注自己的交易；有经验的交易者却不断通过买入或做空股票看看交易有没有什么问题。就像捕捉滑溜的鱼一样，在抓到之前交易者都小心谨慎。

# 铁三角止损

设立止损的首要目的是避免情势不利时损失超过预期，第二个目的是保护浮盈，第三个目的毫无疑问是控制与资金管理有密切关系的总资金亏损。

风险控制工作的过程分三个步骤：

1. 分析并设定止损位，通过入场价与止损价之间的距离计算每股风险损失值。

2. 运用资金管理规则确定单次交易的最大损失额度以及交易者所能承受的风险值。

3. 根据 1 和 2 中的数据计算可购入的最大股票数量。

没有比确定可购入股票数量更重要的事了。作为一名交易者，你并不是真的交易 IBM 或者 eBay 或者大豆，你交易的是资金，买卖的是风险，所以你必须按照账户风险来设定交易头寸大小。比较 20 美元买入 1 000 股、止损在 17 美元的交易和 40 美元买入 2 000 股、止损在 39 美元的交易，尽管后者规模更大、成本更高，风险却比前者低。

我们再通过交易实例复习一遍上面三个概念。

### 1. 计算每股风险值

假如准备以 18 美元 / 每股的价格买入股票，分析后发现如果股价跌破 17 美元就改变看多观点，所以你决定把保护性止损设在 16.89 美元。每股风险值是 1.11 美元，如果加上滑点的话每股风险值会更高一点，但是 1.11 美元已经是一个合理的估计值了。

### 2. 计算单次交易的风险

假设你的交易账户有 5 万美元，并遵循 2% 的资金管理规则。这意味着你每次交易的最大风险值是 1 000 美元，这个风险值也比较适中，实际中不少人希望止损小于 1%。

### 3. 用单次交易的风险值除以每股风险值

这样就可以计算得出单次交易所能购入的最大股票数量。如果单次交易最大风险值是 1 000 美元，每股允许的风险值是 1.11 美元，最大的交易股数应该小于 900 股；另外这 1 000 美元中必须包括交易佣金和滑点。还有一点，没有人规定你必须交易最大可购入的股数，如果你觉得风险仍然太大，可以交易比这个数量更少的股票。如果你对这只 18 美元的股票抱有很大期望，就应该把止损空间设得大一些，比如在 15.89 美元，然后每股允许的风险值将会是 2.11 美元；单次交易的最大损失值不变，因此你最多可购入的股票数量就只有 470 股了。

如果你是超短线交易者，成天坐在电脑前盯着股价走势，你可能会把止损设在 17.54 美元，这样每股允许风险值只有 45 美分，单次交易的最大损失值仍然不变，而此时你可以买入的股数将达到 2 170 股。

止损价格的确定与盈利目标价格密切相关，你必须在潜在的收益和愿意承担的风险之间做出权衡。有一个经验值，就是损益比为 3 : 1 或者更高。我非常不情愿做交易损益比小于 2 : 1 的交易。

止损是交易的基础工作，在讨论各类止损方法之前，我们先厘清两类重要概念：第一是选择交易指令执行方式，市价止损还是限价止损；第二是选择软止损还是硬止损。

## 市价止损和限价止损

所有的交易指令都可以分为两类，即市价指令和限价指令。市价指令就是按照市场报出的最新价发出指令，事实上很多这类价格都是糟糕的价格。与市价指令对应的是限价指令，它表示以特定价格执行或者从不执行。限价指令可以避免滑点。

市价指令可以保证执行，但不能保证价格；限价指令保证价格但不能保证一定会执行。交易者必须做出选择，因为交易中不能同时使用两种指令。选择的依据是看哪个方面对你最重要，是执行还是避免滑点。交易者在不同的时期可能会有不同的回答。

假设以 19 美元买入 1 000 股股票，通过分析发现，如果股价跌破17.80 美元就表示上涨趋势结束，你通过经纪人或者在网上设立以 17.80美元卖出这 1 000 股股票的止损单。通常情况下这类止损单会低于当时的市价成交，因为这是 MIT 指令——"如果到达指定价格，立即以市价成交"。尽管这是一条有滑点的市价指令，但交易者还是应该去做，因为设立了止损就等于保护了账户。市价指令会有滑点，市场平静时股票可能会以 17.80 美元成交，偶尔股价到达 17.80 美元后立即反弹，那么止损可能会以 17.81 或 17.82 美元成交。更多发生的情况是快速下跌的股票不会在 17.80 美元附近徘徊，而是直接跌破 17.80 美元，你用 MIT 指令设置止损，成交价格有可能是 17.75 美元。1 000 股的滑点成本就是 50 美元，几次这种滑点加起来就可能超过交易佣金。

价格在平静的市况下运动很平缓，但在激烈市况中往往连跳几个价格。使用 MIT 指令不能保证以设定的止损价成交。快速下跌很可能对投资者止损产生不利影响，如果股票爆出突如其来的大利空，股价可能跳空直接跌到 16 美元甚至更低。

止损不是完美的保护盈利、控制损失的方法，但它是我们仅有的、最好的工具。

被滑点所伤后有些人就换成限价指令。我大多数时候都用限价指令来触发买入指令和止盈指令。于我而言，限价指令的效果就是"市场要么以我的价格成交，要么走你的独木桥"。我只用我的方式交易，决不接受买入和止盈时的滑点。如果以限价指令错过了一次入场交易，我也从不抱怨，未来还有其他很多机会，何必太在意这一次。如果用限价指令入场交易但没有成交，我什么损失都不会有。

但保护性止损的情况完全不同，如果错过了出场机会，你可能会遭遇更多的损失。一个人可能为了省点钱而使用限价指令作为止损出场指令，这样会很危险。要知道，当问题来临时，不要讨价还价，第一时间出局。所以我在入场和止盈时使用限价指令，但在止损时使用 MIT 指令。

## 硬止损和软止损

硬止损是下到市场中的止损指令，软止损是交易者牢记的止损价格，只要市场价格达到止损价格，就立即下单。

我不愿讨论软止损，它是交易专家或准交易专家讨论的话题，我担心新手会误解并误用这一方法。对大多数新手来说，软止损相当于没有止损。

这让我想起一个制造软饮料的公司的电视广告。一个人骑着摩托车在陡峭的山坡上上上下下，电视屏幕的底部跳出几个白色警示字：专家表演，请勿模仿。这正是我对软止损的看法。既然这个话题这么危险，为什么不把它剔除在本书之外？因为我希望这个概念对那些正在成为高一级的专业人士或者认为硬止损太过僵硬死板的人有用。我希望他们能控制住自己的手，相信自己并做出合理的决策。

切记硬止损适合每个人，但软止损只适合专家或准专家。

硬止损以特定指令方式进入市场，你可以由经纪人执行指令，这也是硬止损的另一个很大的好处——不用成天看行情。对那些不能在交易时段看行情或者不喜欢实时做决策的人的来说这真是太好了。新手必须使用硬止损，因为新手既不够专业又没有实时做决策的能力。

专家型系统交易者都使用硬止损，但专家型主观交易者可能使用硬止损也可能使用软止损。职业交易者可以自己做研究，准备好止损并把止价写到交易日记中，他可能不会把指令发给经纪人。职业交易者看着价格不断变化，当价格接近止损时他就可能出场，这给他自己一定的自主权。

使用软止损需要铁一般的纪律和实时盯盘，如果不能看盘就不能使用软止损。当市场对交易头寸不利时，新手们往往惊慌失措并希望奇迹出现，所以他们不能使用软止损。

交易者在交易盈利少于一年的情况下无权使用软止损，即使那些能盈利超过一年的人，在使用软止损的时候也可能是缓慢适应，并在不能看行情的时候继续使用硬止损。

因为确定止损价与选择硬止损还是软止损关系不大，所以本章不再对它们做更多阐述。接下来我们讨论如何设定止损、在哪设定止损、何时执行止损这三个话题，你需要根据自己的专业程度决定是使用软止损还是硬止损。

## 糟糕的止损位

关于止损的最糟糕的认识是，只要价格低于最近的最低价就立即止损，这种观念由来已久并且在交易圈广为流传。因为这种方式很简单不需要太多思考，在交易生涯的早期我甚至也采用这种方法，直到被现实打击后才放弃。

这种止损方法的问题是市场经常会走出双底，第二个底可能略低于第一个底，我能找出很多这种案例来。价格只要低于最近的低点，业余交易者就立即砍仓出局，而职业交易者却可能选择入场。

每当价格形成一个底部区域我就开始关注股价是否会击穿前期低点，如果股价创出新低而指标没有创出新低，指标形成底背离，我就等待价格轻微上涨，当价格回到前期低点之上时，就是一个很好的买入信号。我认为这种假突破是最强烈、最可靠的交易信号——双底加底背离，以及第二个底稍低于第一个底（见图 5-1 和图 5-2）。

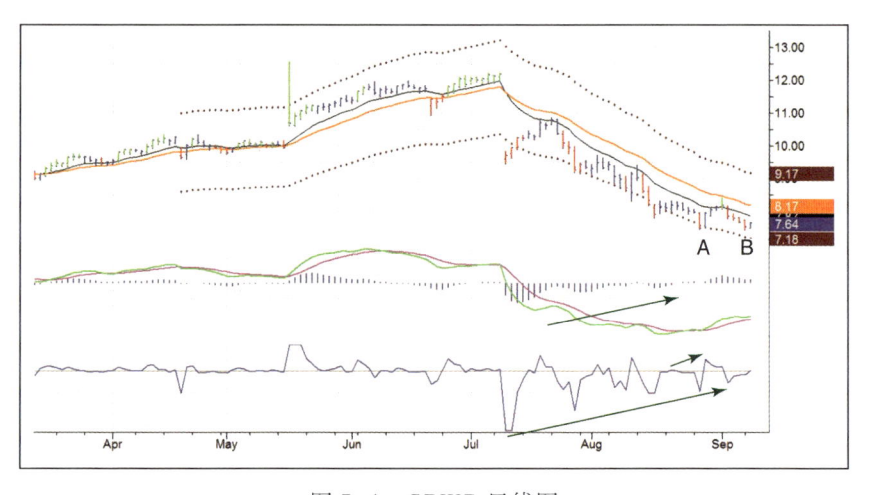

图 5-1　CPWR 日线图

好的交易机会总是姗姗来迟，CPWR 的这次交易机会也不例外。该股 7 月和 8 月都下跌，MACD 线在 8 月份极度底背离。股价在 8 月份首先到达低点 A 也就是 7.46 美元，只要有人在这个位置买入并把止损设在这个低点上，那必定会在 9 月份被洗出局，而彼时股价轻微跌破前期低点至 7.44 美元，也就是图中的 B 点。接下来的问题就是：如果你在 B 点买入，你会把止损设在哪里？

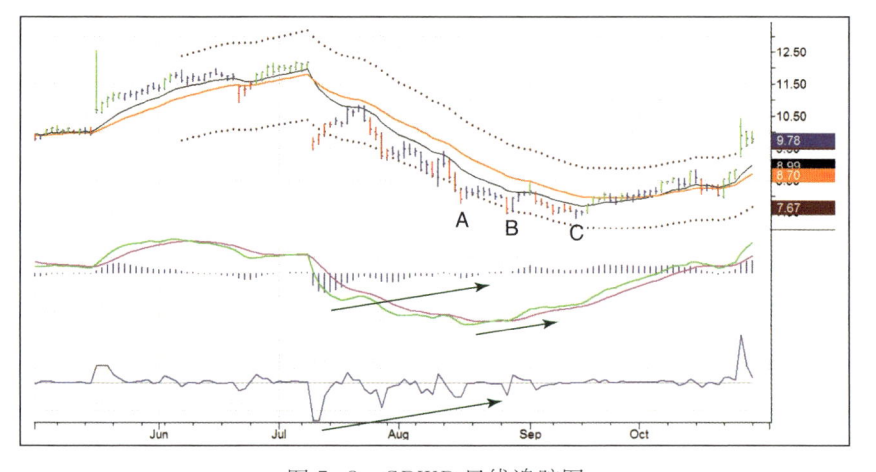

图 5-2　CPWR 日线追踪图

市场价格变化是各种原因共同作用的结果。CPWR 跌到 7.32 美元 ( 图中 C 点 ) 后短暂止跌，惩罚那些漫不经心地把止损设在前期低点的人。新手在这个位置砍仓出局，而职业交易者却可能入场捡便宜。

对职业交易者来说这是犯罪吗？不是，这只是一些有远见的职业交易者与毫无准备、惊慌失措的业余交易者之间的对决。

　　这让那些年复一年把止损设在前期低点的人踌躇犹豫，为什么人们总愿意把止损放在最可能被打掉的位置呢？为什么这些人卖出的价格总是职业交易者可能买入的价格呢？

　　一些人为图方便，把止损设在前期低点，这人人都会做，大量的炒股图书也强调这种方式。职业交易者却不断利用大众把止损设在前期低点这个错误的做法而大发其财，他们知道很多止损就设在那里并将被触发。没有法律阻止职业交易者分析图表，他们希望找到大量止损发生的区域。

　　当股票跌向重要低点时成交量开始变小，所有眼睛只盯着股价但没有多少人行动，因为人们都在等着看这个支撑是否有效。买单很少的时候，一个轻微的卖单就能让股票下跌到前期低点，也就是很多严谨的职业交易者喜欢操作的地方。

　　当下跌的股价触发人们的止损时，职业交易者开始抢购"打折货"。如果有很多止损盘抛出，股价会加速下跌，人们快速砍掉亏损的头寸，以为股价会继续下跌，但这种情况很少发生。正常情况下，止损的股票并不是那么多，当这些卖盘被接住以后下跌就停住了，然后职业交易者入场疯狂地低价抢筹，股价随后又回到前期低点之上留下一个明显的长下影——职业交易者的钓鱼线。一群无名业余交易者的股票以折扣价卖给职业交易者，这种事有没有在你身上发生过？

　　我们该把止损设在哪里？请看图 5-3 至图 5-6 的案例。

　　把止损设在比前期低点低一分钱的位置很可能会丢了筹码。还有其他的选择吗？接下来我们学习一些可行的解决方案。

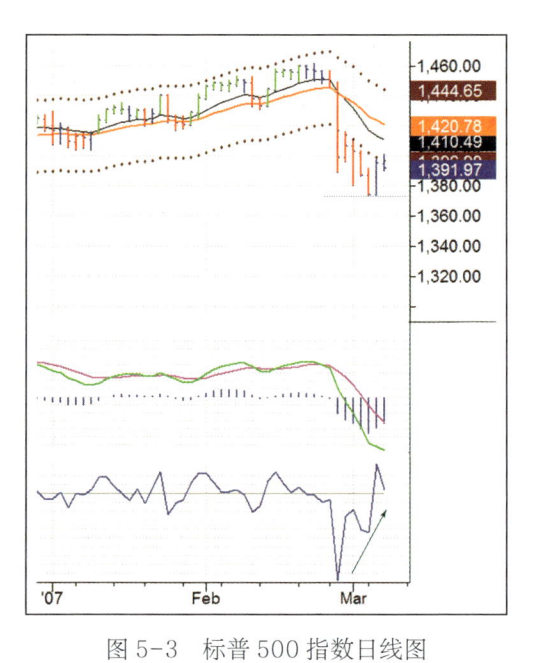

图 5-3　标普 500 指数日线图

2007 年 2 月标普 500 指数经历了一波快速小幅下跌，跌破通道后似乎找到了底，因为开始上涨。

图 5-4　标普 500 指数日线追踪图

股价强烈反弹到上轨，对很多不幸的新手而言，价格刺穿前期低点然后扶摇直上。他们预期一波价格上涨没错，但密集的止损触发后让他们亏了钱。

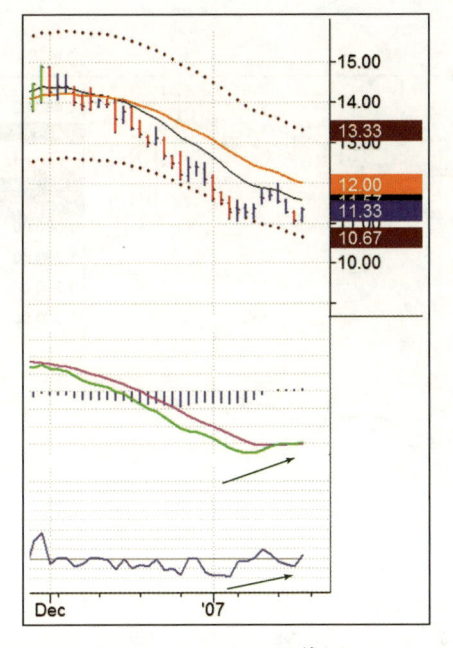

图 5-5　TINY 日线图

　　新手看到 TINY 的双底时可能会说："看，这是个底背离，我要买入并把止损设在低点之下一分钱的位置。"

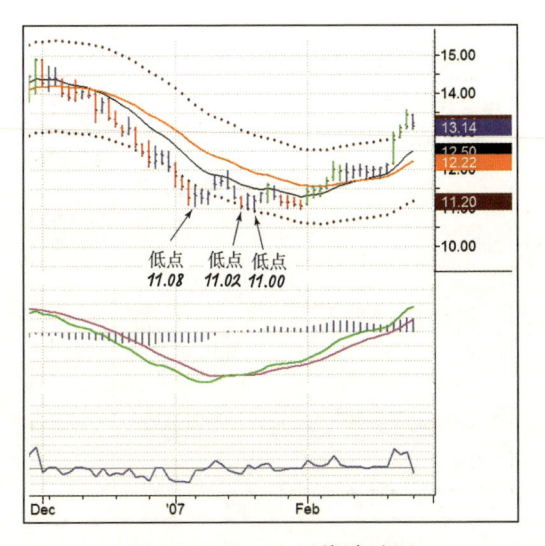

图 5-6　TINY 日线追踪图

　　TINY 的股票处在一个有前途的行业中，技术走势也非常不错。在 2 月份早期筑了个底随后上涨了大约 25%。问题是，它在上涨前刚好击穿了前面那个交易新手的止损位，前期低点是 11.02 美元，他的止损是 11.01 美元，股价却刚好跌到 11 美元。

# 止损设在前低上：减少滑点

从大多数图表中我们都不易找到那些细心交易者的止损位置，而业余交易者却把止损设在非常明显的位置上。只要止损设在支撑位略低或者比压力位略高的位置上，止损被打掉的可能性就非常大，金融市场上保持与大众的想法不同很有必要。接下来我们将讨论哪些止损位最明显。

如果把止损设得太近，尽管减少了每股的风险损失但可能遭到连续止损；如果把止损设得太远，尽管止损次数减少，但一旦止损，亏损就相当大。这两种方式各有利弊。在一次特定的交易中必须选择其中一种，同时你的选择应该基于对行情及资金管理规则的综合考虑。

我通常估算自己能够忍受的风险程度大概是多少，然后按部就班地找出止损位。我刚开始交易时没有使用止损，在被市场修理了几次后我意识到确实需要保护性止损。虽然后来使用了止损，但当时的止损方法相当业余——比重要压力位或支撑位多或少一个 Tick ⊖。毫无疑问，这样的止损总是被市场打掉。

这种止损方式让我深受其害，我注意到只要用这种方式执行止损——也就是在最低价之下的 Tick 处止损——成交时的滑点就很大。股票跌到设置止损的地方并触发止损，但是我收到的成交确认却显示成交价比止损价差好几个 Tick。在我止损的地方有很多别人的止损，如果止损被触发大家都争相卖出，价格就猛跌。所有这些卖出指令都淹没在市场中，多头顷刻之间惨遭洗劫。

面对这样的状况，我能做些什么？亏损的痛苦给我更大的动力去寻求

---

⊖ 很多人在读了我前一本书后都写信给我询问这一笔交易是多少，现在就让我向那些不会用谷歌搜索工具的人解释，一个 Tick 就是价格变动的最小单位。在美国大多数股票中，一个 Tick 就是一美分，玉米的一个 Tick 是 1/8 美分，糖的一个 Tick 是 1/100 美分。你的经纪人手中应该有所有品种的最小价格变动单位的手册，你可以询问他们。

解决办法，我决定收紧止损，把止损点设在前期低点上而不是低于前期低点一个 Tick 的地方。看了很多图表后我发现，很少有股票在价格跌到前低的时候停下脚步，它们往往跌破前低。正常情况下，价格不是到不了前低就是跌破前低，这表明把止损设在低于前低一个 Tick 的位置上对交易安全没有帮助，所以我开始把止损设在前低的位置上。

这种方法消除了很大一部分因止损造成的滑点。股票一次又一次跌向前低，市场在那里炸开了锅，成交频繁但是价格变动却不大。之后股价跌破前低一个 Tick，价格立即像戳破的气球在瞬间又跌了很多个 Tick。

我发现前期低点往往是职业交易者准备出击的地方，对买入者来说那里滑点很少；一旦股票价格比前期低点低一个 Tick 就会触发一大批止损；对止损盘来说，滑点就变得相当巨大。有了这个经验，我就把止损设在精确的前期低点上，交易的滑点状况大大改观。这种方法我用了很多年，后来我转而使用一种更好的止损设置方法。

## 尼克止损法

2003 年在一次交易训练营中，我认识了尼克·格罗夫，他走的是典型的大众成长之路。格罗夫在澳大利亚长大，经营家族产业，后来自己开了间庭园设计公司。50 岁的时候，因为要退休所以卖了公司，之后在巴黎租了一间公寓开始学习法语，想做点事挣点外快，于是磕磕碰碰地开始交易期货，恰好他又读了我的书就来参加训练营，之后我们还成了好朋友。

在整个牛市阶段，尼克和我都在分享研究成果，在股价短暂跌破价值区后买入并持有到股价升破上轨，同时把止损设得非常小。尼克建议寻找大多数人设置止损的价格，然后找出跌破该价格的 K 线，并把止损设在两个次低价中较低的那个价格之下。这种方法用图示说明更好一些，见图 5-7 至图 5-12。

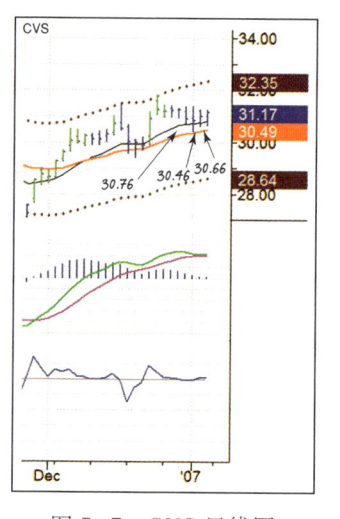

图 5-7 CVS 日线图

CVS 周线图（本书未显示）呈上升趋势，日线图显示价格跌入价值区，也就是两条 EMA 之间。这次下跌的最低点是 30.46 美元，与产生最低价的 K 线相邻的两根 K 线的最低价（后称相邻次低价）分别是 30.76 美元和 30.66 美元。如果我们做多 CVS，尼克止损法的止损点就在两个相邻次低价中较低的那个价格再低一点的位置。如图所示，两个相邻次低价中较低的价格是 30.66 美元，那么止损就设在 30.64 美元或者 30.59 美元，在整数关口之下一点。

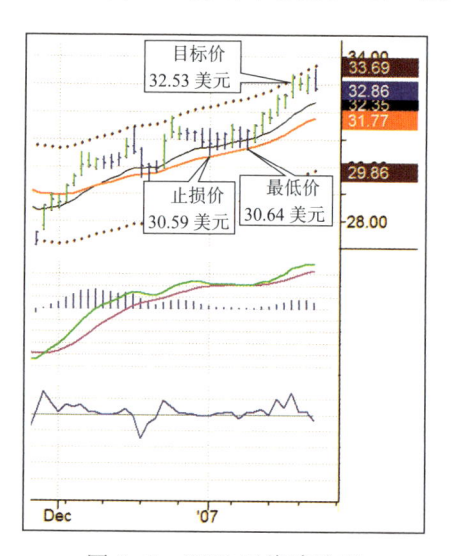

图 5-8 CVS 日线追踪图

CVS 的股价在价值区停留了几天后涨到了止盈目标位，期间价格从未到达按照尼克止损法设置的止损价。

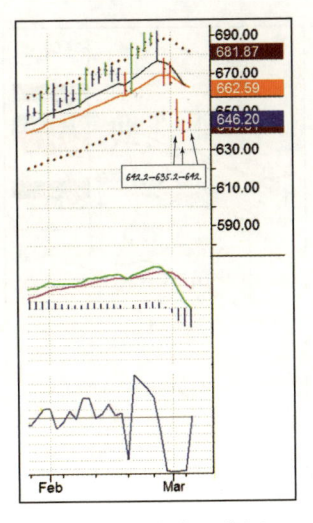

图 5-9　黄金日线图

黄金周线走势图（本书未显示）显示处于牛市之中，近期由于利空消息影响价格下跌。价格跌破下轨，也就是深度超卖区。这一波下跌的最低价是 635.20 美元，两个相邻次低价是 642.20 美元和 642 美元。如果做多单，按照尼克止损法我会把止损设在比 642 美元低一点的地方，比如止损价在 641.90 美元或者 641.40 美元，记得要避开整数价格。

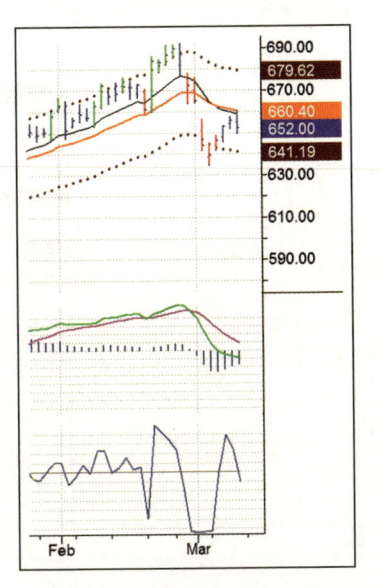

图 5-10　黄金日线追踪图 I

黄金涨到 659.80 美元，进入两条 EMA 之间的价值区后开始整理。止损未被触发，但现在却是很好的获利价格，因为金价估值合理并且好像不会再涨得更高。

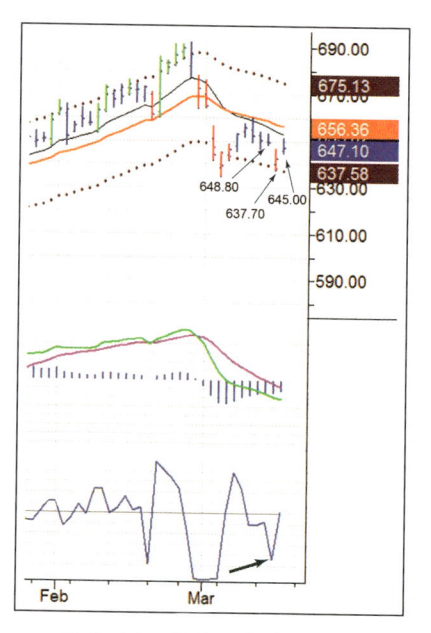

图 5-11 黄金日线追踪图 II

金价第二次跌到下轨附近，第二次下跌的力度比第一次小。因为强力指标显示出现底背离，看起来金价又可以买入了。这次下跌的最低价是 637.70 美元，两个相邻次低价是 648.80 美元和 645 美元。我用尼克止损法把止损设在 645 美元之下也就是 644.40 美元。

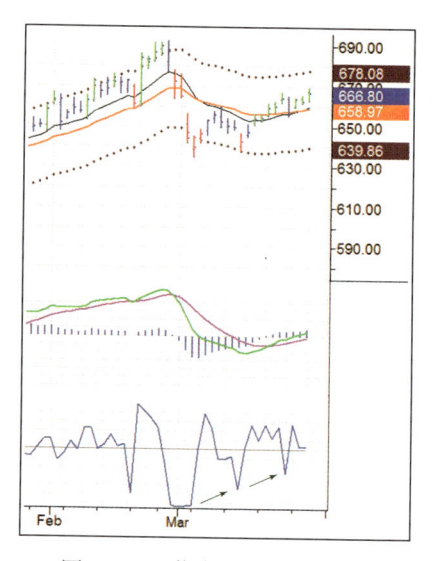

图 5-12 黄金日线追踪图 III

从图中可以看到金价继续上涨，保护性止损从来都没被打掉。

这种紧随的设置止损方法非常适合短期波段交易，试图抓住底部是很危险的，而这样一个紧随性止损却会很好地保护账户，这就像告诉市场，要么来打我止损（反正止损不大），要么就给我涨。

## 使用宽幅止损的时机

交易周期影响止损大小，较短时间框架内的交易止损必须小，而长周期框架的交易要求止损大一些。

在任何一个时间框架下交易都有利弊。长周期交易框架的好处是你有更多的时间去思考和做决策；另一个极端是如果不去思考而开展日内交易，那你就死定了。长周期交易虽然可以有很多时间去准备，但是止损往往很大。股票3个月变化幅度要远远大于3个小时的变化幅度，交易者面对的是动态的市场，经历的时间越长价格的变化就越大。

新手最好远离日内交易，快速变化的价格会毁了业余交易者。我也不建议新手参与长期交易，学习交易的最好方式是刚开始做一些小头寸的交易，做好交易记录，练习入场和出场。长线交易不能提供足够的交易次数以获得经验。

波段交易是学习交易的好方法，如果按照你的方法做一年交易，资金曲线开始上升并且回撤较小，你就知道你正在变得更好。这时你可以决定是否继续做波段交易或者扩展交易时间框架。如果这时想学习长期交易，就需要使用更宽的止损。宽幅止损可以避免市场无序运动，逻辑上讲长线止损的位置只有一个，那就是改变你对市场根本看法的那个价格。如果看多价格的长期走势并交易，止损价格应该就是你认为趋势已经反转时的价格水平。

如果发现上涨趋势并做多，止损宽度应该大于市场正常回调幅度，一波大的上涨趋势要比一次小的市场回调幅度大，所以止损应该更宽一些。

　　三重滤网系统的原则是在大的时间框架内做出战略上的决策（如图5-13所示），在较小的时间框架内做出战术上的选择（如图5-14所示）。月线图显示可以买入然后再看周线图并选择在哪里买入。

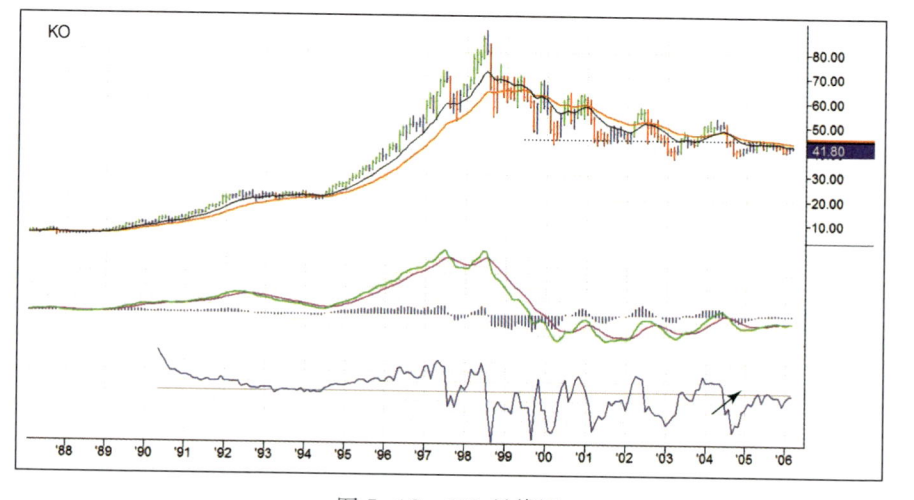

图5-13　KO月线图

当开始一次非常长期的交易时（我们称之为投资），需要先从分析月线入手。图中是KO（可口可乐）过去20年的月线图，可以看到复权后股票从4美元涨到1998年的90美元，之后的熊市股价又跌到40美元并得到强支撑。自2001年以来这个支撑阻止了四次下跌。在图的右侧月线出现变化，买入正当时。

　　假如账户中有10万美元并使用2%的资金管理规则，如果每股最大损失为图5-14中所说的3美元，那么最大可以交易近600股。

　　长期交易的止损必须大一些，但不能大到没法交易的地步。职业交易者经常会在长期交易中穿插一些短期交易。

　　现在，我们看看KO后来发生了什么（如图5-15所示）。

　　宽幅止损在这次交易中起了重要作用。还有一点需要谨记，那就是止损值越宽可购入的股票数量就越少，要确保资金管理中的铁三角规则每条都能用到。

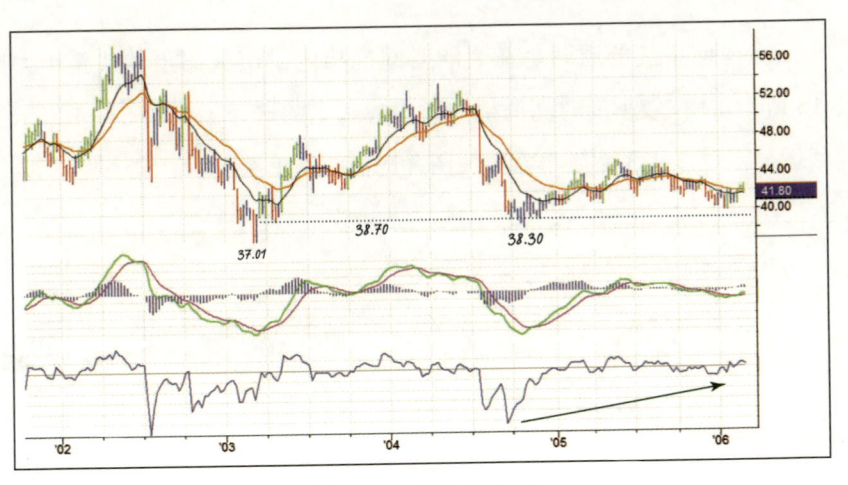

图 5-14　KO 周线图

　　短期时间框架内的价格运动先于长期时间框架内的价格运动。从图 5-14 中我们可以看到向上反转的趋势在周线图中正在发生，强力指标底背离确认了这个判断，同时价格已经站在 EMA之上。技术分析支持我们的买入决策，历史高点到近期低点的中间位置 60 美元似乎是个不错的盈利目标，可是止损应该设在哪里呢？

　　近期最低价 38.30 美元，近期次低价（尼克止损点）是 38.75 美元。如果把止损设在这个位置，每股最大风险值是 3 美元多一点。

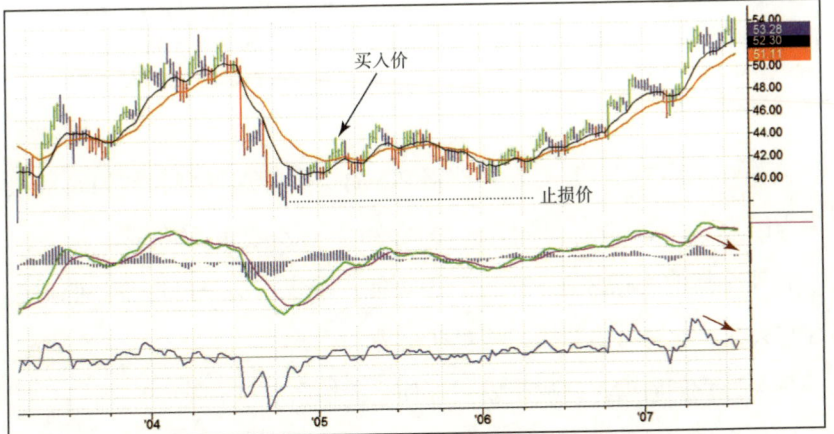

图 5-15　KO 周线追踪图

　　谈谈耐心这个话题。如果你在我们讨论时买入 KO，在上涨趋势来临前需要等待近一年时间，期间价格虽然跌破买入价但从未到达过止损价。在图的右侧，价格刚刚突破 2004 年的高点，很多指标显示顶背离。我们是坚持 60 美元的目标价格还是立即了结？对长线交易者来说这是个棘手的问题。

# 移动止损

"铁三角"把保护性止损和交易规模联系起来，它让每次交易的止损价都非常清晰。虽然有清晰的止损价，但随着时间的推移，你将面临新的选择。一种是你选择坚持既定的止损和盈利目标；另一种选择是你可能会移动止损来保护账面上的浮盈，同时期待获取更大的利润。当然只有在账面上有浮盈的时候才能做后一个决定。交易者正常的心态是紧抓账面利润决不松手。

有些人从交易一开始就使用追踪止损，按照交易的方向移动止损价；还有些人开始使用传统止损方式，随后价格虽然达到了目标止盈价，但他们仍然认为趋势对其有利并决定继续持有，这时就开始使用追踪止损。追踪止损可能会让交易盈利越变越大，直到股价下跌触发最后一次设置的止损为止。更改止损价之前需要像开始交易时那样计算账户的潜在风险收益，使用追踪止损时交易者必须做好放弃一部分利润的准备。

与交易的其他方面类似，使用追踪止损有利有弊。积极的方面是，如果价格运动方向对交易者有利并且超过初始的盈利目标，使用追踪止损可以获得更多收益。不利的一面是，如果趋势反转，交易者就要回吐部分利润。

追踪止损在很多技术方法中都能用到：

- 可以用 K 线组合的低点作为新的止损点，比如把止损移动到最近三根 K 线最低价的位置（但决不要和交易方向相反）。
- 可以使用周期非常短的移动平均线，并把均线值作为追踪止损值。
- 可以使用枝形灯止损法，市场每次创新高都从最高点起算，以特定的距离向上移动止损，这个距离的计算应基于 ATR（真实波幅）。只要股价创新高，就把止损向上移一定距离，这种方式就像从天花板上挂一盏枝形灯（本方法已经在《走进我的交易室》中介绍过）。

- 抛物线止损。

- 安全区止损。

- 回撤比例止损。

- 时间止损，如果在一定时间内价格没有变化就止损。比如做一笔日内交易，如果股价在 10 ~ 15 分钟内明显没有按照你的预期变化，那么最好了结这次交易；如果做一笔波段交易并预计股价会持续好几个交易日，但是一周过去了股价仍在横盘整理。这表明价格没有确认你的判断，安全的做法是赶紧出局。

上述抛物线止损、安全区止损、回撤比例止损将在后面的章节中详细说明。

如果你对追踪止损感兴趣那就试试吧，写下计划、在图表中测试追踪止损，如果系统在纸上交易效果不错，就可以在实盘中使用追踪止损，记得同时做好交易记录。用小仓位测试这个方法以免利润或损失影响到你，可以把赚钱的事先放在一边，重点关注如何熟练掌握这个新方法直到对这个方法深具信心为止。

### 抛物线止损

抛物线止损指标（SAR）是由威尔斯·威尔德发明并于 1976 年首次对外公布，这是人们第一次尝试包含时间概念的止损方法。这套系统可能每天都会移动止损价，不但如此，只要价格向对交易有利的方向移动并创出新高，止损移动速度就呈加速状态。

$$今日 SAR = 前一日 SAR + AF \times （EP - 前一日 SAR）$$

其中，今日 SAR= 今日止损价；

EP= 当前交易中到达过的极点，如果看多，EP 就表示近期明显的低点；如果看空，EP 就表示近期明显的高点；

AF= 加速因子。

交易的第一天加速因子等于 0.02，表示你必须把止损设在近期极值的 2% 处；只要价格创下新高或新低，加速因子就增加 0.02，加速因子的最大值是 0.2。

失败者由于持有亏损单并希冀反转而最终破产，抛物线系统可以帮助交易者避免犹豫不决。抛物线系统在快速上涨的行情中非常有用，当价格猛涨且没有回调时，很难用正常的图表模式或指标设定止损，在这种情况下抛物线止损法就是个绝佳的追踪止损工具。

抛物线系统在趋势行情中运行很好，但在震荡行情中却频频失灵。另外，不要在计算机自动交易中使用这个系统。

摘自《以交易为生》，亚历山大·埃尔德

# 安全区止损

安全区止损的理念来源于金融市场中的信号和噪声，如果趋势是信号，那么回调就是噪声。电子工程师使用过滤器过滤噪声让信号顺利通过，如果能识别并测量市场的噪声水平，我们就可以把止损设在噪声之外，只要信号还是趋势运动我们就一直处在持仓状态中。这个概念的细节在《走进我的交易室》中讨论过，并且已经在很多交易程序中实施了。

我们可以用多种方法定义趋势，比较简单且直接的方法是用价格与 22 天 EMA 的相对位置来定义趋势。在涨势中我们把噪声定义为今日价格中低于前一天低点的部分，这部分与趋势相反；如果是跌势我们把噪声定义为今日价格中高于前一天高点的部分。交易者需要决定测量噪声的回测期的长度，回测期不能太长但必须对交易有实质意义，只需日线图中最近一个月左右的数据就可以了（如图 5-16 所示）。

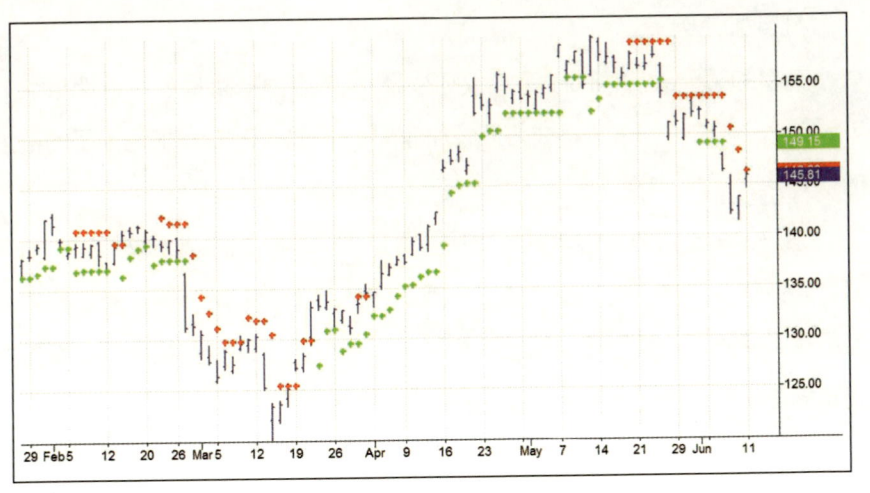

图 5-16   DE 日线图，安全区

趋势追踪系统在强趋势中表现优异但在震荡行情中却左右挨耳光，从图的中间部分可以看到安全区是如何随着强劲上涨的股票运动的，此时追踪止损表现最佳。在图的左侧和右上侧的无趋势行情中，趋势追踪方法的表现却不尽如人意。使用这幅图表的本意是表达一个清晰的概念：只有在强趋势中才使用追踪止损。

下面两段话是从《走进我的交易室》中摘录出来的：

如果在上涨趋势中把所有噪声部分标出来并汇总，除以噪声发生的总次数，就得出回测期的噪声均值，它反映了当前上升趋势中的平均噪声水平。把止损设得太近容易弄巧成拙，所以要把止损设在远离噪声均值的地方，用噪声均值乘以平均噪声系数（初始值为 2，也可用大于 2 的数值），用昨天最低价减去上面的这个计算结果就得出了止损应该设置的地方。如果今天的最低值比昨天低就不移动止损，这种方法只允许将止损向上移动。

下跌趋势与上涨趋势的规则相反。当 22 日 EMA 均线显示目前处于下跌趋势，计算回测期噪声均值并乘以系数，用昨日最高价加上上述数值，就得出今日的止损设置位置。同样，止损只向下移动不向上移动。

和其他方法一样，安全区方法也不能取代独立思考，这种方法不会让交易者一劳永逸。交易者必须选择回测期及噪声系数来求得安全区，通常系数在 2 ～ 3 之间就非常安全了，但这应当基于研究的市场数据。

## 波幅减少追踪止损法

克里·劳文特别喜欢使用追踪止损，他的方法是，只要价格对自己有利就一直持有，一旦价格从最高或最低点回调就立即出局。

我使用追踪止损的次数不多，大多数时候用目标位出局的方法。虽然到达目标位时必须出场，但有时市场看起来还会给予我更多的回报。当价格到达止盈价时我就有了选择，我可以高兴地获利了结并展开下一笔交易，但有时可能由于盈利目标太保守而丢掉了后面潜在的利润。我不想把一次交易的所有利润都回吐，所以我准备使用部分仓位做追踪止损来看看这种方法会不会给我带来更多利润，基于我愿意回吐多少利润来做这个实验。追踪止损所面临的挑战与其他止损方法一样——止损设在哪里？如果设得太近可能很快就止损出局了。

一旦市场上涨，就可能涨到我们无法想象的高度，面对这样的问题我们可以通过设置追踪止损的方法让市场决定它会走多远以及我们何时出局。

我对追踪止损的看法是：如果市场愿意给我更多，我非常乐意寻找追踪止损点，我认为就价格而言我必须为这种方法埋单。追踪止损的方法和刚开始交易时的计算方法相似，权衡风险收益关系，问题也相同：我愿意损失多少？一旦决定使用追踪止损，那么计划就已经制订好了，然后其他的就都交给市场。

我所使用追踪止损的方法是波幅减少法。如果市场即将疯狂并大幅移动，我自然愿意留在市场中。我使用通道设置价格目标，通道宽度的正常值是 2.7 倍标准差。如果我想在价格达到目标价以后使用追踪止损，我会把止损设在 1.7 倍标准差的地方，只要价格继续沿着正常通道运动我就一直持有，但只要收盘价在 1.7 倍标准差这个通道内我就离场。通道宽度可以用修改通道参数的方法来修改。

**如何决定在价格达到盈利目标时是获利了结还是使用追踪止损？**

如果价格到达盈利目标并且看到顶背离信号，我就不用追踪止损；只要看到不利的价格运动，比如长上影伴随巨大的成交量，我会在盈利目标位获利了结；如果市场运行良好，并且底部一次比一次高，我就使用追踪止损方法。在价格到达盈利目标后，只有看到足够积极的价格信号我才会使用追踪止损。

**盈利目标转换为追踪止损的使用频率是多少？**

我在 2/3 的交易中都使用这种方法，但用得不是很好。有时候刚刚设定了追踪止损，5 分钟后就被扫出局。大约有一半时间追踪止损法给我带来比原先更多的利润，大的获益极少，主要来自大行情中。

和其他工具一样，追踪止损并不适合每个人，但有助于决策制定。这种方法给那些在获利出局和继续持有之间摇摆不定的人带来福音，使用这种方法就是把你从决策制定中解放出来，让市场决定去留，这也是我使用这种方法的另一个原因。

图 5-17 是一次交易的插图，周线图（没有显示）的趋势不明显，日线走势图中价格在很窄的区间内运动，我把这种模式称为"拥挤游戏"并准备在突破区间时交易。MACD 柱的近期峰值让我看到有可能向上突破，于是我就在区间内做了多单。

在入场后两天，股价猛烈上涨并很快到达我的盈利目标位 80.63 美元（如图 5-18 所示）。多头非常强劲，整根 K 线都在上轨之上，我立即转为使用追踪止损并调出第二套通道系统，也就是 1.7 倍标准差的通道系统，我的计划是在收盘价跌到第二套通道系统内的时候卖出（如图 5-19 所示）。

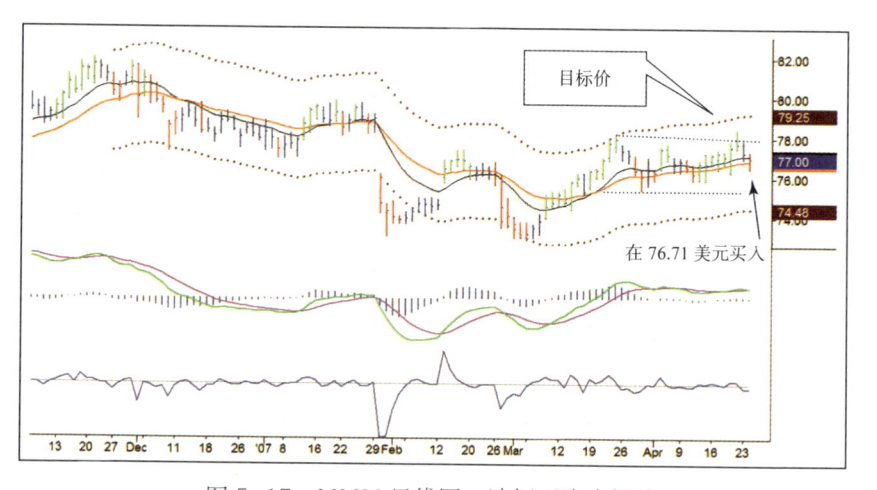

图 5-17　MMM 日线图，波幅下降止损法

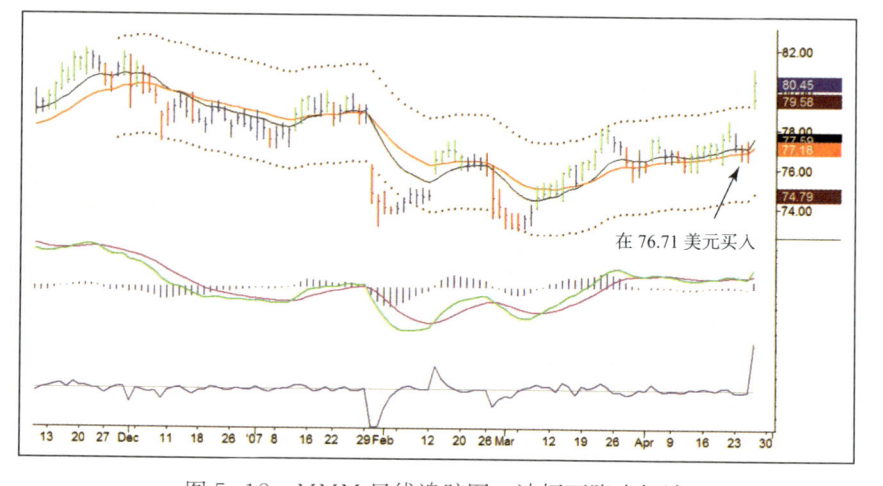

图 5-18　MMM 日线追踪图，波幅下降止损法

　　股价沿着一条直线上涨了好几个星期才展开回调，收盘价跌到通道内的时候我卖出了这只股票，我是在 5 月 24 日以 87.29 美元卖出的，利润比原定的 80.63 美元盈利目标有了很大的提升。从入场到出场，整个通道的宽度变化非常大，因为通道是用 100 根 K 线的价格变动标准差来计算的，所以如果市场波动幅度加大通道将变宽。

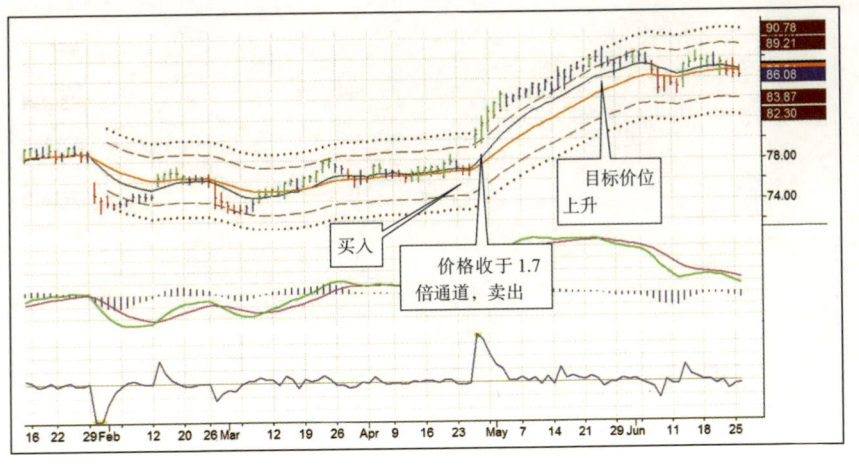

图 5-19 MMM 日线二次追踪图，波幅下降止损法

克里的波幅减少策略是个非常有用的工具，它还能发出重要的信息。追踪止损只适用于特定时期，当市场平淡无奇地运动时，交易者最好使用最初的盈利目标和止损方法，当市场强烈运动时，交易者才可以使用追踪止损策略。

| 第 6 章 |

# 因交易噪声卖出

生活中我们经常开车，随着驾龄的增长你会特别在意汽车引擎的声音是否正常，如果在汽车加速时引擎声音很大，这时你可能会觉得不太正常而停车检查一下车况。噪声巨大、汽车动力减弱都可能是引擎出了问题。或许你很幸运没发现什么问题，只是树枝挂在底盘上或者其他无关紧要的问题，但有时候问题可能非常严重，不重视这个信号，将来就可能酿成严重车祸。

如往常一样按照计划展开一次交易，这次交易可能很顺利，但如果听到很大的"噪声"或者看到市场对你不利时就无需坚持，赶紧出局看看发生了什么事。不是每次交易都会到达计划目标位，你需要仔细"倾听"市场的"声音"。交易者需要关注市场正在发生什么，当怀疑走势时赶紧出场。

系统交易者和主观交易者在很多方面都有不同。对系统交易者而言止损坚如磐石，止盈和止损都依据系统给出的信号执行，系统交易者不需要成天看着行情；主观交易者却是不同的"玩法"，尽管也有盈利目标和止损，但如果市场给出有利信号，他们可能持有时间更长一些，反之可以立即出局。

在交易中改变策略对不同类型的交易者意义不同。我的那些做系统交易的朋友对交易中途改变策略的想法十分不适应，而主观交易的朋友却很乐意接受这种交易方式。主观交易者的心态是，我有计划没错，我有止损也没错，但我还有一个奢侈的选择：如果不喜欢目前市场的表现我可以收紧止损；如果喜欢市场表现我也可以继续持有头寸以获得更大的收益。

我们再复习一遍在哪些情况下主观交易者可以在交易中改变出场策略，我把这种情况称作"因交易噪声卖出"。入场时交易者预计价格会运动到相应位置，但如果中途发现市场出现异常就该先出场。另外，交易者还要明白，以这种方式出场需要大量的经验积累。如果你是个新手，在没有成为更有经验的交易者之前可以跳过本章。

## 上涨动力减弱

股票变得沉闷时获利出局无可厚非，大不了重新买回就是。对正在进行的交易来说，只要对行情有所怀疑，也就是股票不再朝于己有利的方向运动就该先出场。很多交易书籍中都有衡量股票沉闷的指标，在接下来的案例中，我们使用 MACD 柱来评估市场的沉闷程度（见图 6-1）。

历史走势图中的买入和卖出信号非常清晰，但越接近走势图的右侧，这些信号就越模糊。实时交易中很难识别出趋势和反转，在实时交易中指标的各个信号往往是矛盾的，但我们必须在这样的情况下做出决策。既然这样，那么这种情况对短期波段交易者有意义——在价值附近买入，价格高估时卖出。

如果你准备在价值附近买入并在价格高估时卖出，在正在进行的交易中，哪些情况会改变交易结果？明智的短线波段交易者如果看到 MACD

柱和价格发生顶背离他就会出场，而不是等待价格到达上轨。价格最终可能会到达目标位也可能不会，有意义的做法是落袋为安并在场外重新评估市场状况。背离之后价格往往会跌回到价值区，这时候又可能是重新建立多头的时机。

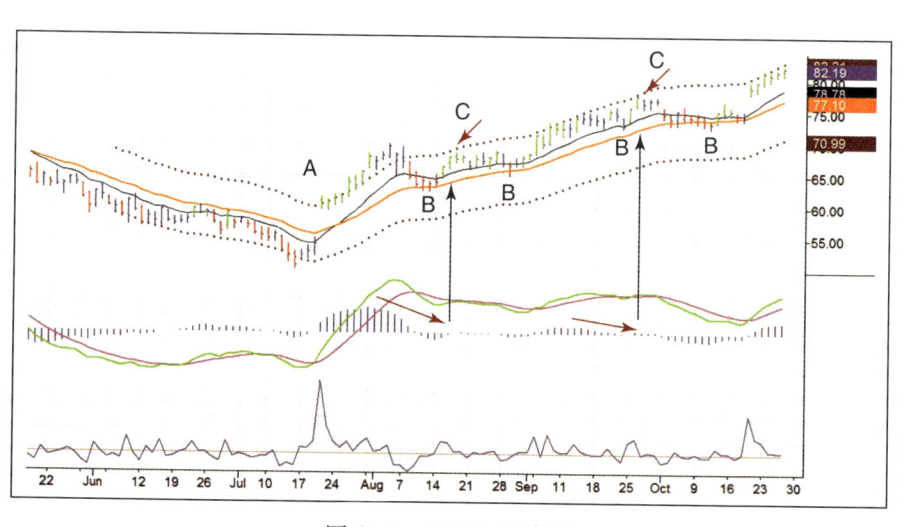

图6-1　AAPL日线图

A. 突破跳空缺口，新的上涨趋势开始。

B. 回调到价值区买入。

C. 顶背离卖出。

AAPL长期下跌结束于一次向上的跳空缺口，这是个上升反转的决定性缺口，因此应该在这个跳空缺口之后买入。抓住这种上涨趋势的一个方法是，只要价格回调到价值区就买入，同时只要价格上涨高于上轨线就卖出。

如果不喜欢目前市场的运行态势，你有两个选择：如果你是短线交易者，就结束这次交易，利润可能会比预期少，但可以寻找下一次机会；如果你是长线交易者，可能不想全部卖出，那么就部分获利了结并持有核心头寸，同时继续关注市场以寻求再买回来的机会。后一种交易方法让你在1美元的价格变动中获得超过1美元的收益。接下来我用实际交易案例来说明这两种方法。

## 因"交易噪声"而卖出的短期交易案例

我最喜欢的短期交易的信息来源是 Spike 集团,其会员每周都能收到很多短期交易机会,我通常选择其中的一两个以备下周交易。这个周末我选择了 IKN,是由吉姆·劳斯科布尔推荐的,从 Spike 网站上可以看到(见图 6-2)。这次做多交易的每股风险值是 25 美分,潜在盈利是 57 美分(见图 6-3 和图 6-4)。

因为有幸在突破上轨的第三天才卖出,所以这次交易的出场评分是 69%,一个不错的成绩;总交易评分中等,18%,因为总评分在 20% 以上才能获得 B 评级,18% 可以算作 B-。这次交易在当周交易推荐中获铜牌,在当时非常糟糕的市况下获得第三名非常不易。我因自主交易导致利润低于预期。

因为这次交易平淡无奇,所以我特意选择它作为案例。交易生活并没有多少乐趣可言,令人兴奋的交易少之又少。发现一个合理的交易信号后机械地入场,即便市场不如预期的好但出场价格是清晰的,最终获得一些利润入账。这就是大多数以交易为生的人的交易生活。

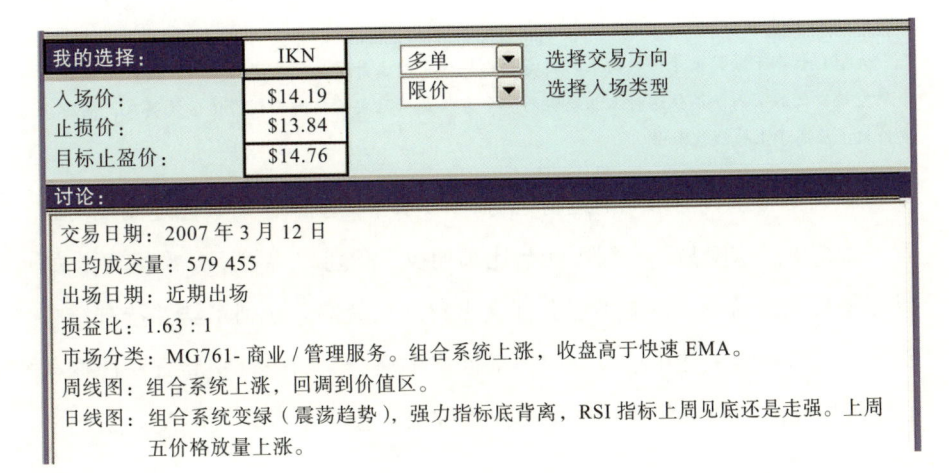

图 6-2  IKN 交易计划

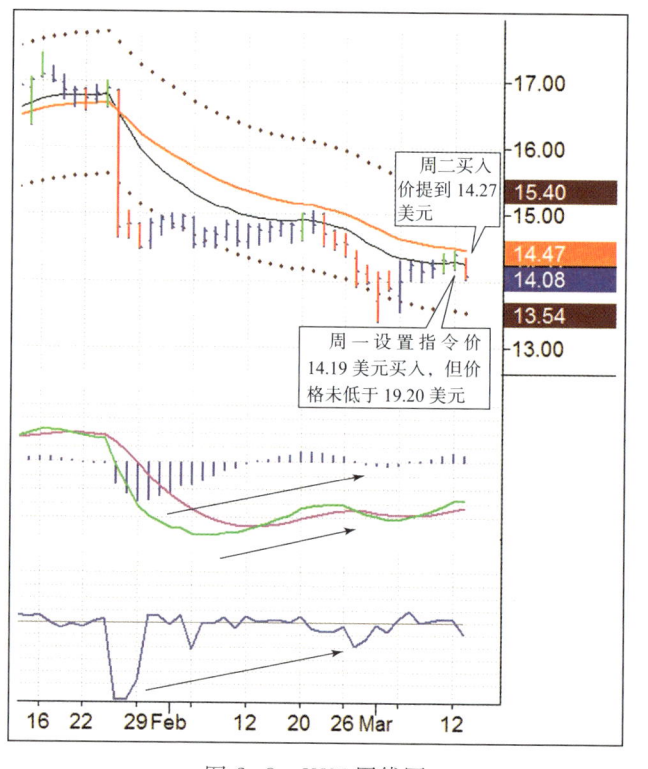

图 6-3　IKN 周线图

　　我在周一下了买入 IKN 的指令，指令价 14.19 美元，与 Spike 网站建议的买入价相同。IKN 当天走势强劲，最低价是 14.20 美元，我的指令没有成交。收盘前我感觉股票还会走强，在研究了日线图的压力和支撑后我准备把买入价提到 14.27 美元，第二天执行。市场很快告诉我不该把入场价提高，第二天股价下跌，虽然买入成交了但收盘价在 14.08 美元，接近全天最低价。

| IKN | 做多 | 日期 | 上轨值 | 下轨值 | 日内最高 | 日内最低 | 评分 |
|-----|-----|------|-------|-------|---------|---------|-----|
| 入场 | $14.27 | 07 年 3 月 14 日 | 15.4 | 13.54 | $14.37 | $14.05 | 31% |
| 出场 | | | | | | | |
| 损益比 | | | | | 总评分 | | |

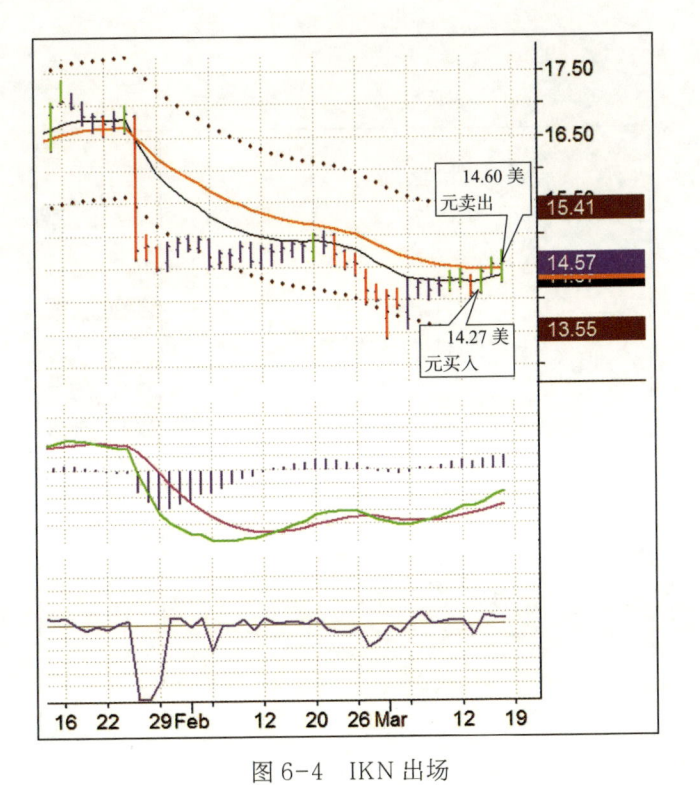

图 6-4　IKN 出场

　　周五也就是 3 月 16 日，IKN 跌穿前日低点后展开上涨到达其长期移动平均线之上。由于快到周末，当价格高于价值时我决定不再等待并以 14.60 美元卖出了这只股票。

| IKN | 做多 | 日期 | 上轨值 | 下轨值 | 日内最高 | 日内最低 | 评分 |
|---|---|---|---|---|---|---|---|
| 入场 | $14.27 | 07 年 3 月 14 日 | 15.4 | 13.54 | $14.37 | $14.05 | 31% |
| 出场 | $14.60 | 07 年 3 月 16 日 | | | $14.75 | $14.27 | 69% |
| 损益比 | | | | | | 总评分 | 18% |

# 主观长线交易案例

　　2007 年 1 月杰拉德·德布鲁发邮件跟我说他强烈看多福特汽车公司股票，福特公司刚刚发布了公司历史上最大的季度亏损公告，但他却向我描述了看多该股的原因：新 CEO 将如何带领公司走出泥潭。我的这位朋友是一名退休基金管理人，通常以基本面为选股方法。我听取了他的意见并在技术上对这只股票做了分析（如图 6-5 和图 6-6 所示）。

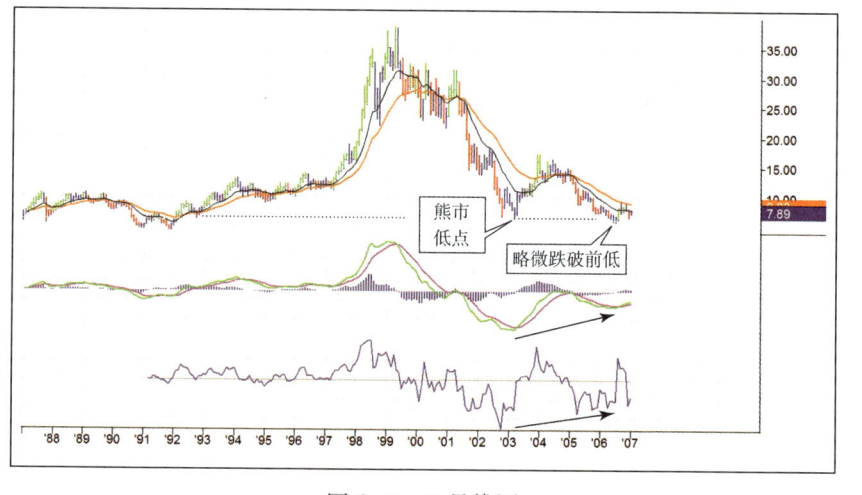

图 6-5　F 月线图

过去 20 年福特公司股票的月线图显示股价最高接近 40 美元，之后缓慢下跌，2003 年跌到每股 6 美元后反弹，之后又慢慢下跌并在 2006 年略微跌破前期低点。我喜欢这种略微跌破前低并伴随大量底背离的模式。基本面分析的朋友认为公司的承诺令人心动，股票月线图走势又相当不错，然后我们再看看周线图。 ⊖

　　我的交易信息很少来自于自己的研究，我喜欢基本面研究者给出的建议，因为我主要的工作是做技术分析。所以，如果有基本面信息，就会多一个角度看待股票。

　　我准备大量买入福特公司股票并持有几年，同时把目标价放在 20 美元附近，也就是最高价一半的位置。因为这是个长期计划，所以我不太关

---

⊖　还有一个心理上的确认。那年冬天我乘坐出租车时和司机攀谈起来，恰巧他也对股票感兴趣，但他不知道我是谁。最后一次驾车时，为表慷慨我告诉他我正在买进福特公司股票，他听了非常吃惊地转过身看我（因为市场上全都是基本面的坏消息），我当时还担心他把车开翻了。我喜欢投资大众抛弃的股票。

注价格短期上涨，包括1月底的短期上涨。我当时准备等待并在股价短期下跌的时候继续加仓。

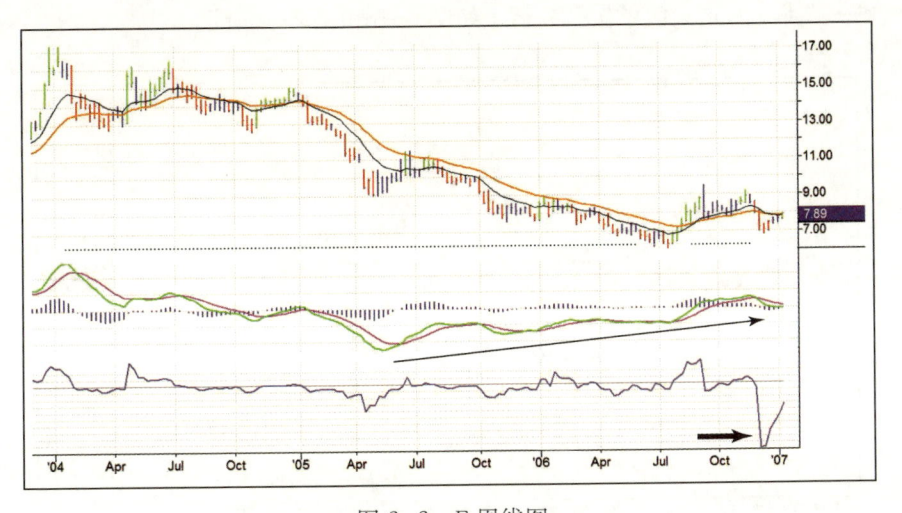

图6-6    F周线图

　　2006年周线图的组合系统的底背离以及另一个强烈的买入信号——周线图强力指标的深幅下跌确认这是个大底，如图中箭头所示。这样的尖角下跌表明卖单巨大，也就是大量的交易者放弃了这只股票，表明多头情绪到了"极度厌恶点"，多头愤懑地处理掉他们手中的头寸。在一周的股票"打折促销"后，只剩下坚定的多头和一只即将上涨的股票（这个信号用来分析底部很有用，但用于分析顶部就不那么好用了）。

　　我的计划至今仍在实施中，我也不断地做着下跌时买入、一波上涨后又卖出这样的波段交易。卖出价越来越高，近期由于持有长期核心头寸而得到分红股，这相当于买了便宜股。图6-7介绍了这次交易的前三次买入情况，图6-8介绍了第四次买入情况。

　　基于基本面看好和强烈的技术信号我建立了长期头寸，基于对市场噪声的观察，在长期交易中做出买卖的波段交易。只要市场发出轻微的卖出信号我就卖出，当市场看起来没问题时，我又在低位接回卖出的股票。整个过程中，我都保持长期交易头寸不变。

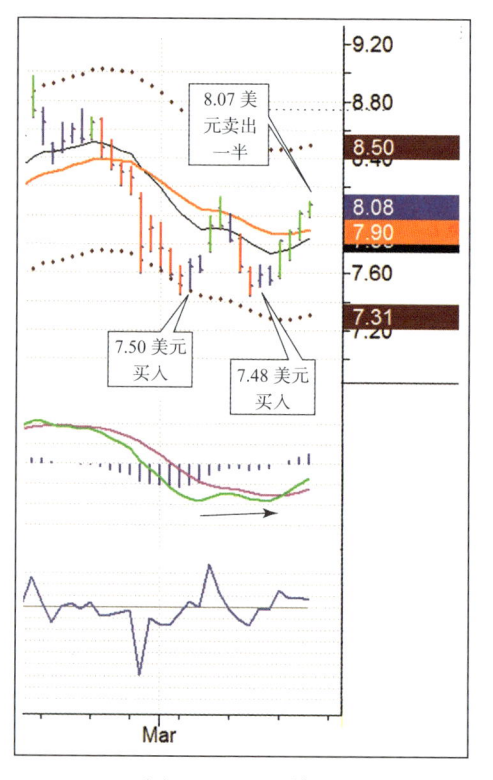

图 6-7　F 日线图

第一建仓价是 7.5 美元，使用计划的 1/5 仓位。第二次是在 7.48 美元，同样使用 1/5 仓位。两次建仓都是在股价接近日线图下轨的时候，同时强力指标也都低于 0。两次底之间有一次快速上涨，第二次底之后又迎来一波上涨，但我看到了强力指标的顶背离，MACD 柱也有一些超买，这两个信号让我觉得上涨遇到了压力，我以 8.07 美元卖出了一半股票并准备在价格跌回 7.5 美元支撑的时候加倍买入。图 6-7 显示了我在福特上的操作——7.50 美元和 7.48 美元买入，在 8.07 美元卖出一半。

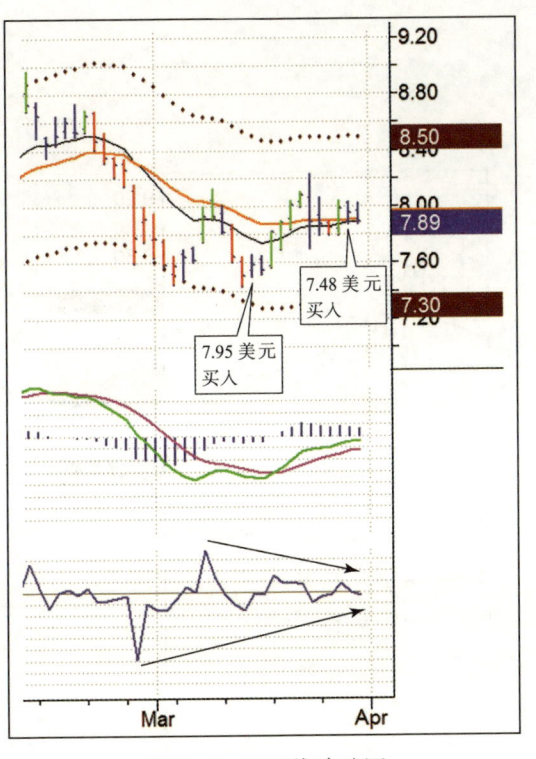

图 6-8    F 日线追踪图

在我卖出后股价小涨，之后快速下跌但后来却不再下跌了。虽然上涨有见顶迹象，但也没有下跌。此时我对福特的股票全面看涨，如果股票拒绝下跌那么就很可能会涨。我认为此时股票上涨的可能性远远大于下跌的可能性，于是重新定了买入价。

我以 7.95 美元的价格买回前一次卖出的股票，当我写到本节的时候，福特公司股价已经在 9 美元之上了，这期间我持续在用低买高卖部分仓位的方法做着波段交易。

## 业绩公告发布前卖出

多数情况下公司的基本面信息都已经反映在股票价格之中，我对基本面型资金管理者说他们是在为我打工，他们每次买入或卖出的时候都创造出了技术分析者能够识别的模式。说到基本面分析，你至少应该知道某只股票属于哪个行业。股票和人一样都想进入好的行业，买入优势行业股同时卖出劣势行业股绝对是个好主意。

基本面信息的一个问题是，它是突然爆出来而不是"缓缓出来"的。这种情况使得股价暴涨暴跌，尤其是在公司公布业绩的时候。

对长期投资者来说，公司业绩好坏非常重要。长期投资者购买股票的出发点是愿意为公司未来的收益和分红付出多少价格，所以很多基本面分析者和交易者都密切关注公司业绩变化。

需要投资者注意的一点是，业绩报告很少给投资者带来惊喜。首先存在很多行业研究员和行业预测者，这类人中的专家对预测此类信息往往比较准确。那些付给这些研究员和预测者钱的人通常在预测报告发出前就已经买入或卖出，所以股票很少因为业绩报告盈利而大幅上涨或大幅下跌。这些专家非常了解该如何预期，价格已经反映了人们对业绩报告的期望，因此当业绩报告公布时，很少给市场带来惊喜。

另一个原因是，这些报告在发布之前往往就已经泄露了。我认为股票市场内幕交易者的交易量比大多人想想的要大得多。当美国证交会抓住了一些笨蛋并把他们定义为内幕交易时，只是触碰了冰山一角。只有那些贪婪而愚蠢的家伙被抓住了。那些在乡村俱乐部做不明显交易的机灵的内幕交易者一生都在做内幕交易。我是在交易了很多年以后才了解到这些的。有个人身兼两家上市公司的董事，他把我当成他的朋友，夸口说他们是如何在公司伙伴之间传递内幕消息的，这让我对市场的公开信息非常怀疑。新闻是为大众准备的，而内幕交易者在新闻爆出之前早已有所准备。

比利时交易者帕斯卡·威廉在谈到内幕交易的入场和出场时如是说：江山易改，本性难移，我相信内幕交易与公司经营方式有关联，这可能是公司经营的一部分。大的合同谈判会有很多人参与并持续好几周，这给信息泄露创造了机会。一家公司也不会改变其经营和管理的方式，这意味着如果这家公司过去有泄露信息的先例，那么未来泄露信息的事情还会发生。出于这个原因，我会看公司过去一年的信息并对比股价在信息发布前是否有异动。

如果我们发现公司有能力做好保密工作，那么就会继续持有交易头寸，否则无论多和空，都该在公告之前出局（见图 6-9 和图 6-10）。因为公告消息可能已经泄露并已在市场中反映出来，所以我们只能等待盈余公告的出现。另一方面，那些非常相信自己系统的交易者是相当小心谨慎的，他们会在业绩报告发布之前了结交易。

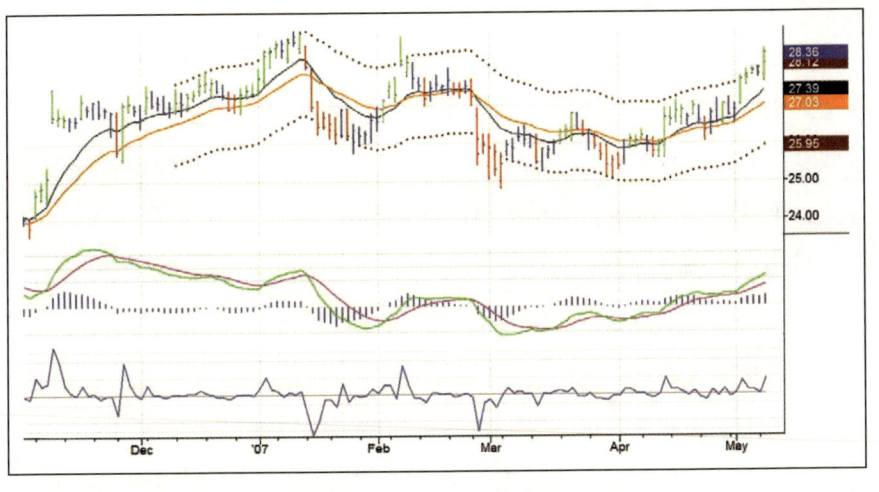

图 6-9　CSCO 日线图

看看 CSCO 的日线图，也就是业绩发布的前一天。随着顶和底的逐步抬高，股价走势非常坚挺。图的右侧股价已经站在上轨之上进入高估区了。假如你持有多单，当前你该怎么做，卖出还是等待业绩报告？

以我的经验，怀疑公司业绩报告对股价的影响很有必要，信息泄露、内幕交易、来来回回的盈利报告这些都值得怀疑，因为一旦怀疑成立了，就可能帮你躲过大灾难。见图 6-11 至图 6-13 中 RIMM 的股价走势图，在业绩报告发布前发出了强烈的短期做空信号。

不诚信的存在比大多数人想象得要广泛，但诚信的公司业绩公告会给

市场带来更强有力的冲击。从中我们学到的是，如果你想站在安全那边，
最好在业绩报告公布之前结束交易。

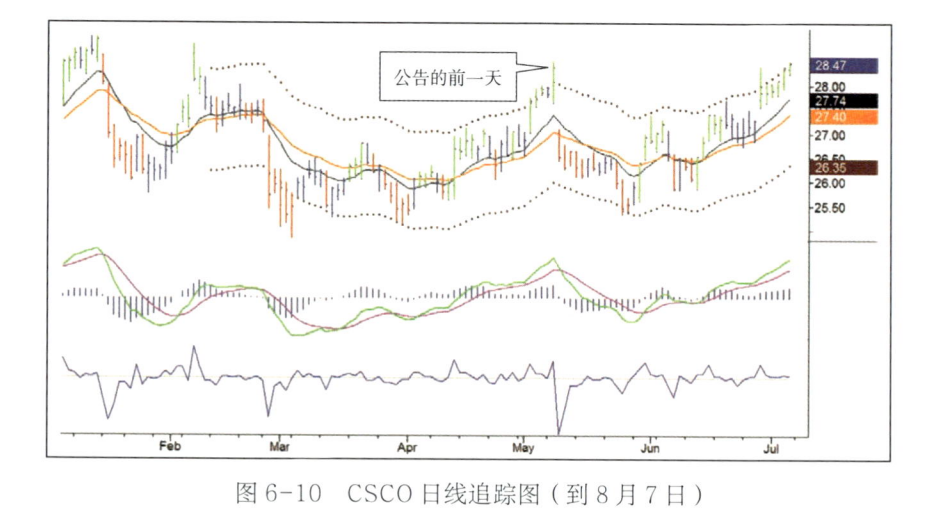

图6-10　CSCO日线追踪图（到8月7日）

　　随着业绩报告的公布，股价起初快速下跌，之后完全收复前期高点，但这是两个月之后的
事，这样你就会发现无论公告盈亏，都应在股价高估区卖出股票。

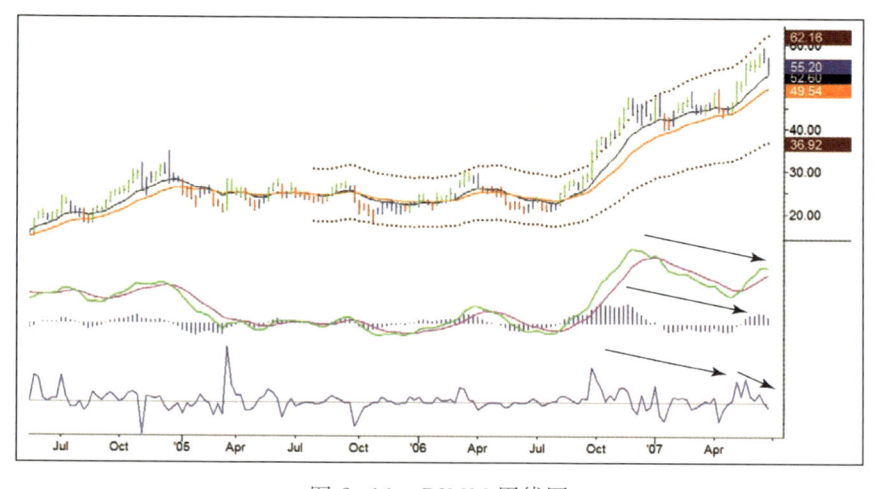

图6-11　RIMM周线图

　　RIMM周线图显示所有指标都进入严重的顶背离状态。

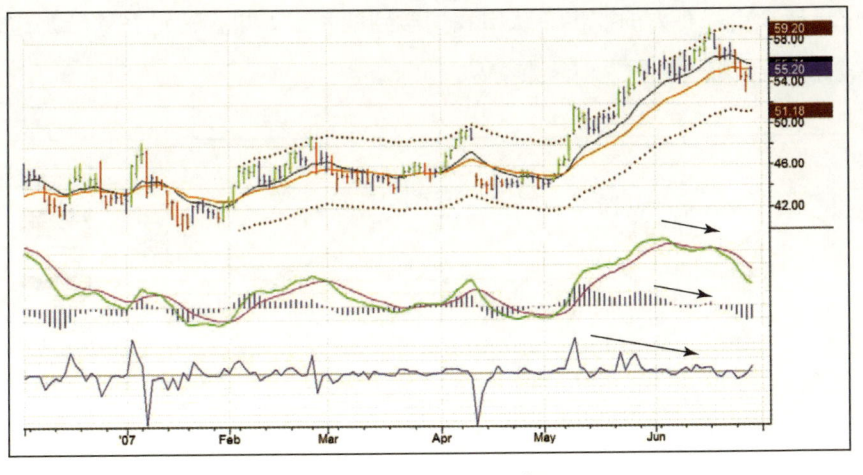

图 6-12　RIMM 日线图

　　日线图确认了周线图发出的顶背离信息，做空赚钱的时机非常合适。在图的右侧，也就是周三，有个很难的决策要做，即平掉空单还是继续持有到收盘为止，因为收盘后将公布业绩报告。一方面，价格还没有到达盈利目标，但看起来价格好像要跌向盈利目标位；另一方面，价格又好像要反弹到做空那天的低点了。

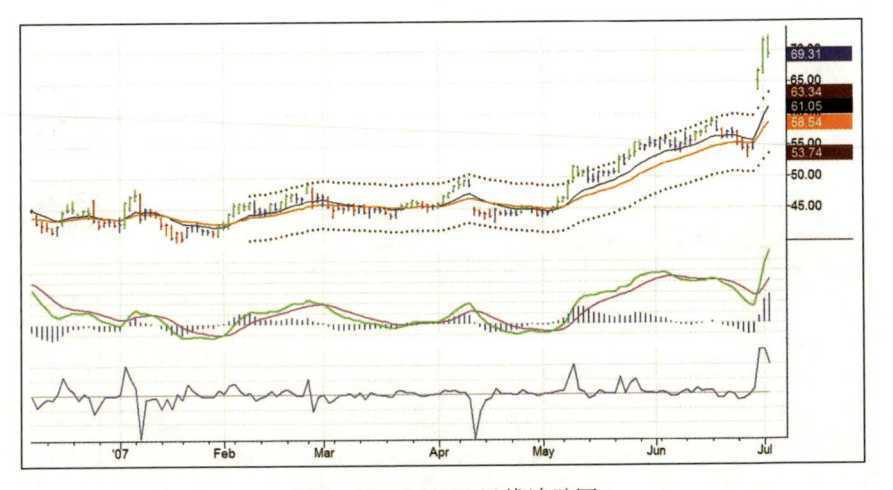

图 6-13　RIMM 日线追踪图

　　啊！当公司诚实地公布了并没有提前泄露的业绩报告后，股价走势非常惊人。公司报告一次发布了三条利好消息，即工程盈利、下季度工程量增加、按 3：1 拆分股票。市场对此相当吃惊，因此股价大涨并留下巨大缺口，否定了顶背离并创出历史新高。

## 市场警钟

市场走出月牙形态之日就是市场警钟响起之时，这是长期趋势结束的信号。在市场狂躁的时候很难听到警钟，多数人听不到，只有理性的交易者会听到并对此做出反应。

你需要很多经验才能听到市场钟声，另外，在这个信号发出时要做出离场的决定需要更多勇气和自信。你要细心警觉才能听到，因为市场警钟响起的机会非常少，为此你必须眼观六路耳听八方。这不是新手的任务，如果你能听到钟声并开始行动，你就是个严谨的交易者。

我第一次听到市场警钟是在事实发生之后，一次巨大的赚钱机会从我手边溜走，但从此以后它让我对市场更加敏锐了。

1989 年我飞往亚洲，波音 747 头等舱非常舒服。晚餐过后灯熄灭了，大多数乘客都睡了，我没有睡。我和一位日本籍空乘人员攀谈起来。此人大约 50 岁，他告诉我他是在战后非常困难的环境下长大的，接受教育不多，他付出巨大的努力才得到这家国有航空公司首席空乘的位置，他也对此非常自豪。

聊天时他告诉我，他经常在日本股票市场进出，这个市场已经上涨了近 20 年。他也告诉我，在股票市场赚的钱比他的薪水还要多，他还打算提前退休。他已经选好了一个太平洋小岛并准备在那里建造自己的别墅，只有一件事情让他不舒服：那些和父母住在一起没有多少家庭负担的办公室女白领赚着更多的钱，享受着更多的收益。

几个月后日经指数彻底崩跌（见图 6-14），头一年蒸发了一半市值，但这只是超级熊市的开始。我错过了在接近顶部做空的大好机会，这让我非常深刻地认识到以后再也不能错过这样的心理信号了。

当你识别出一个或一系列事件非常不正常，这种不正常就好像市场规律被废除一样时，就是市场警钟的信号。事实上没人能改变市场规律，即使地心引力也不能。市场泡沫只会短暂停留，造成正常规律不再有效的假象。

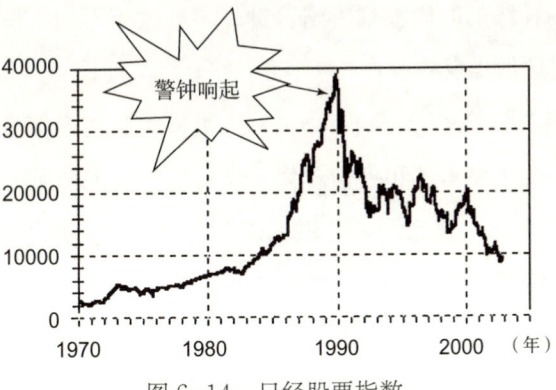

图 6-14　日经股票指数

　　如果一个人知道市场下一步该怎么走，就很不正常，这正是那位空乘所为——从股票市场赚的比职业生涯顶峰时期的薪水都要多，一个办公室的小女孩赚得比他还多就更不正常。让业余交易者持续赚钱的市场是不存在的，当门外汉和迟来者开始赚很多钱的时候，市场就离顶部很近了。

　　当我今天回想起那次谈话时，就像有人走到我面前敲起了警钟——卖出股票并做空！因为当时缺乏经验，所以对警钟声左耳朵进右耳朵出。

　　伯纳德·巴鲁克是 20 世纪前半叶非常有名的股票操盘手，他避开了1929 年的大崩盘，那次崩盘毁了很多像他一样的作手的财富。他对于如何避免大崩盘是这样描述的：有一天他走出办公室，一位擦鞋工向他推荐了一只股票。巴鲁克意识到这是危险信号——如果最底层的人都开始买股票，社会上就没人不买股票了。他开始卖出股票，在不同的年代不同的经济体下，日本空乘也给过我这样的信号。

　　还有另外一个心理信号。因为我参加交易展览会已经多年，我注意到股票市场价格高低与主办方能拿出的免费礼物的质量和数量呈强烈的正相

关关系，如果市场在顶部，你要准备购物袋把属于你的礼物背走。1987年
市场到达顶部的前一个月，芝加哥交易所给客户赠送了上好的太阳镜，镜
框上刻着：未来太光明，我们要戴上太阳镜。另一个极端是，如果在市场
接近熊市底部的时候去参加展览会，你可能连支圆珠笔都收不到。

在交易展览会上免费礼物的质量和数量反映出市场的情绪，当市场上
涨时大众很开心，人们乐于花钱，赞助商也乐此不疲，会拿出更多更好的
礼物来。

2007年2月24日我参加一次在纽约举办的交易展览会，因股票市场
已经涨了近4年，而且最近没有回调地涨了7个月，所以免费礼物非常丰
富。我获得了滑雪帽、壁球帽、一条围巾、一叠T恤衫等其他东西，但最
让我期待的礼物是纳斯达克的免费展台（见图6-15）。

图6-15　在市场顶部获得的免费物品

他们把美元卷进印着广告的塑胶管里，我觉得太不可思议，就问这些钱是不是真的，他们让
我自己看，我打开塑胶管取出一张薪新的美元纸币。我问能不能再拿一个，他们说可以，我的同
事也拿了两个。那天下午晚些时候有我的课程，我告诉学员股票市场正在筑顶，此时门外传来更
大卖出信号的"警钟声"。

周一是假日，我从周二开始大量卖出股票，我的指标整月都显示卖
出信号，现在这些免费的东西就好像正响着警钟。上涨趋势已经超过了所

有的合理的盈利目标，这些免费礼物表明上涨趋势正在走向疯狂。我卖出
了所有的多单头寸并开始做空，我做空了股票和股指期货，同时买入一些
指数认沽期权。在那次博览会之后股票又涨了一些，然而没过多久市场崩
跌，做空正当时（见图 6-16 和图 6-17）。

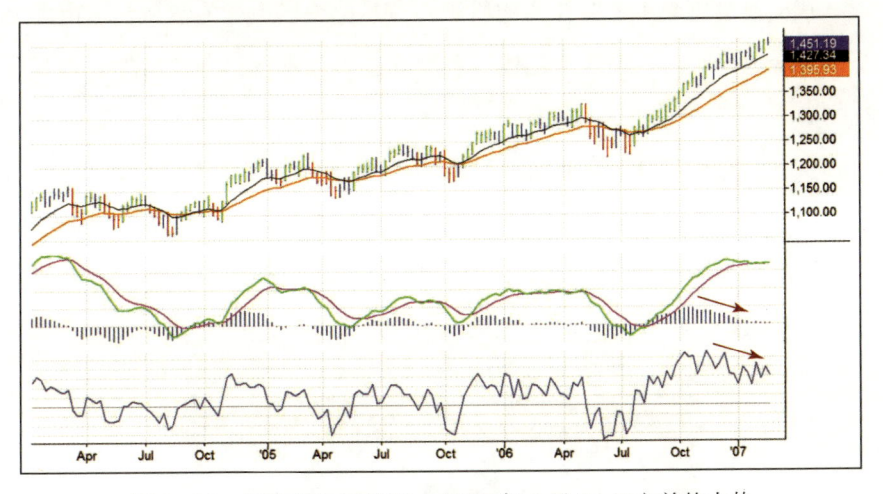

图 6-16   标准普尔周线图，2007 年 2 月 24 日之前的走势

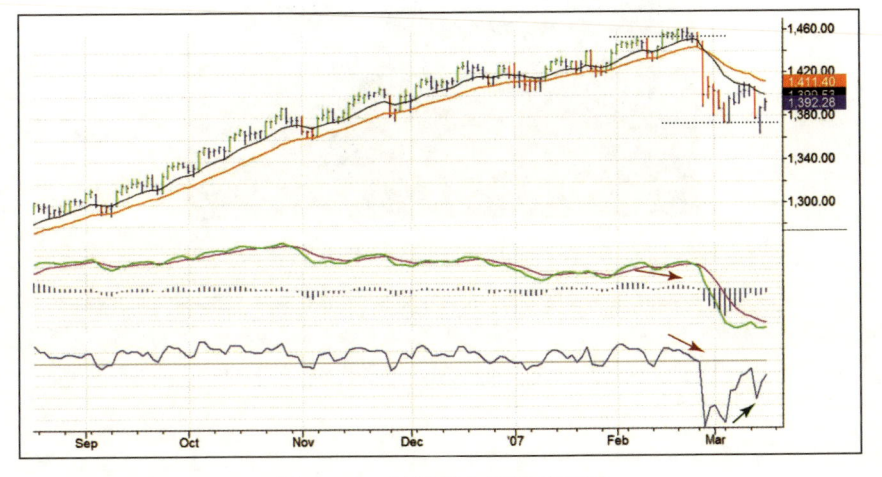

图 6-17   标准普尔周线追踪图

市场就像抽水机一样吸干那些没什么准备的大众的钱，并把这些钱注入少数的理性交易者账户中。因为交易存在佣金、滑点、监管费和其他支出等成本，所以交易是个负和游戏。赢家赚的钱少于输家亏的钱，这也是市场中必然存在少量赢家和大量输家的原因。

业余交易者只能从做多也就是上涨趋势中赚钱。在这种单边上涨中赚钱不是赚钱的规则，如果每个人都开始从上涨中赚钱就不正常了。长期来看，大众是必然的输家，只有少数人能赢。当市场警钟响起时，就表明市场已经偏离正常太多，看多的人已经非常多，等待他们的就是暴跌。

如果你是市场中严谨的学生并且思维开阔，迟早能看到或听到这些市场信号。当开始听、思考并依据这些信号行动时，你就不再是一个新手了；当开始依此信号行动时，你会发现自己已经在交易成功者行列中了。

## 使用新高新低（NH-NL）指标进行交易

无论交易个股还是股指期货，都应该有个指标可以确认市场趋势并对即将到来的反转发出警示。当这个指标显示市场即将反转时，你要特别留意持有的股票发出的技术信号。

我相信新高新低指标（以下简称为 NH-NL 指标）是最好的股票市场领先指标[⊖]。新高——股价创出过去 52 周的新高点是多头力量的象征，新低——股价跌到过去 52 周的新低点是空头力量的象征。新高和新低之间的相互作用为判断市场趋势强弱提供了重要信息。

NH-NL 指标很容易计算，日线上创出新高的股票数量减去创出新低的股票数量就可以得出当日的 NH-NL 值，把过去 5 天的 NH-NL 值相加就可以得到当周的 NH-NL 值。

---

⊖ 因为 NH-NL 指标太过重要，所以我们每天都会把指标信息列在 Spiketrade 的网站上。

　　NH-NL 指标为正表示牛市是主导行情，反之亦然。当指标与股价同
涨同跌时，就是在确认趋势，这个指标的背离有助于识别市场的顶底。如
果市场价格创出新高，同时 NH-NL 指标也创出新高，表明牛市主导的
行情还可能会延续。如果价格上涨但指标却下跌，表明上涨趋势遇到了麻
烦，同样的逻辑也适用于下跌趋势。

　　我喜欢在分屏模式下看 NH-NL 指标，左边是周线图右边是日线图。
周线图的 NH-NL 指标用一条线显示，日线图的 NH-NL 指标用两条线单
独显示新高和新低，新高线用绿色，新低线用红线。图 6-18 显示了 2007
年 2 月份价格及指标的情况。

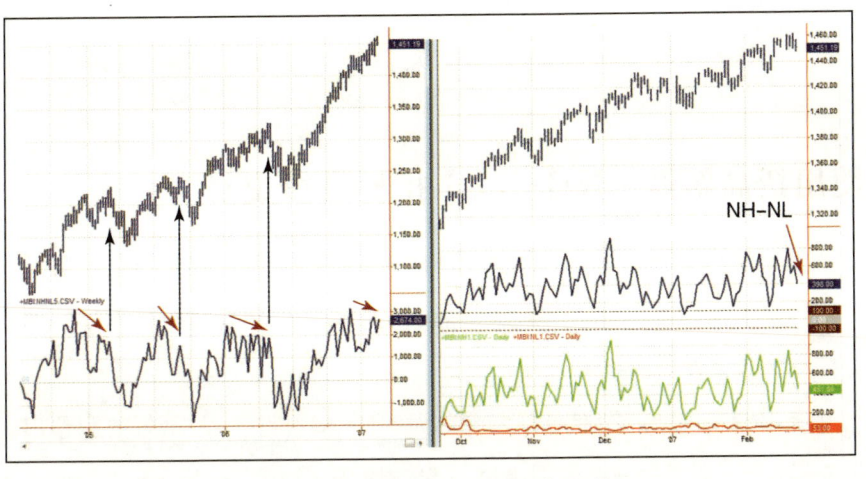

图 6-18　NH-NL，2007 年 2 月

　　从左图中可以看到标普 500 指数周线图创出新高，NH-NL 指标却走出顶背离（如左图下方
向右下斜的箭头所示）。这些顶背离用垂直竖线标记，标记的位置都是市场重要的顶部。日线图可
以看到 NH-NL 指标发出小规模的顶背离信号，但主要的卖出信号来自周线图。

　　当 NH-NL 指标发出卖出信号时市场响起警钟，随后的走势如图 6-19
所示。如果各类基于不同原理的指标显示相同的信号，会加强各自的信息
含义。

图 6-19　NH-NL 指标，2007 年 2 月追踪图

NH-NL 指标背离之后股价暴跌，稍作反弹后又创出新低，但此时日线 NH-NL 指标出现底背离，表明下跌主导趋势可能结束，应该平掉空单准备再次做多。

　　尽管在加仓或减仓时机上 NH-NL 指标不如 MACD 或强力指标那么精确，但因为它能帮助我们识别大势，所以对我们交易个股非常有用。

## 卖出决策树

　　任何领域中严谨的专家们都有一个决策树，这个决策树很少写在纸上，通常在他们脑子里，事实上决策树还可能隐藏得更深——在他们骨子里。

　　决策树是一组规则，这组规则可以帮你决定在特定条件下该做什么和不该做什么。专家们通过训练、学习和实践来形成决策树。只要还活着，我们就该不断发展决策树。这正如已故的好友卢·泰勒所说：如果我每年比上一年聪明 1%，在我死的时候我就是个天才。

　　很少有人能写全决策树，现实生活中，多数人只能通过把细碎的点逐步组合成为条理清晰的整体来构建决策树。想起我刚开始交易的时候就禁不住想笑，因为那时我决定在纽约飞往洛杉矶的飞机上花 5 个小时把决策树写下来。当时真的很天真，要知道一个月前我还在桌面大小的纸上潦草地画着纵横交错的箭头和使用涂改液，我还在做这些细碎的事情。

　　只有飞行专家才总带着他们的决策树——飞行手册，上面有各类飞行问题的解决方法。如果飞行员闻到驾驶座舱有烟味，他不该只是耸起鼻子闻烟味说：天啊！哪儿冒烟了，我该怎么办？他应该打开飞行手册到烟雾那一页，和他的副驾驶一起一层一层捋顺"如果……那么……"这些问题，并形成正确的处理方法。最近阿图·葛文德博士写了一本广受好评的书《清单革命》，主要讲了如何形成清单的方法。即便是由最好的航空公司提供的决策树，也绝不可能完备。马尔科姆·麦克弗森的好书《黑匣子》中提供了很多飞机失事后黑匣子信息的副本，里面记载着有些飞行员是如何在巨大的压力下崩溃，而同时有人接替他接受挑战的案例。交易者可以从中学到很多。这本书中我最喜欢的章节是，一次飞机尾部引擎爆炸，炸断了所有水管，手册并没有告诉飞行员该如何控制飞机，飞行员打电话给飞机制造商，制造商告诉他飞机可能不能再飞了。飞行员放下电话，在这种没有手册指引的情况下找到了安全降落的方法。他的这个主观决定，尽管不包括在飞行手册的系统方案内，但最终实现成功迫降，救了全机人员。

### 决策树

因为市场状况不断在变，所有的自动交易系统最终都会自我毁灭，这也是业余交易者使用商业交易系统最终都会亏钱的原因。使用完全自动交易的专家会像鹰一样盯着自己的系统以防止出现意外状况。因为系统交易专家有主观交易的能力，所以他们在使用商业交易系统时非常谨慎。

交易系统是根据市场变化自主制定交易计划的，但任何计划都不可能适应市场的所有状况，即便是最好最可靠的计划其判断能力也不会完美。系统等待并自动执行既定计划，但必要时需要交易者自己下决定。这也是你在市场中应该具备的能力——如系统一样寻找交易机会，设置止盈止损。

《走进我的交易室》，亚历山大·埃尔德

大多数情况下决策树都会有用，所以我们将讨论必须写进决策树的几个要点。

在此之前我们先回顾一下买入决策树，决策过程必须从始至终都贯穿着资金管理。你的第一个问题是 6% 规则是否允许我交易，下单买入前的最后一个问题是在 2% 规则下我能买入多少股。这些问题之前都讨论过，都包含在铁三角规则那一章中。

买的好，卖的才容易好，如果按照资金管理规则买入，你就不会陷入仓位太重的心理压力之中。

为了写出卖出决策树，你需要考虑以下几个问题。

### 短期交易还是长期交易

如果是短期交易，你就应该把止损设在通道或包络线的附近。如果是长期交易，你可以把止损设得远一点，在重要的压力位或支撑位附近。趋势交易者以长期交易为主，波段交易者以短线交易为主。

苏海尔·拉巴尼在学习《入场和出场》时把这两类交易者比喻成猎

大象者和猎兔子者，因为大象很大所以前者很少开枪，后者则相反。两者的武器和捕猎过程也大有不同。很多新手随便拿起一杆枪就进了丛林，他们不清楚该打些什么，可能是大象也可能是兔子，但往往打中的是自己的脚。

你有没有为交易设置盈利目标？你有没有写下期望获得多少收益？你有没有写下这笔交易大概需要多长时间？短期交易者必须紧紧看住交易评分，并且只要股票表现能让他拿 A 评分，也就是通道宽度的 30%，就立即出局。长线交易者需要一直持有头寸直到价格到达其盈利目标为止。

### 你将在哪里执行止损

对短期交易来说，不仅要有一个较近的盈利目标，还要有一个紧随的止损。趋势交易的盈利目标很远，预计交易的时间不是以年计就是以月计。交易时间越长，价格波动范围就越大，因此需要更大的止损。

对短期交易者来说，止损应该近一些，而长期交易的止损可以宽松很多，这是一条交易规律。有时你可能很幸运地找到一只运行到绝对可靠的支撑位上的股票并以很低的风险购得大量的长期交易头寸，即便这样，长期头寸仍然需要更多的回旋余地。长期交易者可能会接受相当宽松的止损，但短期交易却不能。

因为铁三角规则限制了每次交易的总风险，所以止损宽度越大可交易的股票数量越少。随着每股交易风险值的增加，可购入的股票数量必须降低以保证单次交易总风险在资金管理限额内。

如果交易的是一个小账户，而你在大多数时候把单次交易的总风险设置的低于 2%，这会非常不错。大账户的交易者可能把单次短期交易的总风险控制在 0.25% 之内，把单次长期交易的总风险控制在 1% 以内。这表示从绝对数量上看，交易大账户时每股风险值和交易头寸都相当大。

## 无论短期交易还是长期交易，都应该仔细聆听不同类型的"市场噪声"

一次交易开始后，如果市场变得缓慢不稳、难以理解而不是走向盈利目标，主观交易者可能会提前离场，他不想等到市场真的对他不利、达到止损的那天再离场，他在交易中可能赚钱也可能亏钱。

市场噪声对短期交易者和长期交易者的意义不同。短期交易者分析日线图和指标看市场是否变得超买或价格在高位走平，他可能因为 MACD 柱的顶背离而离场，也可能在看到极少出现的信号后赶紧离场，比如强力指标的顶背离甚至日线 MACD 柱开始下跌。因为持有短期头寸，所以即便未来可能有很多利润，只要市场发生微小的疲软信号就会是一个出场信号。长期交易者更能忍受小的市场噪声，他甚至不必为日线的信号做出反应，如果对日线噪声做出反应他就很可能会丢了长期头寸，他更应该关注周线图并在出场前等待更大的"市场噪声"，在周线上寻找噪声信号。对长期交易者来说，和日线图走得太近对他们没什么好处。

有经验的交易者可以把这两种方法运用在一次交易中，可以围绕长期核心头寸做很多短期交易。交易者可以决定长期交易头寸的大小，但应该按照长期交易的方向做一些短线交易。

假如持有 1 000 股成本价为 8 美元、目标盈利价为 20 美元的股票，我们可以把其中的 500 股作为核心头寸不动，其余部分按照股票的表现灵活操作。当股票回调到移动平均线以后，我们可能会把头寸增加到 1 500 股，当股价涨到上轨之上时再把头寸降到 500 股。在这个过程中我们不断地买卖，但总是保持长期头寸不变。

无论你做什么，都把决策和行动记录下来。做好交易记录会提升你的学习效率，在必经的苦难之路上活下来，并最终获得稳定盈利的方法。

## 第二部分  练习题

你买了一只股票，目前处于浮盈状态，你需要决定什么时候才是正确的卖出时机并把浮盈变成实实在在的利润。你立即卖掉落袋为安？你要继续持有以获取更多利润？如果你准备继续持有而市场开始对你不利，你该怎么办？要获利还是等待止损？

卖出这个问题必须用严肃的态度和商业的眼光去对待。你要知道如何为交易设置止盈目标、止损价格。没有人会保证交易一定成功，所以你需要决定何时出场，而且这个决定必须在交易之前就做好。

在思考本章的问题时，请以一名交易者的身份把这些问题和实际交易联系起来思考，不断从交易日记中学习。卖出是这本书的主线，因为卖出的问题最多，所以在卖出这个问题上你必须得到高分，如果有必要，可以重新做本节的测试。

### 答案列表

| 问题 | 最大分数 | 实验 1 | 实验 2 | 实验 3 | 实验 4 | 实验 5 | 实验 6 |
|------|----------|--------|--------|--------|--------|--------|--------|
| 34 | 1 | | | | | | |
| 35 | 1 | | | | | | |
| 36 | 1 | | | | | | |
| 37 | 1 | | | | | | |
| 38 | 1 | | | | | | |
| 39 | 1 | | | | | | |
| 40 | 1 | | | | | | |
| 41 | 1 | | | | | | |
| 42 | 1 | | | | | | |
| 43 | 1 | | | | | | |
| 44 | 1 | | | | | | |
| 45 | 1 | | | | | | |
| 46 | 1 | | | | | | |
| 47 | 1 | | | | | | |

（续）

| 问题 | 最大分数 | 实验 1 | 实验 2 | 实验 3 | 实验 4 | 实验 5 | 实验 6 |
|------|----------|--------|--------|--------|--------|--------|--------|
| 48 | 1 | | | | | | |
| 49 | 1 | | | | | | |
| 50 | 1 | | | | | | |
| 51 | 1 | | | | | | |
| 52 | 1 | | | | | | |
| 53 | 1 | | | | | | |
| 54 | 1 | | | | | | |
| 55 | 1 | | | | | | |
| 56 | 1 | | | | | | |
| 57 | 1 | | | | | | |
| 58 | 1 | | | | | | |
| 59 | 1 | | | | | | |
| 60 | 1 | | | | | | |
| 61 | 1 | | | | | | |
| 62 | 1 | | | | | | |
| 63 | 1 | | | | | | |
| 64 | 1 | | | | | | |
| 65 | 1 | | | | | | |
| 66 | 1 | | | | | | |
| 67 | 1 | | | | | | |
| 68 | 1 | | | | | | |
| 69 | 1 | | | | | | |
| 70 | 1 | | | | | | |
| 71 | 1 | | | | | | |
| 72 | 1 | | | | | | |
| 73 | 1 | | | | | | |
| 74 | 1 | | | | | | |
| 75 | 1 | | | | | | |
| 76 | 1 | | | | | | |
| 77 | 1 | | | | | | |
| 78 | 1 | | | | | | |
| 79 | 1 | | | | | | |
| 80 | 1 | | | | | | |
| 81 | 1 | | | | | | |

（续）

| 问题 | 最大分数 | 实验1 | 实验2 | 实验3 | 实验4 | 实验5 | 实验6 |
|---|---|---|---|---|---|---|---|
| 82 | 1 | | | | | | |
| 83 | 1 | | | | | | |
| 84 | 1 | | | | | | |
| 85 | 1 | | | | | | |
| 86 | 1 | | | | | | |
| 总分 | 53 | | | | | | |

## 问题 34：卖出计划

下列关于既定的卖出计划，哪项不正确：

1. 它会确保成功

2. 它会减少压力

3. 它将分析与交易分割开来

4. 它帮你减少因市场波动而做出的反应

## 问题 35：三种类型的卖出

三种逻辑性的卖出方法中，不包括下列哪一项：

1. 高于市场价的盈利目标位卖出

2. 低于市场价的止损位卖出

3. 因市场状况改变的"因交易噪声"而卖出

4. 因感到对交易没有耐心而卖出

## 问题 36：计划卖出

在买入之前，严谨的交易者不必思考下列哪项问题：

1. 股票可能涨到多少，目标止盈价格应该设在哪？

2. 股票可能会跌多少，止损位应该设在哪？

3. 股票的损益比是多少？

4. 在股价到达目标止盈价格后，我是否需要把目标位再设得远一点？

## 问题 37：止盈

下列哪些工具可以辅助设置盈利目标：

A. 移动平均线

B. 包络或通道线

C. 支撑和压力区

D. 其他方法

1. A

2. A 和 B

3. A、B 和 C

4. 以上所有

## 问题 38：股价低于移动平均线的情形

关于股价低于移动平均线交易的情形，下列哪两项是正确的：

A. 股票低于价值时交易

B. 股价将明确地走向更低

C. 股价将明确地走向更高

D. 如果技术指标向好，做多的第一目标位应该是移动平均线

1. A 和 D

2. B 和 D

3. A 和 C

4. A 和 B

## 问题 39：移动平均线作为止盈目标

下列哪项不是对使用移动平均线作为盈利目标的正确描述：

1. 使用移动平均线卖出的方法不错，尤其是在周线图上

2. 股价经常在移动平均线上下震荡

3. 止盈空间比止损空间大的做法非常可取

4. 以止盈价卖出时，卖出评分不重要

## 问题 40：卖出时的后悔情绪

交易者以 EMA 作为盈利目标卖出后，价格继续上涨时他会后悔，下列哪一项是正确的：

1. 后悔是有益的，因为它会刺激你下次卖出时认真思考、不要太快出局

2. 过早出局的强烈后悔情绪会导致下次交易持仓过久

3. 如果分析得当，你应该对盈利目标位和市场有新的认识，从而不会过早卖出

4. 不设止盈是失败者的标志之一

## 问题 41：EMA 作为盈利目标

使用 EMA 作为盈利目标的最好时机是：

1. 当价格从熊市底部反弹展开上涨时

2. 在上涨趋势中

3. 当价格接近历史最高价时

4. 以上所有

## 问题 42：通道作为盈利目标

使用通道作为盈利目标的正确情形是：

1. 如果周线图涨势强劲，那么就该把盈利目标设在日线图上轨的位置

2. 上升趋势中，价格的顶底很少出现有规律的模式

3. 在上升趋势中买入的最好时机是价格触到上轨

4. 在价格达到上轨时不该卖出，因为价格可能涨得更高

## 问题 43：使用通道衡量交易表现

使用获得的每股利润与通道宽度的比值来衡量一次交易的表现可以帮助波段交易者：

A. 关注盈利点数的多少而不是盈利金额的多少

B. 提供了衡量交易表现的数量尺度

C. 设置现实的盈利目标

1. A

2. A 和 B

3. 以上所有

## 问题 44: 做多的盈利目标

将 A、B 两种情况与 1、2 中多单的盈利目标相匹配:

A. 市场离开低点后展开一波上涨的第一盈利目标

B. 正在上涨的趋势中的第一盈利目标

1. 在价值区或低于价值区,由移动平均线确定

2. 接近由上轨线确定的高估区

## 问题 45: 奢求更多

总是奢求更多让交易者:

A. 更加放松

B. 更有压力

C. 更加成功

D. 交易更加频繁

1. A 和 B

2. A 和 C

3. B 和 D

4. B 和 C

## 问题 46: 一波上涨的顶部

对一波上涨顶部最高价的描述正确的是:

1. 预测最高价为卖出提供了合理的盈利目标

2. 经常预测顶部的人可以准确预测顶部

3. 试图在顶部最高价卖出可能会付出昂贵代价

4. 如果交易者可以经常卖在顶部最高价，他也可以在那里做空

### 问题 47：价格高于通道上轨

如果股价已经上涨到上轨之上，下列做法正确的是：

1. 交易者必须立即获利了结

2. 当价格连续两日收盘在上轨之上时，交易者必须获利了结

3. 如果价格收盘价在上轨之上，意味着上涨可能还会延续

4. 收盘价在上轨之上但没能创出新高时，交易者应该考虑在那一天卖出

### 问题 48：盈利目标

关于设置盈利目标的描述，下列哪项是正确的：

1. 只要价格会涨，就把利润放到最大，不用担心盈利目标

2. 在任何市场都有一个完美的盈利目标

3. 交易时使用的时间框架越大，盈利目标也将越大

4. 移动平均线为任何一次交易都提供了最好的盈利目标

### 问题 49：支撑和压力区

下列哪项不是长期交易者将支撑和压力区作为盈利目标的原因：

1. 成交密集区表明大量的市场参与者在那里买卖

2. 交易区间反映了大量交易者对于股票价值的认同

3. 股票震荡的时间多于股票处于趋势的时间

4. 价格运动总在震荡区间精确的上下沿止步

### 问题 50：保护性止损

使用保护性止损让很多事情变得有意义，其中不包括下列哪一项：

1. 这是现实的成本，提醒交易者价格可能会走向于己不利的一面
2. 当人们"爱上"股票时，它与所有权效应是对立的
3. 在已经开始的交易中，这会让交易者减轻精神压力
4. 在一次交易中使用保护性止损意味着交易者损失的金钱数量正好和计划的损失一样多

## 问题 51：突破阻力位

如果股票上涨到阻力位后短暂停留，然后再度上涨并突破阻力位，这给我们的信号是：

A. 立即做多

B. 如果股票跌回阻力区就准备做空

C. 立即做空

D. 如果股价回调到阻力位附近就准备做多

1. A 或 D
2. A 或 B
3. B 或 C
4. C 或 D

## 问题 52：没有止损的交易

没有止损的交易是：

1. 只允许有经验的交易者使用
2. 赌博
3. 更灵活的一种方式
4. 一种现实的交易方法

## 问题 53：改变止损位

在一次交易中，下列哪些是允许的：

A. 做多时提升止损位

B. 做空时提升止损位

C. 做空时降低止损位

D. 做多时降低止损位

1. A 和 B

2. B 和 C

3. A 和 C

4. C 和 D

## 问题 54：再次入场的交易

买入一只股票后被打止损，然后重新买回这只股票的做法是：

1. 经验老手常用的手段

2. 无谓地亏更多钱

3. 是倔强的标志

4. 是浪费时间和金钱的事

## 问题 55：决定将止损设在哪里

设置止损时最重要的问题是：

1. 你正要交易的市场的交易热度怎样

2. 你准备损失多少资金

3. 你的盈利目标是什么

4. 你准备交易多少股

## 问题 56：上一次交易的影响

前一次交易的头寸大小如何影响下一次交易？

1. 在一次获利交易后增加交易规模

2. 在一次没有获利的交易后减少交易规模

3. 在一次没有获利的交易后增加交易规模

4. 以上都不是

## 问题 57："铁三角"规则

将"铁三角"规则的组成部分与依次进行风险控制的过程相匹配：

A. 资金管理

B. 止损价格

C. 交易规模

1. 在图表分析时设置

2. 确定在一次交易中你准备损失多少资金

3. 三者之中的两者相除得到

## 问题 58：限价止损指令

下列哪项不是使用限价止损单的原因：

1. 没有滑点

2. 保证执行

3. 在入场交易时非常好用

4. 作为止盈止损指令时很有用

## 问题 59：软止损

下列哪项对软止损的描述是正确的：

1. 软止损对系统交易者有用

2. 对新手来说软止损是一个好的交易方式

3. 专家可以使用软止损以避免止损和不利滑点的双重打击

4. 软止损比硬止损容易设置

## 问题 60：比前期最低价低一个 Tick 的止损

把止损设得比前期最低价低一个 Tick，这样的止损有问题，下列哪项不是产生问题的原因：

1. 可能在市场接近前期最低时，很小的一个卖单都会让价格再创新低

2. 如果市场以很小的成交量跌破前低并反转向上，这是牛市模式

3. 职业交易者喜欢在此时接盘

4. 一旦跌破前期低点，价格可能会跌得更低

### 问题 61：将前期低点作为止损位

下列哪项不是把止损设在前期低点的原因：

1. 当价格跌到前期低点时跌速通常会放缓

2. 如果股票跌到前期低点，就很可能会跌破前低

3. 如果股票跌破前期低点，可能会立即加速下跌

4. 如果把止损设在前期低点，止损后产生的滑点将大于把止损设在比前期
   低点低一个 Tick 的地方所产生的滑点

### 问题 62：尼克止损法

下列哪项是对尼克止损法的正确描述：

1. 产生最低价的 K 线相邻的两根 K 线的最低价（两个次低价），把止损设
   在那两个次低价中较低的那个价格之下

2. 尼克止损法对短期交易不适用

3. 尼克止损法对长期交易特别有用

4. 尼克止损法可以消除滑点

### 问题 63：选择交易周期

交易结果的好坏在一定程度上取决于交易周期的选择。下列哪项不是对交
易周期影响交易结果的正确描述：

1. 长期交易给交易者很多时间思考并做决策

2. 如果日内交易者不去思考，他将失败

3. 股票考察的时间越长，就运动得越远

4. 长期交易会提供最好的学习经历

## 问题 64：宽幅止损

下列哪项是对宽幅止损的正确描述：

1. 主要趋势的运动幅度小于回调的幅度

2. 止损越大，遭遇止损和滑点双重打击的风险越大

3. 止损属于价格运行到正常范围之外

4. 止损越大，可交易头寸越大

## 问题 65：移动止损

下列关于移动止损的描述不正确的一项是：

1. 你只能按照交易的方向移动止损，绝不能相反

2. 当价格达到盈利目标位时使用追踪止损就增加了风险

3. 当股价在止损位之上徘徊时，把止损价再降低一些对减少双重打击的风险有意义

4. 当价格变动有利时，提高止损以保护部分纸上利润有意义

## 问题 66：安全区止损

下列哪项是对安全区止损的正确描述：

1. 它的原理就像过滤器，过滤了趋势信号

2. 如果今日价格波动不在前日价格波动之内，这就是噪声

3. 上涨趋势的安全区是追踪平均上突破噪声，下跌趋势的安全区是追踪平均下突破噪声

4. 安全区方法在趋势行情中运行最好，在震荡行情中运行最糟

## 问题 67：使用安全区止损法

下列关于安全区止损的描述哪一项不正确：

1. 安全区是机械交易系统

2. 交易者必须建立安全区的回测期

3. 交易者必须选择噪声系数以求得安全区止损位

4. 通常系数在 2 和 3 之间时交易就非常安全了

## 问题 68：波幅减少止损法

下列关于波幅减少止损法的描述不正确的是：

1. 波幅减少法确保每次交易都能获得更多的利润

2. 这种方法允许交易者以合理的盈利目标开始交易，但在交易时获得更多

3. 使用波幅减少法会有损失部分浮盈的风险

4. 使用这种方法就是让市场决定交易者能获取多少利润

## 问题 69：市场中的"交易噪声"

因"交易噪声"而卖出的原因是：

1. 达到盈利目标

2. 被打止损

3. 交易者希望部分获利了结

4. 交易者不喜欢市场运行的方式

## 问题 70：因"交易噪声"卖出

下列关于因"交易噪声"卖出的描述不正确的一项是：

1. 系统交易者可能不会因"交易噪声"卖出

2. 主观交易者的出场时机可能早于或晚于原计划的出场时机

3. 因"交易噪声"卖出对交易新手来说非常适用

4. 因"交易噪声"卖出有损失利润的风险

## 问题 71：新高新低（NH-NL）指标

下列关于 NH-NL 指标的描述不正确的一项是：

1. NH-NL 创出新高，确认上涨趋势；NH-NL 创出新低，确认下跌趋势
2. NH-NL 指标在顶部和底部的信号是对称的
3. NH-NL 顶背离是市场顶部到来的警示信号
4. NH-NL 尖角下跌通常表示重要的市场底部

## 问题 72：不招人喜欢的市场行为

如果交易者持有多单，但不喜欢当前指标发出的高而不稳的信号，交易者的下列选择中哪一项不正确：

1. 如果是系统交易者，他就必须按照计划持有头寸
2. 如果是主观交易者，他可能会卖掉多单
3. 如果是系统交易者，他可能转而使用不同的系统以允许提早出场
4. 如果是主观交易者，他可能部分获利了结，但仍持有核心头寸

## 问题 73：业绩报告

下列关于业绩报告对价格影响的描述不正确的一项是：

1. 盈利预期驱动价格大幅波动
2. 业绩报告从不改变股票的长期趋势
3. 对职业交易者来说盈利报告很少出现惊喜
4. 内幕交易通常与公司经营方式有关

## 问题 74：市场警钟

下列哪种情况下市场会发出警钟：

1. 创出年度新高
2. 创出年度新低
3. 市场中发生了非常不正常的事情
4. 市场发出了所有人都可以识别的信号

### 问题 75：依据 NH-NL 指标进行交易

下列关于 NH-NL 指标的描述不正确的一项是：

1. 当 NH-NL 指标在零轴之上时表示牛市比熊市强烈

2. 新高表示当前的主要趋势是弱势，新低表示当前主要趋势是强势

3. 顶背离在牛市结束时通常会看到

4. 周线 NH-NL 指标的严重尖角下跌通常表示市场见底

### 问题 76：决策树 VS. 交易系统

决策树和交易系统的关键区别是：

1. 入场规则

2. 出场规则

3. 是否有权限改变出场规则

4. 交易规模的界限

### 问题 77：决策树

下列哪一项不该包括在决策树中：

1. 长期交易还是短期交易

2. 止损位应该设在哪里

3. 在交易中应该关注哪些"交易噪声"

4. 在一次交易中应该做好哪种交易记录

### 问题 78：价值区买入、目标价卖出

请指出图 P2-1 中字母所示的位置哪些是价值买入区，哪些是盈利目标卖出区：

1. 价值买入区

2. 盈利目标卖出区

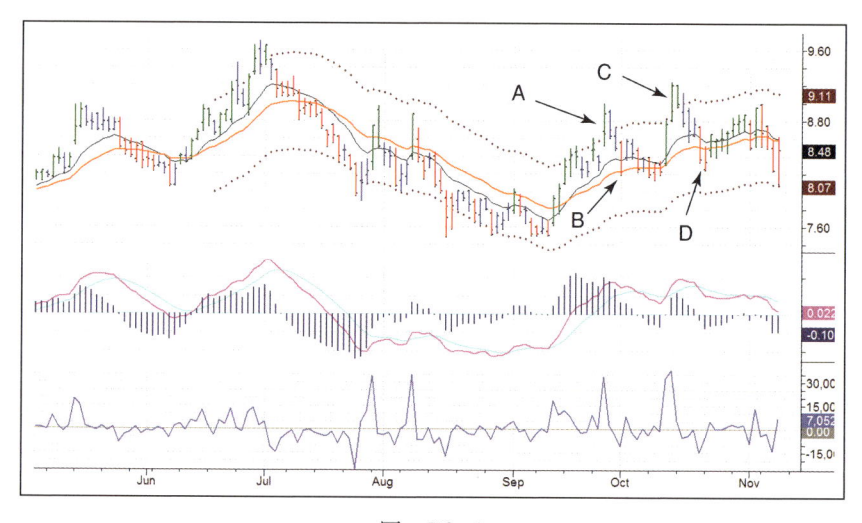

图 P2-1

## 问题 79：支撑、阻力和盈利目标

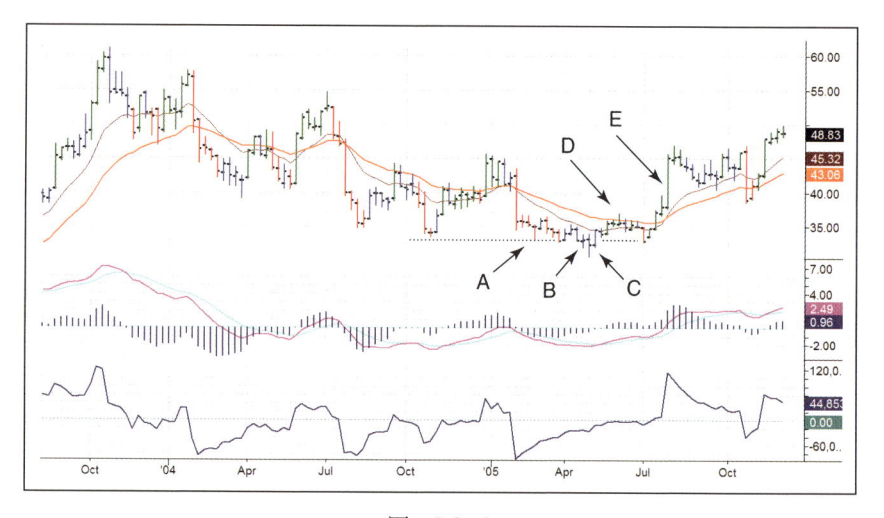

图 P2-2

将下列描述与图 P2-2 中字母相匹配：

1. 突破支撑线

2. 价格收在支撑位之上并给出买入信号

3. 支撑位建立

4. 在通道上轨的第二卖出目标位

5. 按照 EMA 计算的第一目标位

### 问题 80: 多个盈利目标

将下列描述与月线图 P2-3 中的字母相匹配:

1. 最小的价格目标

2. 支撑线

3. 牛市盈利目标

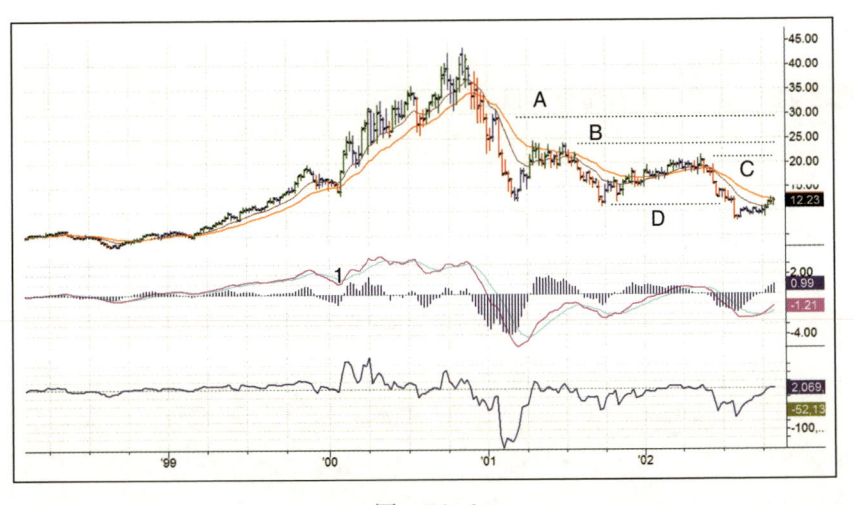

图  P2-3

### 问题 81: 持仓不变、加仓或者获利了结

图 P2-4 中, A 点时, 股票跌到 58.78 美元, B 点时股票跌到 58.71 美元, 但很快又从新低点涨了回来。假突破伴随着几个指标的底背离。如果交易者做多并以接近通道上轨价格为盈利目标位, 当交易者处在当前市况时, 下列哪项行为是合理的:

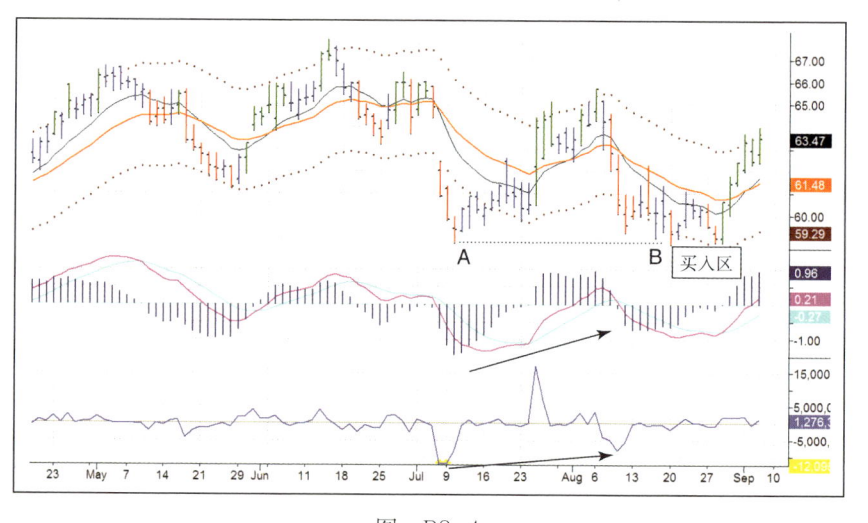

图　P2-4

A. 卖出，落袋为安

B. 卖出一半、持有一半

C. 继续持有并收紧止损

D. 加仓

1. A

2. A 或 B

3. A、B 或 C

4. 以上所有

## 问题 82：处理盈利的头寸

交易者识别出上涨趋势，并在接近价值时买入，高于通道上轨时卖出。交易者在 A 点做多，B 点卖出，C 点做多，D 点卖出，E 点做多（见图 P2-5）。当价格出现跳空缺口时他决定继续持有以期更多利润。当交易者处于当前市况时，哪项行动看起来更明智？

1. 卖出，落袋为安

2. 卖出一半头寸

3. 继续持有

4. 加仓

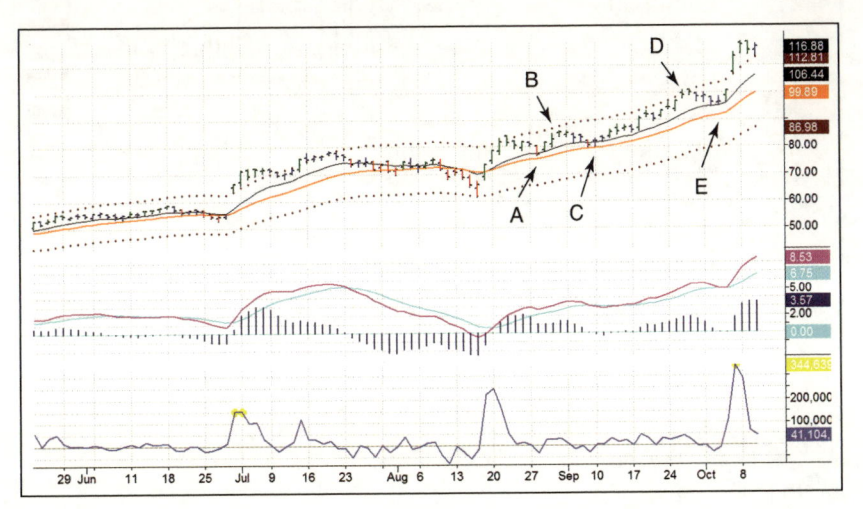

图  P2-5

## 问题 83：设置止损

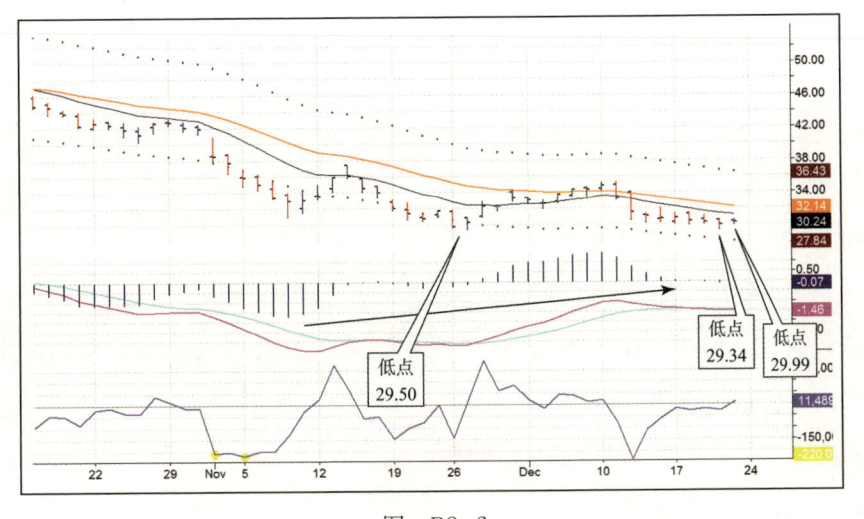

图  P2-6

交易者识别出底背离伴随着假突破，他决定做多，但需要设置一个止损位
（见图 P2-6）。在当前市况下，你建议交易者把止损设在哪儿？

1. 29.49
2. 29.33
3. 29.34
4. 29.98
5. 28.99

## 问题 84：组合系统

组合系统追踪市场运动的方向和强度。有些软件允许交易者用彩色标记 K
线，但即便是黑白图表上，交易者也能够通过组合系统的规则说出 K 线的
颜色。请将下列关于组合系统的点评与图 P2-7 中的字母相匹配：

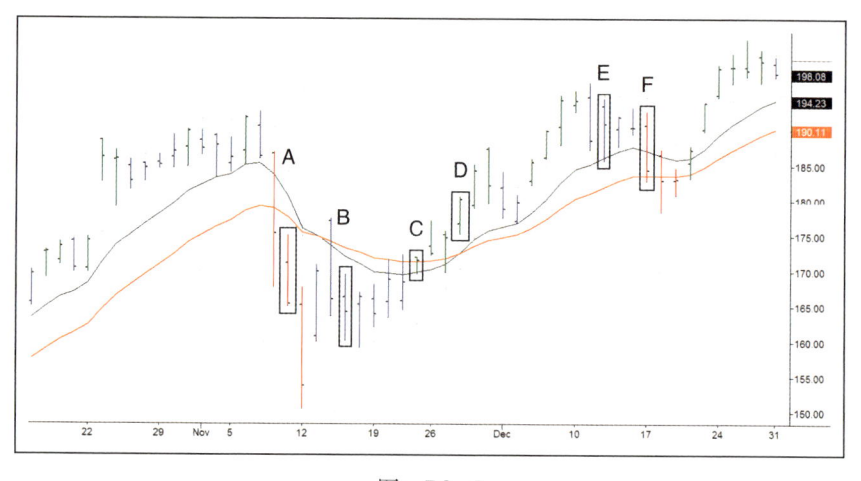

图　P2-7

1. 组合系统绿色，买入或者场外等待；不允许做空
2. 组合系统红色，做空或场外等待；不允许做多
3. 组合系统蓝色，不许持有头寸

### 问题 85：NH-NL 指标的信号

NH-NL 指标周线图可以帮助交易者在重要的市场反转发生时及时参与进来，请将下列关于 NH-NL 指标的点评与图 P2-8 中的字母相匹配：

1. 尖角下跌表明极端行情不可持续，市场有反转要求

2. 背离表明多头弱势，市场有反转要求

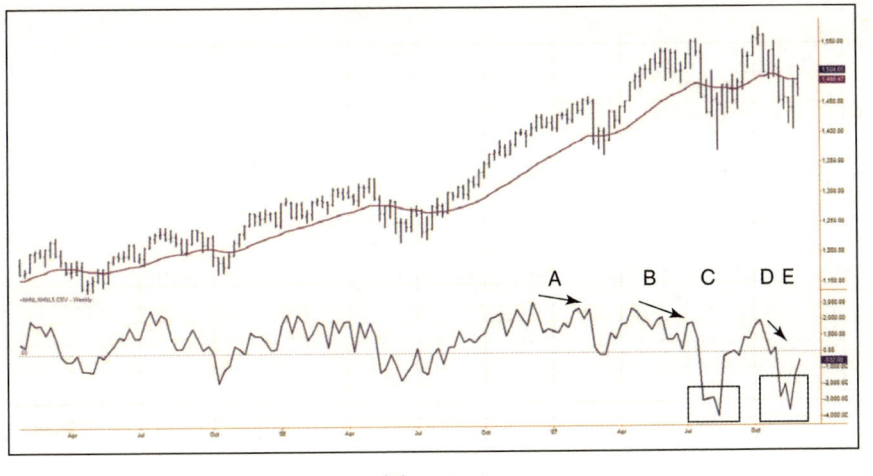

图　P2-8

### 问题 86：在当前情况下做出决定

交易者识别出上涨趋势（见图 P2-9），并在 A 点做多，B 点卖出。随后价格升破通道上轨但创新高失败，交易者又在价格跌破价值区并不再创出新低后做多，也就是 C 点做多，在当前情况下，交易者的哪项行动是合理的？

1. 继续持有

2. 加仓

3. 卖出

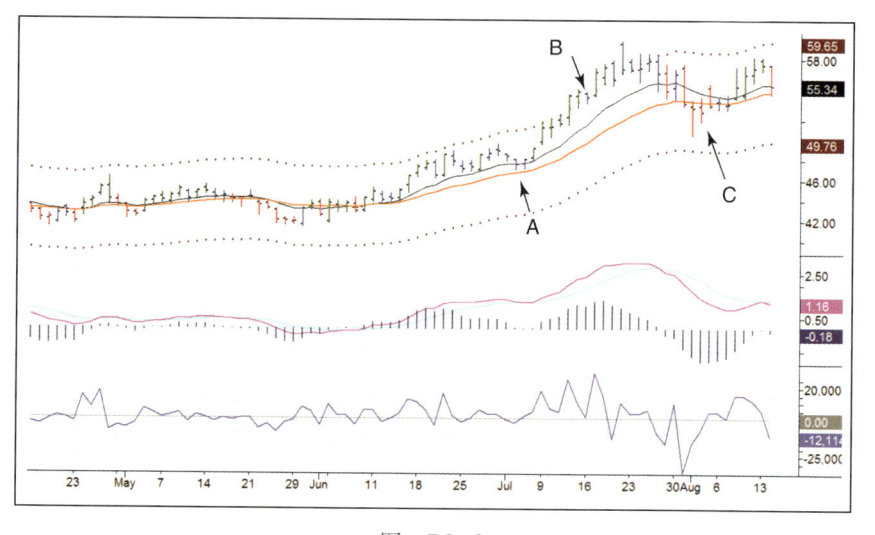

图　P2-9

# 第二部分　答案

### 问题 34：卖出计划

### 答案 1：它会确保成功

把计划写在纸上对多数人的心理都会有强烈的影响，让他们减少盘中一时兴起的交易。把计划写在纸上然后执行是通过将分析和交易分离的方式减少人的精力损耗。在金融市场上是没有人能保证成功的。

### 问题 35：三种类型的卖出

### 答案 4：因感到对交易没有耐心而卖出

每个交易计划都应该包括盈利目标和止损，另外有经验的主观交易者可能会因为"交易噪声"而卖出。因为没有耐心而卖出是业余选手的行为。

### 问题 36：计划卖出

**答案 4：在股价到达目标止盈价格后，我是否需要把目标位再设得远一点**

买入股票和申请一份工作类似，你要知道工作职责和工作回报并决定职责和回报是否匹配。考虑移动盈利目标是在交易开始以后，而且届时也仅对经验老手有用。

### 问题 37：止盈

**答案 4：以上所有**

交易者可以使用很多方法来设置盈利目标，可选择的方法几乎是无限的。其中两个要素最重要：第一，交易者必须理解盈利目标设置的逻辑，避免冲动行为；第二，交易者必须做好记录以评估所使用方法的质量。

### 问题 38：股价低于移动平均线的情形

**答案 1：A 和 D**

移动平均线反映的是价值认同的平均值，它指示市场当前的价值水平，其变化反映市场价值的增减。在股票市场中，除了佣金、滑点以及没有准备的交易者将遭遇亏损之外没有被明确定义的了。当指标处于牛市状态并且价格低于 EMA 时，这条 EMA 就成为了上涨的第一目标位。

### 问题 39：移动平均线作为止盈目标

**答案 4：以止盈价卖出时，卖出评分不重要**

周线图总是优于日线图；交易者最好在损益比非常吸引人的时候再交易，这是要遵守的规则。无论出场的原因是什么，每次交易的入场和出场都要进行评分。

### 问题 40：卖出时的后悔情绪

**答案 2：过早出局的强烈后悔情绪会导致下次交易持仓过久**

后悔是交易的腐蚀力量，如果因为少赚钱而惩罚自己，你可能会离正确的道路越来越远，并可能在下次交易中持仓过久。成熟的交易者制定并遵守计划，他对自己的交易表现进行评分并从中提升交易水平，他不会让过早出局的后悔情绪影响到后面的交易。少赚钱是这个游戏中必然会发生的事情，只有纸上交易者或者骗子才会抓住每次价格的顶底。

## 问题 41：EMA 作为盈利目标

### 答案 1：当价格从熊市底部反弹展开上涨时

使用 EMA 作为盈利目标的时机是当价格低于 EMA 时，这种情况不太可能在上涨趋势或者接近最高价时发生。当价格从熊市低点向上展开第一波上涨时，利用 EMA 制定盈利目标位是个合理的选择。

## 问题 42：通道作为盈利目标

### 答案 1：如果周线图涨势强劲，那么就该把盈利目标设在日线图上轨的位置

在主要的上升趋势中，只有出现波段上涨与回调的典型模式时，以低于价值买入并以高于价格卖出的方法才有意义。如果判断周线图涨势强劲，这种卖出方法可能会错失很多利润。无论采用哪一种卖出方法，按照计划的时间和价格卖出非常有必要。你可能计划在通道线附近卖出短期交易头寸或者继续持有小一些的头寸进行趋势追随交易。无论做出什么计划，你都不该在交易中途改变出场计划。

## 问题 43：使用通道衡量交易表现

### 答案 3：以上所有

交易中过分关注赚了多少钱或亏了多少钱极易让交易者分心，这会让交易者开始想"我要拿这些赚的钱买些什么"或者"如果我没亏这些钱我就能买些什么"这样的问题，从而丧失专注。正确的做法是关注交易决策的质量，当成为最好的交易者时赚钱是自然而然的事。

### 问题 44：做多的盈利目标

**答案1：1. A；2. B**

熊市底部展开的第一波上涨经常会运行到最大的阻力位，因此有必要在
EMA 附近设置合适的盈利目标。在上涨趋势中价格很少跌到通道下轨，
因此在上涨趋势中应该在价格接近 EMA 时买入，并把盈利目标设在通道
上轨附近。

### 问题 45：奢求更多

**答案3：B 和 D**

市场造就了无数的脾气。巨量资金在电脑屏幕前闪烁，很多交易者在遭遇
亏损和失去平衡之前，往往先失去自控能力，因为想要得到更多。无论在
现实生活中还是在交易中，最有分量的词语就是"知足"。使用通道止盈
法能为交易设立现实的盈利目标。

### 问题 46：一波上涨的顶部

**答案3：试图在顶部最高价卖出可能会付出昂贵的代价**

一波上涨的最高价是市场中最贵的那个价格，寻找这个价格交易者会付出
昂贵的代价。避免追求顶和底与交易中的其他法则一样重要。抓到行情中
间部分就已经能获利不少，这会更安全也更实际。交易者给自己的压力越
小，交易结果可能就越好。

### 问题 47：价格高于通道上轨

**答案4：收盘价在上轨之上但没能创出新高时，交易者应该考虑在那一天
卖出**

使用通道或包络线设定短期交易的盈利目标非常好，但偶尔价格也会猛烈
上涨，吸引我们继续持仓。一波强烈的上涨发生时股票可能沿着通道线上
涨几天或者几周时间。对短期波段交易者来说，当价格达到盈利目标后没

有创出新高的话就该离场。

## 问题 48：盈利目标

### 答案 3：交易时使用的时间框架越大，盈利目标也将越大

市场长期的运动幅度会大于短期的运动幅度，所以短期波段交易者要把止盈设得小一些，长期交易者却应该把止盈设得大一些。每次交易都不会有通用的盈利目标设定方法。

## 问题 49：支撑和压力区

### 答案 4：价格运动总在震荡区间精确的上下沿止步

价格区间反映的是买卖双方大量资金和情绪对价值的认同，但市场对价值的认同以及市场大众的态度一直在变，这导致成交密集区的上下沿不是与前次精确相同，而是参差不齐的。

## 问题 50：保护性止损

### 答案 4：在一次交易中使用保护性止损意味着交易者损失的金钱数量正好和计划的损失一样多

交易前，交易者需要分析图表并决定如果市场于己不利交易者应该在哪里出局，这个决策应该尽可能客观。每次交易都需要保护性止损，但股票可能会在止损价上有跳空或止损时产生不利滑点，这导致实际亏损比预期的要大。止损不是完美的抵御风险的方法，但它是我们仅有的预防毁灭性打击最好方法。

## 问题 51：突破阻力位

### 答案 2：A 或 B

价格突破阻力位既可能是新一波上涨的开始也可能是假突破的起点。如果突破是真的就没有时间可浪费了，不能等待价格回抽——火箭离开发射塔就不会再沉下去。另一方面，如果长期的分析结果表明这是一波上涨的顶

部并认为是一次假突破，那么等待价格回调到区间内再确认这个判断也不迟。单独的突破难以提供明确的信号，还需要把它放入到长期时间框架内分析才有意义。

## 问题52：没有止损的交易
### 答案2：赌博

止损将交易者与现实连接起来。市场中有很多止损方法可用，但即便是最有经验的交易者都知道当市场不利于自己时在哪里出场，交易新手更该如此。

## 问题53：改变止损位
### 答案3：A和C

止损只能朝建仓的方向移动，多单止损向上移动、空单止损向下移动。如果把止损朝与建仓方向相反的方向移动，这会让交易越做越糟，最终导致交易失败。在交易前制订计划比在交易时制订计划更加客观，一旦进入交易状态交易者只能做减少风险的事。

## 问题54：再次入场的交易
### 答案1：经验老手常用的手段

新手通常在一只股票上只尝试一次，并在亏损之后转向其他交易计划。经验老手却明白好股票很难找。在抓住大行情之前他们通常使用紧随性止损，他们不怕多次失败。

## 问题55：决定将止损设在哪里
### 答案2：你准备损失多少资金

设置止损是风险控制和资金管理的必备部分。在入场前交易者必须确定试图赚多少钱并承担多大风险。尽管分析市场的波动情况和预期潜在的利润非常重要，但所有的问题最终都以交易者可接受的风险为前提。

### 问题 56：上一次交易的影响

### 答案 4：以上都不是

让上一次交易结果影响下一次交易计划是业余交易者的行为。市场的随机程度相当高，任何一次交易的交易结果都非常难以预测。职业交易者不会相信单次交易的结果，但他相信一段时期的交易表现。交易专家决不允许前次交易结果影响下一次交易计划。

### 问题 57："铁三角"规则

### 答案：1. B；2. A；3. C

止损的设置应基于对图表的分析。在单次交易中，交易者的资金管理规则会确定交易者最大可损失的资金，用这个数据除以每股交易风险就得到了交易头寸的大小。

### 问题 58：限价止损指令

### 答案 2：保证执行

市价指令保证交易顺利执行，限价指令要求以特定价格或更好的价格成交，或者不成交。限价指令可以避免滑点，滑点是导致交易表现落后的重要的但很少有人意识到的原因。只有在市场于已不利、止损出场时才不能对滑点吹毛求疵，所以交易者可以使用市价指令执行止损。

### 问题 59：软止损

### 答案 3：专家可以使用软止损以避免止损和不利滑点的双重打击

硬止损作为特定指令进入市场，而软止损是脑子中时刻记住的数字。系统交易者和交易新手一样，必须使用硬止损；主观交易专家可以使用软止损来减少止损和不利滑点的双重打击。硬止损和软止损都要做同样数量的工作，都属于同一水平，止损位完全一致，只是执行方式有所不同。

### 问题 60：比前期最低点低一个 Tick 的止损

### 答案 4：一旦价格跌破前低，可能会跌得更低

把止损设在比前期低点低一个 Tick 上的问题是市场往往走出双底形态，而且第二个底比第一个底略低。比前期低点略低的位置往往是业余交易者止损的地方，但在这个地方职业交易者可能会买入。偶尔也有市场跌破前低后继续下跌的可能，但那是规则中的例外。交易的基本功是使用止损，但有很多方法都优于这种止损方式。

### 问题 61：将前期低点作为止损位

### 答案 4：如果把止损设在前期低点，止损后产生的滑点将大于把止损设在比前期低点低一个 Tick 的地方所产生的滑点

如果交易者把止损精确地设在前期低点上，被打止损时的滑点很可能低于比把止损设在前期低点低一个 Tick 位置上的滑点。股价通常在跌破前期低点后加速下跌，这会导致更大的滑点。如果股价跌到前期低点，那么跌破前低的可能性就非常大，如果我们把止损精确地设在前期低点上，那么对我们的双重打击（止损 + 滑点）会小一些。

### 问题 62：尼克止损法

### 答案 1：产生最低价的 K 线相邻的两根 K 线的最低价（两个次低价），把止损设在那两个次低价中较低的那个价格之下

将止损设在近期价格波动区间之内是短期波段交易者设计止损的合适的方式，这样就是告诉市场：要么打我止损，要么给我上涨。没有可以完全消除滑点的止损方式。

### 问题 63：选择交易周期

### 答案 4：长期交易会提供最好的学习经历

交易时间框架的选择非常重要，市场运行的时间越久，走得就会越远，交

易者获得的盈利或者面临的亏损就可能越大。长期交易者开始交易后可以停止思考，而日内交易者却必须不断地对市场状况做出机械的反应。学习交易的最好方式是做一些小规模的交易，长期交易的数量不如短期波段交易多，因此并不是很好的经验学习方法。

## 问题 64：宽幅止损

### 答案 3：止损应该在市场正常回调的范围之外

大多数时间价格都是随机游走的，止损宽度越窄，遭受双重打击的风险就越大。使用宽幅止损的要点是将止损放在市场正常回调的范围之外。使用宽幅止损的负面效应是导致交易头寸下降的原因。

## 问题 65：移动止损

### 答案 3：当股价在止损位之上徘徊时，把止损价再降低一些对减少双重打击的风险有意义

无论交易者在做出使用宽幅止损这个决定时带有多少主观因素在里面，交易时都必须坚持最初的决定。如果行情于交易有利，交易者可能会调整止损以保护浮盈；如果价格达到盈利目标但交易者仍然不准备出场，那么可以使用追踪止损。期待获取更大利润意味着将承担浮盈回吐的风险。

## 问题 66：安全区止损

### 答案 4：安全区方法在趋势行情中运行最好，在震荡行情中运行最糟

安全区的目的是阻止噪声并让信号通过，噪声指当日价格波动在前一日价格波动之外的与主要趋势相反的部分。例如，如果主趋势向上，向上突破的部分是正常的，向下突破的部分就是噪声；如果主趋势向下，向下突破的部分是正常的，向上突破的部分就是噪声。安全区追踪上升趋势中的下突破均值和下跌趋势中的上突破均值，并把止损设在这个均值之外。和其他方法类似，它在趋势行情中表现优异，但在震荡趋势中可能会遭遇止损

和滑点的双重打击。

### 问题 67：使用安全区止损法

#### 答案 1：安全区是机械交易系统

使用安全区止损法时交易者必须选择回测期和与回测期噪声均值相乘的系数以求得安全区。每个市场选择的系数都会有所不同，这对机械交易系统来说很难。

### 问题 68：波幅减少止损法

#### 答案 1：波幅减少法确保每次交易都能获得更多的利润

波幅减少法的发明人克里·劳文说过：在没有到达盈利目标前我从没有考虑过使用追踪止损，只有在交易达到了既定目标并且市场还有潜在回报的时候我才考虑使用追踪止损。波幅减少法让浮盈承担一些风险以获得更多利润，但它不能保证每次交易都能获得更多利润。

### 问题 69：市场中的"交易噪声"

#### 答案 4：交易者不喜欢市场运行的方式

主观交易者不必在每次交易中都持有到价格到达既定目标。可能市场给予交易者的比最初预期的少，但也要接受。如果交易者看到趋势变弱的信号，提前出局将是个明智的选择。

### 问题 70：因"交易噪声"卖出

#### 答案 3：因"交易噪声"卖出对交易新手来说非常适用

按照盈利目标或保护性止损出场对所有水平的交易者都适用，但因"交易噪声"而卖出则需要更多的市场经验。对于交易者尤其是经验不足的交易者来说，因为厌倦或焦虑而过早卖出将会承担现实的风险。

### 问题 71：新高新低（NH-NL）指标

#### 答案 2：NH-NL 指标在顶部和底部的信号是对称的

NH-NL 指标可能是股票市场最好的领先指标，它在市场顶底时表现不同。市场大众在这时的情绪是完全不同的，顶部由贪婪构成，底部由恐惧组成，顶部持续的时间比底部更长一些，所以顶部 NH-NL 指标出现背离信号时持续很长时间才开始下跌，但底部指标出现短暂而尖锐的下跌后市场就开始反弹。

### 问题 72：不招人喜欢的市场行为

#### 答案 3：如果是系统交易者，他可能转而使用不同的系统以允许提早出场

系统交易者必须遵守系统发出的交易信号，交易中途转而使用其他交易系统意味着他将不再是系统交易者。对"交易噪声"做出退出交易或减仓交易的行为是主观交易者的特权和职责。系统交易者可能会在交易系统中预见并吸收一些"噪声"，但在一次正在进行的交易中是不能改变交易系统的。

### 问题 73：业绩报告

#### 答案 2：业绩报告从不改变股票的长期趋势

我们买股票是为了获取公司未来的收益，内幕交易者深谙此道，并且有不少人以此获利。股票很少因为业绩报告而出现暴涨暴跌，因为"聪明的牛"已经买入或"聪明的熊"已经卖出。尽管如此，诚实的公司在公布了令人惊喜的业绩报告后股价可能会改变趋势。

### 问题 74：市场警钟

#### 答案 3：市场中发生了非常不正常的事情

当你发现市场已经远远偏离正常轨道而且市场的规则好像被取消一样时，就是你听到了市场警钟。事实上，市场规则就像地心引力定律一样不会改变，离奇的事件是市场泡沫即将破灭的信号，这种行为只有在泡沫破灭后

回想起来才非常清晰，但身处泡沫之中它看起来就非常正常，只有冷静客观的交易者才能够听到钟声。

### 问题 75：按照 NH-NL 指标进行交易

**答案 2：新高表示当前的主要趋势是弱势，新低表示当前的主要趋势是强势**

NH-NL 指标新高表示当前的主要趋势是涨势，它表示在任何一天创出过去 52 周的新高的股票数量；NH-NL 指标新低的意义恰好相反。市场的顶底是不对称的，顶部形成很缓慢，NH-NL 指标通常会出现顶背离；由于在市场底部时失败者落荒而逃，所以底形成得快一些，NH-NL 指标在底部时通常会出现尖角下跌，此时明智的多头就有了良机。

### 问题 76：决策树 VS. 交易系统

**答案 3：是否有权限改变出场规则**

好的交易系统是完全客观的交易系统，也就是说如果两个不同的交易者使用同一个交易系统，他们将得到相同的入场价、出场价和交易头寸。主观交易者的决策树也牵扯到入场价、出场价和交易头寸的问题，但是在具体使用的时候又会有部分程度的灵活性。

### 问题 77：决策树

**答案 4：在一次交易中应该做好哪种交易记录**

做好交易记录极度重要，这是成功交易的基础。严谨交易者的交易记录必须包括交易记录的要素、软件的选择和心理状况描述。决策树是建立在这个基础之上的具体方法，它用于确定特定交易的交易要素，比如入场价、出场价和交易头寸。

### 问题 78：价值区买入、目标价卖出

**答案：1. B 和 D；2. A 和 C**

在一波稳定的上升趋势中，应当在接近价值时做多、价格进入高估区后卖

出 ；价值用移动平均线衡量，高估区用通道上轨衡量。市场噪声非常大，
最好的交易信号只有在历史回顾中才清晰可见。比如在点 D 买入后，价格
从未到达通道上轨而且最终跌得更低。追求完美的人会被这种情况压垮，
职业交易者会用资金管理方法保护自己并提前行动。

### 问题 79：支撑、阻力和盈利目标
### 答案：1．B；2．C；3．A；4．E；5．D

向下假突破伴随着底背离信号在技术分析上是强烈的看涨信号。价格一旦
跌破重要支撑的最低点，交易者就需要密切关注接下来市场的走势：是加
速下跌还是突破失败。当一根 K 线的收盘价站上前期低点之上时，就是强
烈的买入信号。此时，这个信号还会被 MACD 柱的底背离加强。点 D 和
点 E 之间股价回调到支撑位，给做多提供了绝好的买入机会。这种回调买
入的机会不多，它们是市场正常运行的例外。

### 问题 80：多个盈利目标
### 答案：1．B；2．D；3．A

直线 D 指出了下跌中的重要支撑水平，在接近图右侧的底时价格跌破这个
支撑后向上反转并且收盘在支撑区之上。这是一次假突破伴随着 MACD
的底背离，提供了一次可靠的买入信号。因为我们看的是月线图，预计价
格波幅会很大，所以可以预期未来股价出现大的上涨。如果这是一次新
的牛市的开始，那么直线 C，也就是近期连续高点的连线就不是我们的盈
利目标。直线 B，也就是前期重要反弹的顶点连线，是我们的第一盈利目
标。直线 A，历史顶部区域下沿的连线，是这次牛市的合理目标位。等
待价格到达直线 A 需要很多耐心，股票最终超过了前期高点并创出历史
新高。

### 问题81：持仓不变、加仓或者获利了结

### 答案3：A、B或C

向下假突破伴随着严重的底背离是强烈的买入信号。系统交易者或主观交易新手必须在价格到达盈利目标后出场，在这个例子中就是通道上轨。有经验的主观交易者可以依据其判断在到达盈利目标后继续持有。对价值型交易者来说不提倡在上轨附近加仓。

### 问题82：处理盈利的头寸

### 答案1：卖出，落袋为安

当出现接近垂直上涨时，很难预测价格在哪里止步。从图中最右侧的K线可以看到，股价在上轨之上创新高失败、动能下降就是落袋为安的信号。另外MACD柱连续创出新高也支持这个观点。同时，我们可以看到过高的强力指数之后通常伴随着一段时间的价格走平而非继续上涨。

### 问题83：设置止损

### 答案3：29.34

止损离入场价不能太远，但也不能太近以防市场噪声。29.34美元是近期下跌的最低点。把止损设在这儿就表示对市场说：要么打我止损，要么给我涨。强烈的看涨信号会带来快速上涨，如果信号失败，就没有理由给这次交易更多时间。把止损设在29.33美元会有滑点风险，因为一旦市场跌穿29.34美元，价格可能会飞速下跌，从而导致交易滑点。在平稳的市场情况下，把止损设在前一个交易日的低点就是把止损设在正常的市场噪声之内。

### 问题84：组合系统

### 答案：1. C和D；2. A和F；3. B和E

组合系统的主要目的是审查确认，它以明令禁止的方式告诉交易者该做什

么、不该做什么。

## 问题 85：NH-NL 指标的信号

### 答案：1. C 和 E；2. A、B 和 D

主导趋势减弱但市场仍然保持惯性上涨，因此背离在市场顶部时经常会看到。尖角下跌在股票市场的底部更普遍，因为底部有很多恐慌盘清仓。只要 NH-NL 指标很低，底部就在眼前。

## 问题 86：在当前情况下做出决定

### 答案 3：卖出

在图的右侧，交易看起来很正常，并且小有盈利，但是技术指标信号却令人不安，主要的问题是 MACD 柱的严重顶背离。在点 A，指标上升与股价上涨相匹配，确认上涨趋势；在点 B，价格回到顶部区域，但是指标却很少运行在零轴之上，表明牛市力量非常弱。这种来自市场的"交易噪声"表明上升趋势很弱，交易者最好卖出。

## 评分

46～53：优秀。你已经掌握了卖出的所有要点，现在可以进入下一章做空的学习了。

38～45：相当好。成功的交易需要顶级的表现，在进入下一章学习之前，仔细检查做错的题，复习其中的知识点，几天后重新做一遍测试题。

低于 38 分：警示！在其他专业领域不是前三是可以接受的，但在交易中决不能接受。在开始交易之前，你必须加倍努力地学习。请继续学习本书第二部分并重新做测试题。如果第二次测试仍然得分很低，在重新测试之前，仔细查看本章的建议。

# 如 何 做 空

**THE NEW SELL
AND SELL SHORT**

HOW TO TAKE PROFITS, CUT
LOSSES, AND BENEFIT FROM
PRICE DECLINES

## PART 3

嘘！想听个秘密吗？

仔细听：股票有时会下跌。

是的，这是真的。人们一直在不停地买股票，但股票迟早会下跌。如果在市场中生存得好是对市场最大的报复的话，那还有一件令人更加开心的事情，可这件事情几乎会伤害到每个人，也就是股价下跌而我们从中牟利。想想买入股票后股价一飞冲天的景象，可是你有没有经历过股价暴跌而你却大赚特赚的时候？

如果你想从下跌中赚钱，我们就有必要探讨做空这个话题。

每个人都知道低买高卖是如何赚钱的，但多数人对如何从股价下跌中赚钱却一无所知。为了能看懂后面的内容，我们先对做空的基础知识做一讲解。

假设你以 90 美元的价格买了 IBM 的 100 股股票，预计盈利目标是 99 美元，不计佣金和费用，你总共盈利 900 美元。这个过程很简单，但如果你看到 IBM 股价是 90 美元，但觉得价格高估，并且价格有可能跌到 80 美元，你怎么从中获利？

做空者先从其他人那里借到一定数量的股票并在市场中卖出，之后他再从市场中买回同样数量的股票还给出借方。这种方式的基础是无论股价是 80 美元还是 90 美元，它都是 IBM 的股票，只要前后数量相同，它与你借了哪些股份、多少钱卖出和多少钱买回归还都没有关系。你可以现在先借一部分股票卖出，之后再以低价买回，这样你就赚钱了。

经纪人会控制整个交易过程。如果你告诉他以 90 美元的价格做空

100 股 IBM 股票，他会在确认了你的账户中有 9 000 美元之后，才着手帮你卖空。他把这 9 000 美元冻结起来放入安全账户（简单起见，我们不做专业讨论），之后将安全账户确认登记在册。当他浏览客户交易文件夹时，发现有位叫米莉阿姨的客户还有继承的 100 股 IBM 股票，并且很多年没动了。他从米莉阿姨那里借出这 100 股，做好登记，之后再借给你。然后按照你的指示在市场中抛出这 100 股股票，把成交的资金放入保险柜，最后连同成交确认一同存档。相当于你先拥有这 100 股，按市场价抛出后，将获得的资金存在经纪人那里，之后你可以在任何时候买回这 100 股，由经纪人把这 100 股归还给米莉阿姨。

假设你分析 IBM 会跌到 80 美元，而且真的跌到了 80 美元，你叫经纪人平掉这份头寸，他就从 9 000 美元的保险柜中取出 8 000 美元，买回 100 股，如果不计佣金和费用的话，多余的 1 000 美元就是你的利润了。经纪人会把这 1 000 美元打入你的个人保证金账户并解锁安全账户，此时你的保证金账户中就有 10 000 美元了。经纪人拿到 100 股股票后，他又回到结算室，打开米莉阿姨的账户，把股票归还给米莉阿姨，同时撤销先前的借据。

交易到此为止，你有了利润和安全账户，经纪人赚得了佣金，米莉阿姨手中还是这 100 股。为什么她会借股票给你？因为在美国，证券交易法律赋予经纪人出借股票的权利。又或者，通情达理的米莉阿姨并不介意经纪人从你的交易中赚取那点佣金。这不会有风险，因为卖出股票的资金由经纪人保存，再加上你个人保证金账户中的资金，只要在结算时能够买回这 100 股股票就行。

上述说法是做空股票的原理，实际交易中没有那么纷繁复杂，每个步骤都是电子化的。

如果你做空做错了怎么办？就像你买入后下跌一样，做空后也可能会上涨。比如，IBM 股价没有跌到 80 美元，而是涨到 95 美元，你将花 9 500 美元才能买回这 100 股股票。因为安全账户中有 9 000 美元，所以经纪人从你的安全账户中再扣除 500 美元来买回这些股份。另外，如果 IBM 分红，米莉阿姨因为拥有这些股票，所以她希望得到分红，而你又借了她的股票，所以你要从自己口袋中掏出钱来分给米莉阿姨。

价格风险和股票分红风险在你买回股票之前可能相当巨大。你可以提前评估这次交易风险并决定自己是否能承担这样的风险。幻想比现实更能让人恐惧，做空时最可怕的空想是不加限制的风险。如果你以 90 美元买入 IBM 股票，最糟的事情就是股价跌到 0，让你赔得精光。这确实很糟糕，但在买入前你知道你最大会亏多少；从另一方面来说，如果你以 90 美元做空 IBM 股票，但股价开始上涨，你的损失也将是无限的。如果股价涨到 1 000 美元该怎么办？ 2 000 美元呢？那时你可能会完全破产。

没错，陨石也可能在你逛街的时候砸到你头上，但人类的心理是往往低估了常见的危险而高估了罕见的危险。在我居住的纽约，地铁谋杀案会成为新闻头条，但人们都忽略了另一个事实，那就是更多人会因为滑入自家浴缸而淹死。如果动物园的动物伤了饲养员将会成为警示性新闻，但大量严重的车祸却鲜有人关注。

每个严谨的交易者都必须有行动计划，计划的重要部分是定义风险和设置止损指令。如果做多，止损低于买入价，如果做空，止损高于入市价。极少情况下你会遇到快速变动的行情，这会产生交易滑点并使损失高于预期，但如果你做空高市值、高流动性的股票，这种不利滑点将很少出现。

在 90 美元做空而不设止损，然后看着股价涨到 1 000 美元的人几乎不存在。止损只是我的建议，我同样会把这个建议给那个以 90 美元买入的交易对手。总之一句话：别犯傻，使用止损。

与其为那些不设止损、可能面临的无限风险而害怕，还不如和我一起学一些在股票、期货、权证上做空时的实用注意事项，并一起讨论实实在在的风险和实实在在的机会这些话题。

多数股市新手都只买股票，大多数做空者是职业交易者。你认为他们为什么会年复一年地做空？难道他们没有公德意识？他们做空是因为他们喜欢赌博？还是因为做空比做多好赚钱？想想这些问题。

接下来，我们一起走近做空。

# 第 7 章

# 做 空 股 票

有一个基本的偏见是为了做空，你必须解放自己的思想。多数人会觉得做多比做空容易赚钱，但我认为他们应该像年轻人一样接受这种偏见。有一次我给当地高中学生讲交易课程，那些孩子特别热衷于做空。当时，我要求他们带来自己的交易想法，在课上讨论并实施。每一天，这些孩子们做空的次数和做多的次数基本一致，甚至还有人同时做空和做多。

这些孩子们掌握了交易的基本原则，他们懂得了交易意味着向价格运动的方向下注，但与向上涨或下跌下注关系不大，你需要做的仅仅是确认方向、入场价、盈利目标价和止损价。这些孩子们不够客观，也允许他们做空。全班同学在做多做空中获得了一些利润，尽管也有亏损，但总体来说是盈利的。这就是那次奇妙的多空授课之旅。

作为做空者，我认为做空者在追寻自己利润的同时，也在为市场提供重要的公共服务。第一，通过卖出高估的股票，做空者增加了股票的供给，平抑了市场的过度波动。当价格过高时做空股票有助于稳定价格波动。第二，当股票出现严重下跌时，做空者是第一个买进的人，这又会让股票止跌。做多者的轻佻性格会让他们在严重下跌时缩手缩脚，首先开始买入股票的人大多是从暴跌中做空的获利者。他们买入股票会缓解下跌趋势，而此时也是便宜股猎手开始入场的时机。第三，你可能已经知道了，就是底部将在此形成，股价开始回暖，是做空平抑了市场价格的过度波动以使大众受益。

虽然做空有以上功能，但我的意思不是说做空者是一群社会工作者，正如著名经济学家亚当·斯密所说：在自由市场中的人们通过做与自己有利的事情来帮助别人。只要熊市不是由大量卖空者造成的，熊市就帮助了市场，这条警示同样适用于在上升趋势中做多的投机者。

因为政府有一个合法的机构来管理市场，该机构制定了一些对做空者不合逻辑的管制条例，其中最令做空者头疼的一条就是"证券报升交易规则"<sup>⊖</sup>。这条规则规定做空者只能以高于最新价的价格做空，换句话说，做空者只能在股票上涨中做空。表面上看，这会保护买入者免遭大量做空者的抛售之苦，但我有个问题就是：为什么没有与此对立的一个"证券报跌交易规则"，来保护那些被牛市横扫出局的无知的做空者？如果"证券报升交易规则"合理的话，那"证券报跌交易规则"也应该被允许。

在撰写本书第1版期间，美国股市大幅上涨。政府取消了"证券报升交易规则"。这条运行了70年的愚蠢规则终于寿终正寝！当然，期货市场上从没有过这样的规则。在2008～2009年的市场暴跌中，政府也只是发令禁止卖空几个行业的股票而已。

与做多相比，做空有几个明显的优势和一个巨大的劣势。做空的一个重要优势就是跌的速度是涨的速度的两倍，这个规律几乎适用于所有周期，如图7-1中的月线、图7-2中的周线和图7-3中的日线所示，日内交易也有类似的规律。

---

⊖ 证券报升交易规则（Uptick Rule），即做空的价格必须高于最新的成交价，该项规则起初是为了防止金融危机中空头打击市场而导致暴跌。——译者注

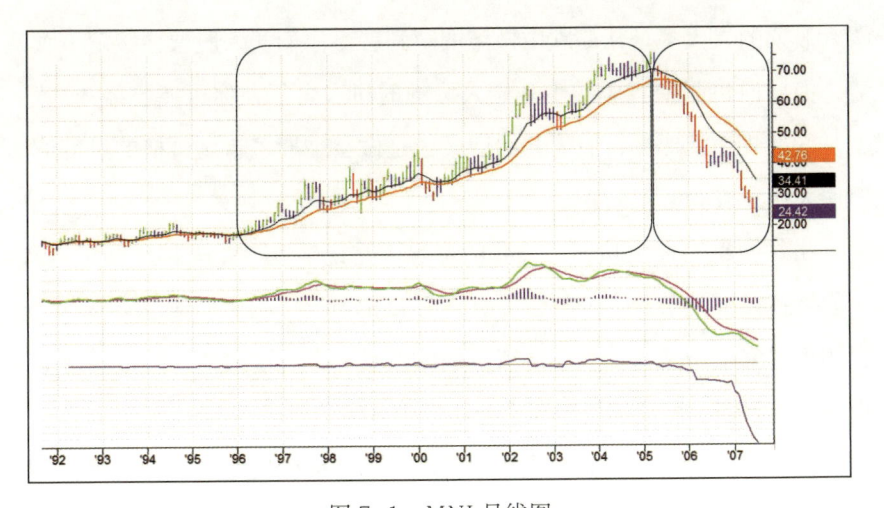

图 7-1 MNI 月线图

下跌比上涨快：从 23 美元涨到 76 美元用了 10 年，但跌回到 23 美元只用了两年半。

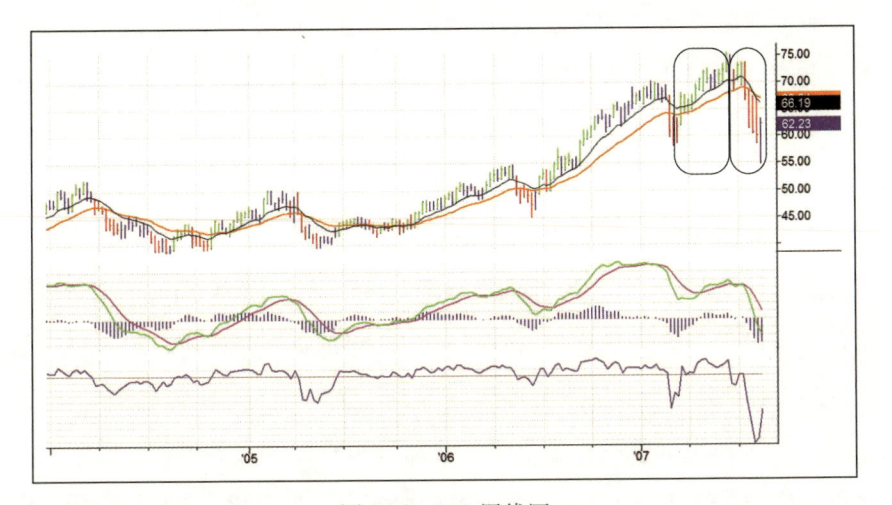

图 7-2 MS 周线图

下跌比上涨快：从 58 美元涨到 75 美元用了 14 周，跌回到 58 美元用了 8 周。

　　只有不停地买入，股价才会上涨，但即便没有做空者，股价也会下跌。更快的下跌速度为有经验的交易者提供了现实的优势，交易越快结束，交易者暴露在市场风险中的时间就越短。

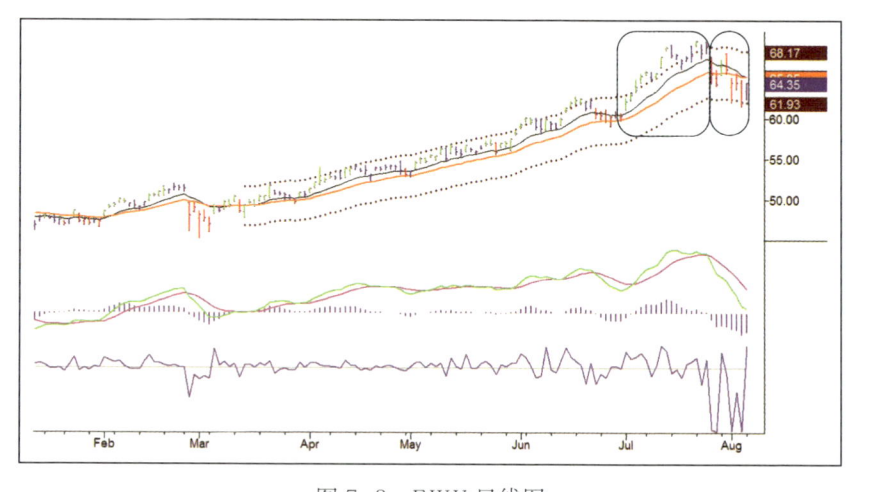

图 7-3　EWY 日线图

下跌比上涨快：从 59 美元涨到 69 美元用了 19 天，但跌回到 60 美元只用了 12 天。

　　对做空者的巨大不利是，长期来看，股票市场一直是上涨的（见图 7-4）。这种情况称为缓慢上涨模式，原因是一些老股票消失和新股票加入。另外，这种模式的年均上涨大约为 3% 左右，意味着做空是在巨大的上涨趋势中逆势而为。

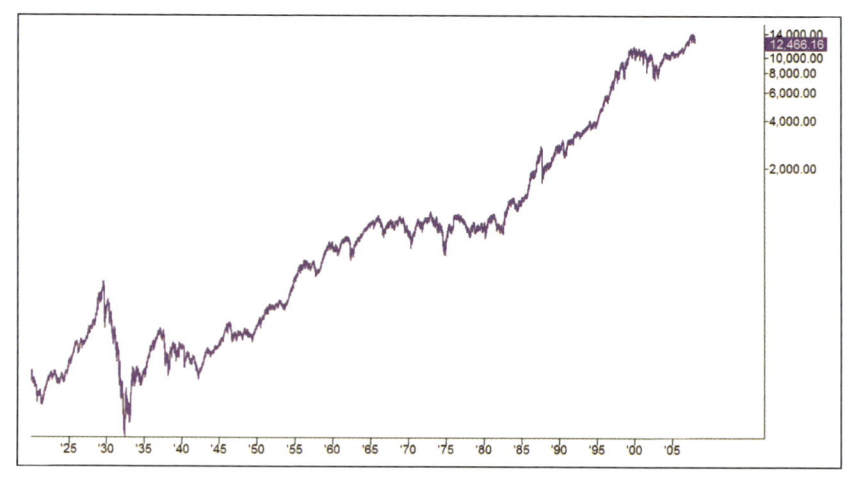

图 7-4　道琼斯指数月线（1920～2007 年）

对数图表。

在股票中的每个动作都是把双刃剑，一面是益处，另一面是危险。交易者不可能完全将二者分开，同时关注这两个方面对交易者来说是基本和现实的要求。请思考，我们对上述做空的有利和不利两个方面该做出怎样的回应？

通常来说，做空比做多需时更少。做空者是在大的上升浪中穿梭，下跌趋势更快，因此交易者做空时不该给像做多时那么多时间。

## 第一次做空

新手经常会问如何找到可以做空的股票，我给他们的建议是回想那些你买了却让你亏钱的股票，回想那些你希望下跌的股票，找到你最讨厌的股票然后做空它。

友情提醒：别在第一次做空时使用太多资金，第二次或者更多次时也不能，做空规模一定要小。

第一次尝试别太在意盈亏，你还有很多其他的事情要思考，比如选择股票、寻找盈利目标、设置止损及学习下单技术。在用小头寸交易时确保学会这些以及其他的一些事情，小头寸交易不会让你掺杂过多的情感因素。

交易规模是情绪的放大器，规模越大，压力越大。为了减少压力，尤其是在交易早期，只要还在学习做空，就用小头寸进行交易。放轻松，只要你能适应做空交易，就会有很多机会来增加交易头寸。

在写本章的前几周，一天早晨我在家进行交易，手提电脑突然发出信号响声，有一封电子邮件发过来，是交易训练营学员齐维·本亚米尼发给我的，他说他要开始做空，我建议他把要做空的股票的分析用训练营中学到的格式写下来，几分钟后电子邮件又发过来了（见图7-5）。

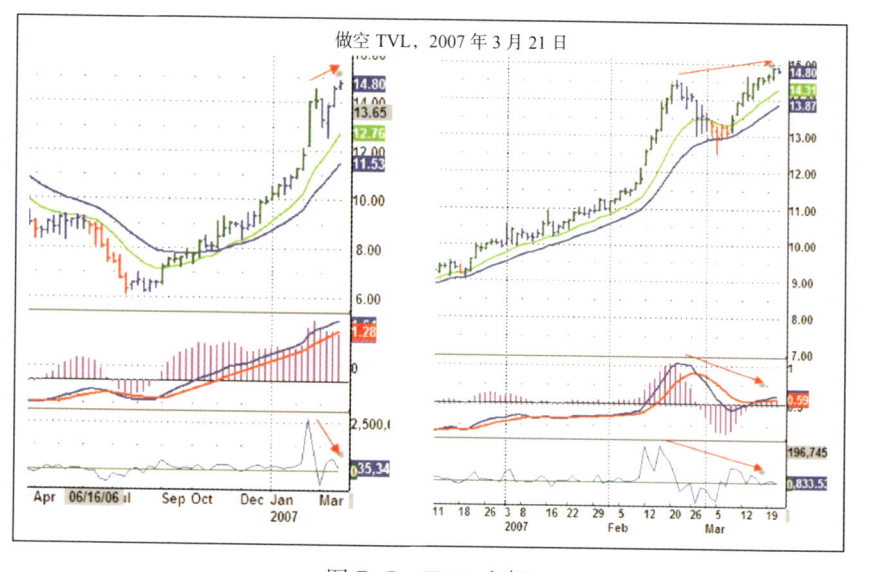

图 7-5　TVL 入场

周线双顶，K 线变蓝，FI 指标顶背离。日线 MACD 顶背离，FI 顶背离，双顶间隔一个月左右，近期高点动能正在下降。今日 K 线变蓝。

做空 100 股，价格 14.79 美元。

止损：硬止损 15.2 美元，如果 K 线变绿也止损。

盈利目标：12.77 美元，周线快速移动平均线的位置，如果时间拖延，就部分止盈，价格在 13 ～ 13.5 美元之间。

注意：老师的建议是，MACD 柱在周线图中表现强势，股票看起来依旧强势（没有受近期快速下跌的影响）。

　　这是一个聪明人以最低的成本学习做空的经典案例。这名学员找到了股票并独立做出交易计划。他做了一个很好的交易入场日记并记录了决策过程。作为一个独立的人，无论做多做空，都使用了很小的交易头寸。这次交易尽管最后加上佣金他每股损失 20 美分，总共损失 20 美元，但用很小的资金风险，他就从中学到了很多。他可以承担得起很多这样的"学费"，而不会被其损失所累。

　　我不喜欢在那天把 TVL 作为做空对象。首先，做空的时机不对，股票市场刚刚从双底中走出，整个市场正在上涨，当时我已经平掉了所有的空单。更深层次的原因是，做空连续上涨几周的股票感觉上很不对。

做多时，买入不断创新低的股票不是什么好主意，低买没问题，但是买跌就不对了。同样，当想做空时，做空不断创新高的股票也不是什么好主意。你需要找到证据表明价格趋势见顶、股价不再上涨并准备转跌的股票。

这名学员做空正在上涨的股票时犯了两个错误，但同时却做了两件正确的事：他做了细致的注释及小规模头寸交易。因此，他的错误没酿成大祸，他为这次学习过程付了很少的学费。

当天交易结束后我收到了图 7-6。

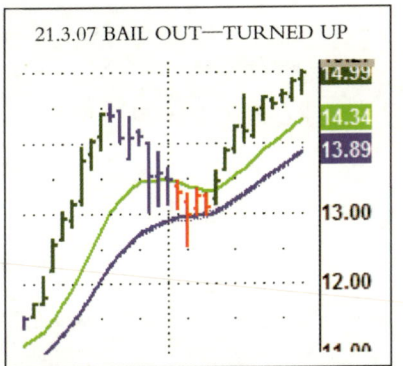

图 7-6　TVL 出局——趋势上涨

在 K 线转绿时以接近最高价出局，出场价 14.99 美元，损失 20 美元，交易评分 D。

## 顶底不对称

我们曾经讨论过做多的两个主要方式——价值型买入和动量型买入。做空时，不能简单鲁莽地使用这些方法，因为价格在顶或底及上升或下跌时市场参与者的心理不同，所以做多与做空也有很多不同。市场底部窄而短暂，顶部则宽而持久。

　　市场底部由恐惧组成，当多头不能再忍受亏损的压力时，他们以随意的价格卖掉股票，他们即将看到黎明，但亏钱的痛苦太过巨大让他们决定以任意价格出局。

　　恐惧和痛苦是尖锐而有力的情感，恐慌性抛盘将不坚定的多头洗出局，一旦他们出局，股价就开始重新上涨。其实，只要你不是贸然地买入并在底部惊慌失措地卖出，买入是比较自由的事情。

　　市场顶部的基础则是贪婪，赚钱的愉快情绪会持续很长一段时间。当看多者赚钱时，就算后来亏了钱，他们还是会建议朋友买入。所以顶部比底部更持久、形态更不规则，从图7-7中可以看到在上升趋势中，FI指标的尖角上涨并不意味着顶部的到来，而往往是上涨趋势的中继。

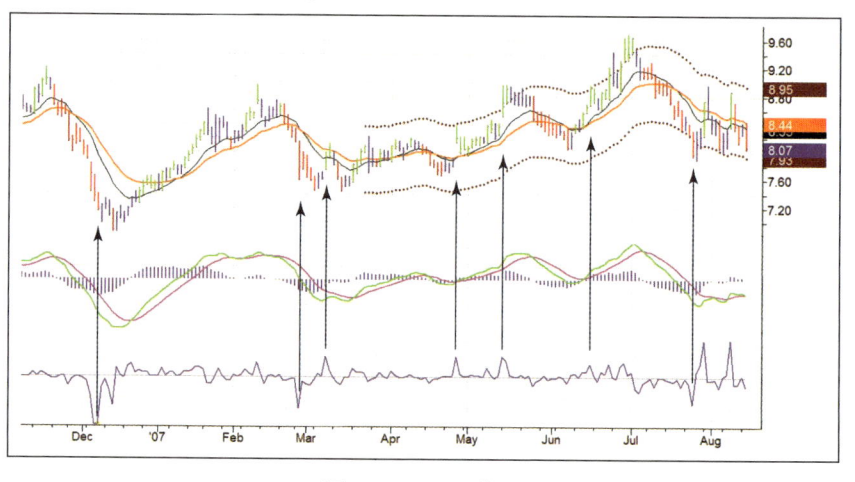

图 7-7　FI 日线图

　　FI 指标清晰地反映出价格顶底的不对称性，指标尖角下跌是市场惊慌失措的标志，表明多头已经衰竭市场即将反转。FI 指标的尖角下跌并不意味着那一天就是市场的底，但它表明周线级别的多头持有者正在落荒而逃，买入机会可能随后就来。

　　市场的底部在图表中容易找到，但市场的顶部持续时间较长，且由于过多假突破而难以辨识下跌开始的那个顶。只要看多者找到资金，他们就投入到市场中，于是市场就出现了很多看起来像顶部的顶。这种简单的向上假突破在市场顶部非常典型。

图7-8来自我的交易日记，我在6月份做空RL，之后股价上演了一次向上假突破并伴随着大量的顶背离。我认为假突破已经为下跌扫清障碍，但下跌来得很缓慢。在股价暴跌之前，价格又涨到了较高的位置，这非常考验交易者的耐心。股价就像一只中箭的牛，仍然在做最后的挣扎。

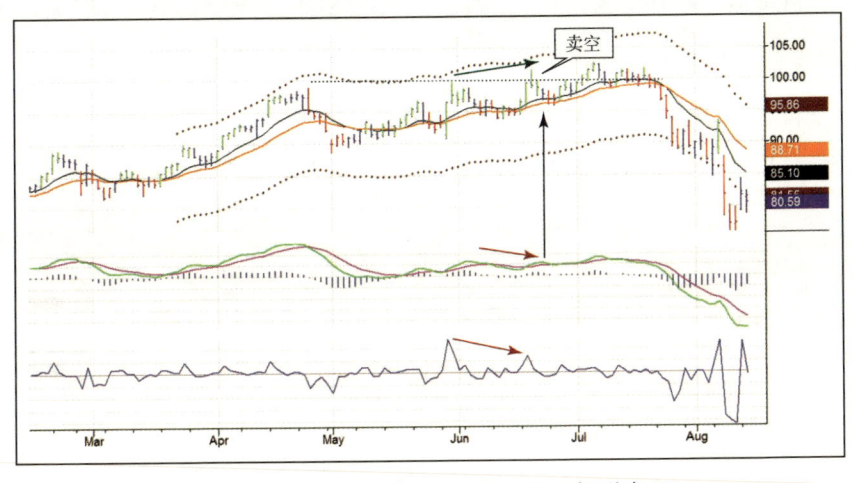

图7-8    RL日线图，不规则的顶部形态

市场顶部的这种行为使得做空比做多更困难，顶部做空时需要更宽的止损，增加了每股的风险值，但如果使用紧随性止损，你遭受双重打击的风险将大大增加。

下一节继续讨论一些重要的做空机会及风险。

## 顶部做空

顶部做空比底部做多要困难。下跌趋势即将结束的时候，市场通常表现出烦躁和不安，成交量低且价格窄幅波动；而价格在牛市顶部时，可以想象，成交量巨大，价格波动幅度也很大。如果买入就像是骑上即将跨越栏杆的马，那么做空的感觉就如同骑着在原野上奔跑的马一样。

顶部做空时决定交易结果的关键是资金管理。交易者的交易规模必须小，另外，如果止损，还要做好再进场的准备。如果你准备一次使用掉所有的风险额度，一次假突破之后你就失去了再进场的机会。顶部做空时，交易者的交易头寸应当小于资金管理规则中允许的最大交易头寸，这样才能在股价于己不利时控制风险。交易者需要通过这种方法"制服这匹野马"（见图 7-9）。

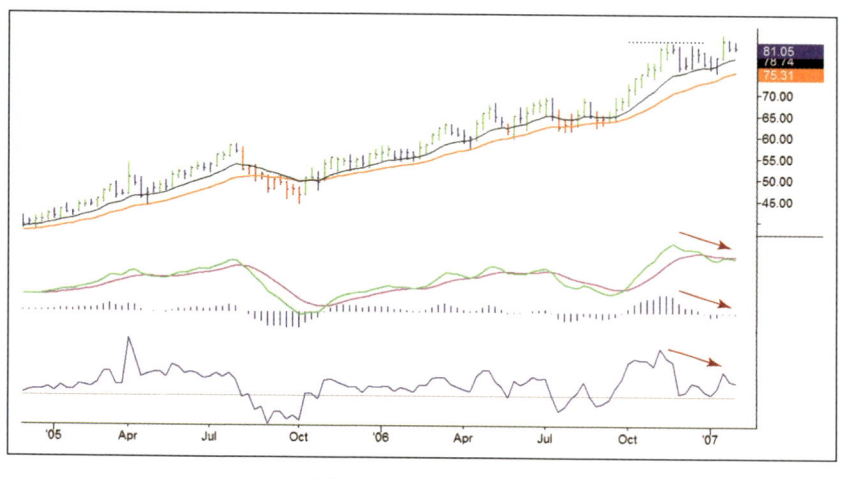

图 7-9　JCP 周线图

2007 年 1 月的在线会议上，一位叫黛博拉·温特斯的交易者请我帮他分析 JCP。我已经多年没有关注这只股票了，但当看到这只股票时我眼前一亮：股价对抗着疲弱的大盘，周线图显示 JCP 大跌就在眼前：

- 股价很高，一直在最高点稍低的地方震荡。
- 两周前创新高失败后股价又回到震荡区间。向上假突破就是强烈的做空信号。

- 周线价格在价值之上，也就是在移动平均线之上。

- MACD 线及 FI 出现明显的顶背离，尽管 MACD 柱没有出现顶背离，但正在下跌。

JCP 的日线图走势确认了周线给出的信号，预示着股价就在顶部附近（见图 7-10）。日线上出现明显的假突破——假突破当天股价留下长上影，之后股价滑入震荡区间。同样，MACD 线和 FI 指标出现顶背离，MACD 柱没有顶背离。只要在线会议给出的品种有吸引力，我就当场宣布我很可能交易这个品种，这也正如我在 JCP 上的行动一样。我的止盈目标是 75 美元，也就是周线图的价值区。止损价在 88 美元，尽管这次交易的损益比不是非常高，但技术信号告诉我价格下跌的概率远远大于上涨的概率。

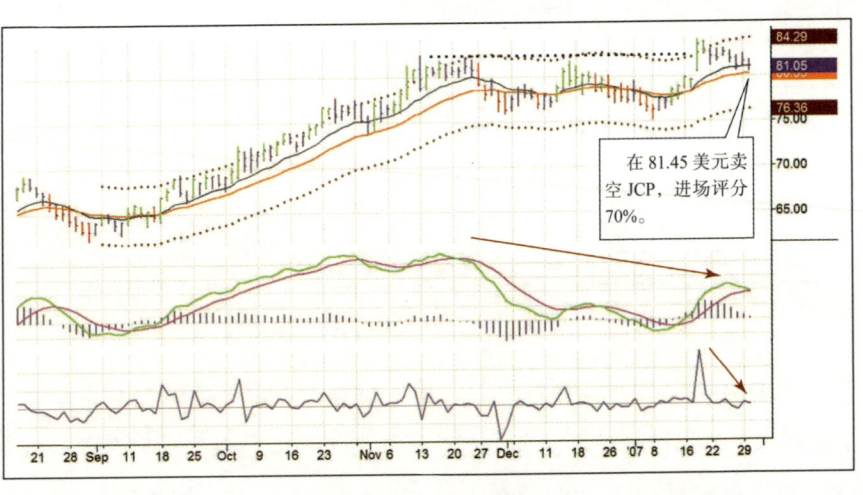

图 7-10   JCP 日线图

| JCP | 做空 | 日期 | 上轨价 | 下轨价 | 日内最高 | 日内最低 | 评分 |
|---|---|---|---|---|---|---|---|
| 入场 | $81.45 | 2007 年 6 月 30 日 | $84.09 | $76.56 | $81.79 | $80.66 | 70% |
| 出场 |  |  |  |  |  |  |  |
| 损益比 |  |  |  |  |  | 总评分 |  |

理想的卖出和做空点是在日线图中价格接近通道上轨时，我要避免在价值附近或低于价值时做空。我也拒绝在通道下轨处做空，因为在那里还预期价格下跌的话有点过分冒险。因为强烈看空，所以我在价值附近做空，比理想的入场点低一点。这不是一个好的入场点，因为在 EMA 附近做空不会得到软通道效应（上轨对价格形成的压制）的任何帮助，但是，日内入场价仍然不错，在高位成交，得到 70% 的评分。

日线图有助于理解因做空带来的心理压力。出场图表（见图 7-11 和图 7-12）表明我做空太早，之后的几个星期持有空单让我备感压力。有两个原因让我继续坚持：一是我强烈看空市场并大量放空，一些空单的表现比在 JCP 上做空的表现要好得多，增强了我看空的观点；二是我在 JCP 上的交易规模占总资产的比重很小，如果当时我使用紧随性止损，可能已经止损出局了。不贪婪的交易者如果有一个大账户就有这样的优势，如

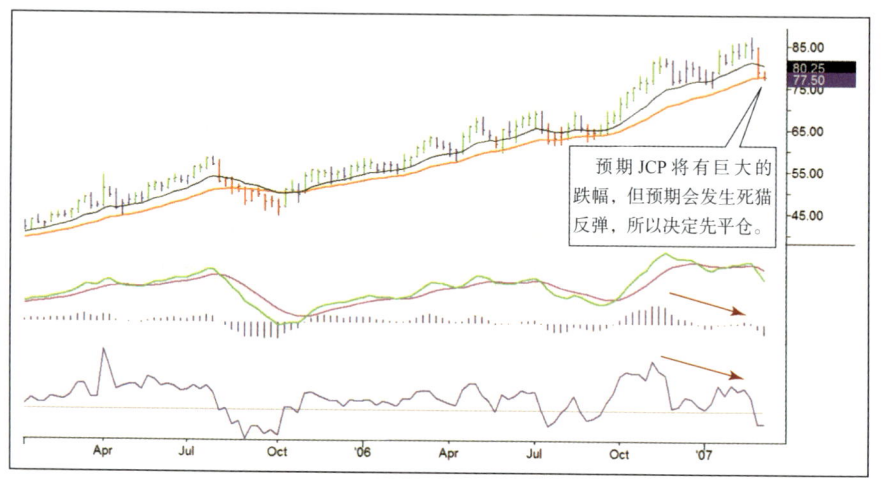

图 7-11 JCP 周线图出场

获利了结。价格跌到快速 EMA 线之下，甚至一度跌到慢速 EMA 线之下，但跌速趋缓；同时，周线 FI 指标已经出现了尖角下跌，是见底信号，MACD 柱也跌到可能筑底的水平。下跌的最大部分看起来结束了，所以没有理由等待价格再跌到初始预定的 75 美元目标位置。

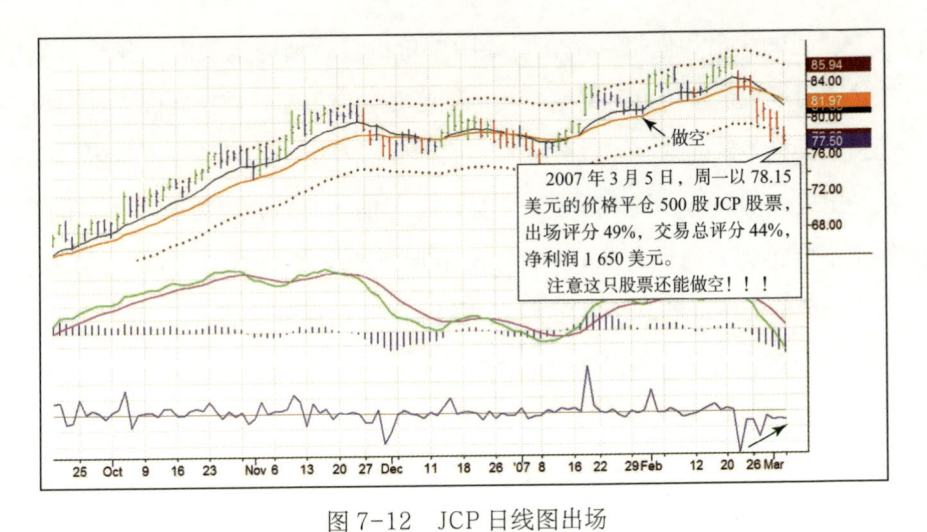

图 7-12    JCP 日线图出场

本次出场得分不算差，49%，总交易评分44%，A级，我从这次交易中获得的利润比看到的少，整个交易入场太早，利润空间不大而且还承受了不小的压力。

| JCP | 做空 | 日期 | 上轨价 | 下轨价 | 日内最高 | 日内最低 | 评分 |
|---|---|---|---|---|---|---|---|
| 入场 | $81.45 | 2007 年 6 月 30 日 | $84.09 | $76.56 | $81.79 | $80.66 | 70% |
| 出场 | $78.15 | 2007 年 3 月 5 日 | | | $79.05 | $77.21 | 49% |
| 损益比 | | | | | | 总评分 | 44% |

果单次交易账户总风险只有0.25%，他也可以把这个总风险额度提升到0.5%或者更高，只要在2%上限以内就行。满仓交易的小账户就没有这种选择，拥有大账户就像开着大马力汽车，你不必要一直全速前行，因为当发现还有余力可用的时候会非常舒服。

在这次交易进行过程中，我一直和黛博拉保持联系，我鼓励她坚持，尤其是期间的几次反弹，我不断告诉她让她坚持。我的一个交易原则是，如果我采用朋友的建议做交易，我就告诉他我在哪里进出。和朋友分享交易就像分享一顿美味大餐或一同旅行一样（见图7-13）。

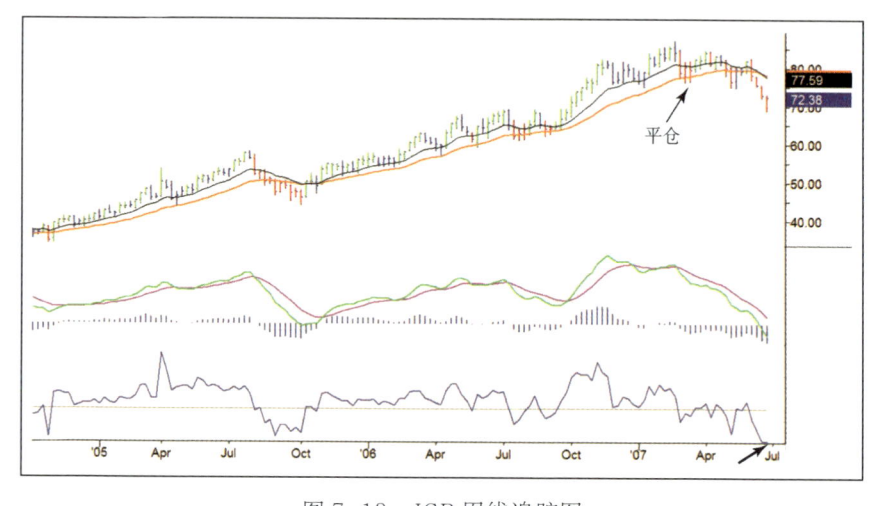

图 7-13　JCP 周线追踪图

## 下跌趋势中做空

几年前，在一次由悉尼技术分析师协会举办的晚宴上，我结识了坐在我旁边的建筑师，他告诉我每年他都会飞往西班牙参加在潘普洛纳举行的奔牛节。当与牛群在古老而狭窄的街道中一同奔跑时，人们都会从金钱的欲望中释放出来。一群人冒着被牛刺伤或踩伤的风险跑在牛群前面。于是我就问他为什么每年都参加奔牛节，他说没有比致命危险更让人感觉到活着的存在了。

我有时就想，在顶部做空很像在牛群之前奔跑，不仅是利润吸引着人们这样做，还有战胜挑战和比大众跑得快的满足感掺杂其中。

还有一种做空的方法，这种方法不必与牛市纠缠在一起，那就是等到牛市结束时才做空。这种做空方式的满足感可能不如顶部做空那么强烈，但成功率却大幅提升。但要记住，这种做空方式不是没有风险，我们要用最小的风险控制方式来规避这种做空方式的风险。我们一起学习在下跌趋势中做空股票的案例（见图7-14），请看图中用方框框起来的部分，并在日线图中继续研究这部分走势。

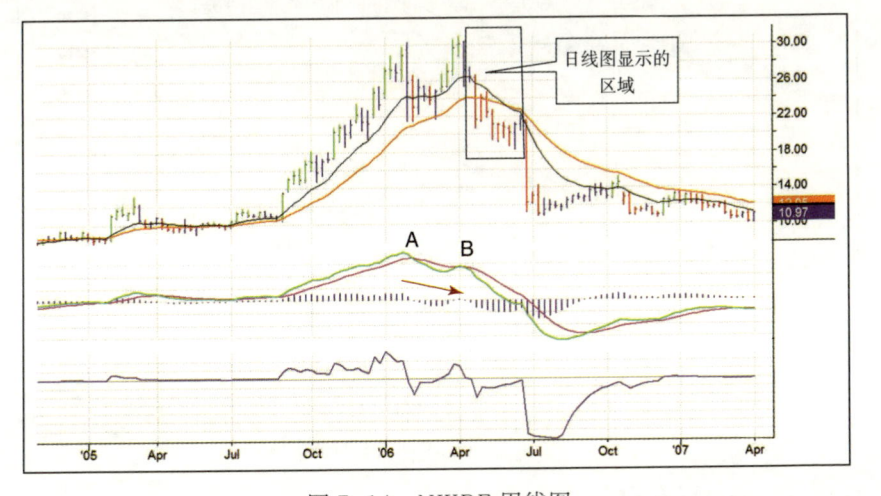

图7-14　NWRE周线图

　　NWRE周线图显示在2006年年初接近顶部时极好的做空机会，向上假突破，图中A点到B点的顶背离，提醒着做空者放空。我们从图的中间部分可以看到交易信号非常清晰，但越接近图的右侧，市场变得越模糊。尽管图的中间部分很美，但当时我也没有找到做空的经纪人，他们都希望我当时就交易。

　　这部分下跌走势在日线图中是图7-15中画有通道的部分（见图7-15）。

　　下跌趋势中做空的要点是当价格接近价值时做空，如图7-15中间部分所示。平仓获利了结的时间是价格跌到或跌破通道下轨，我们要在价值区做空，并在低于价值的区域平仓。

　　4月份早期，NWRE暴跌后，价格回拉到价值区，也就是两条移动平均线中间的区域。这次回拉给交易者做空的机会，之后价格再度下跌，并跌破通道下轨。5月份，价格又回到价值区，又给出了做空的机会；5月中旬，价格跌破通道下轨进入超卖区，预示着该平仓了。这种钟摆式的运动一直持续到图的右侧，之后又持续了一段时间。

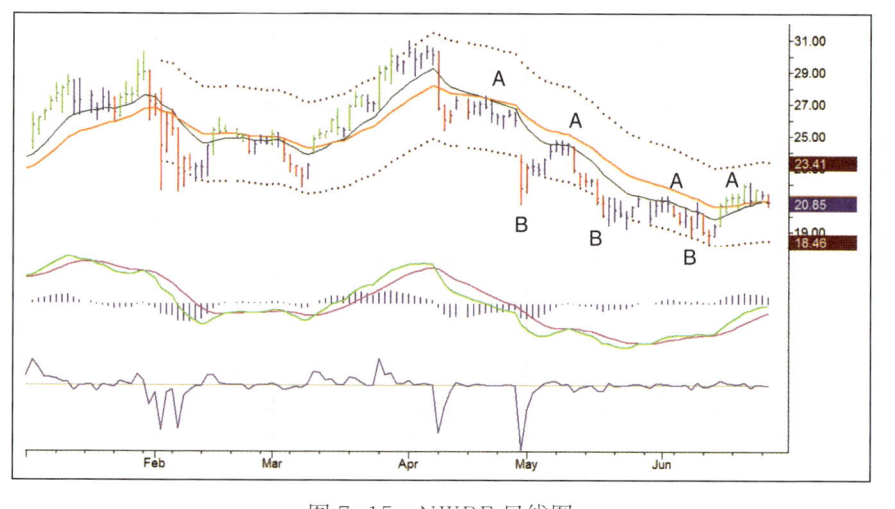

图 7-15　NWRE 日线图

A.价值，做空　　　　　B. 超卖，平空

我们看到周线图中的向上假突破在日线图的中间部分依然清晰可见，使用日线图观察这种下跌非常有用，就像我们看到了即将被宰杀的牛一样。

做空时使用通道会给交易者提供一系列清晰定义的交易机会。当然，在市场中没有什么事情是完全简单的，也有一些潜在的危险。其中一条就是，无论周线图表还是月线图表，每次价格回到价值区和跌到超卖区的情形都完全不同。做空时不能太贪婪，必须在抓住"快钱"后赶紧离场。

接下来要讲的是对衡量做空质量非常有用的通道评分法。你是否记得，抓住通道宽度30%以上获得 A 评级，任何通道的 1/3 宽度等于从 EMA 线到通道线之间距离的 2/3。这个距离对于交易者来说必须牢记在心并作为不断追求的目标。从技术上讲，这不是特别困难的工作，从心理上讲却是极度困难的。在出局过程中有两个敌人：贪婪和完美主义，它们都会导致在市场中停留过久而错过出场机会。

为了成功使用通道进行交易，你必须设置现实的交易目标，并就此知足。禁止在偶尔错过大行情后惩罚自己。

总结本节内容：

- 战略性决策在周线图表上制定，战术性计划在日线图表上制定。
- 技术分析中，MACD 柱的背离是最重要的信号之一。
- 使用通道进行交易降低了风险，同时也减少了潜在回报。
- 交易者必须对短期交易进行评级，通道评级法是不错的选择。
- 使用通道指标进行交易，交易者必须实时盯盘，以在达到盈利目标后及时退出。

## 基本面做空

期货市场上，基本面分析者研究商品的供求关系，而股票基本面分析者通常会分析公司的财务数据；技术分析者研究市场中买卖双方交易的痕迹，聪明的交易者能将两方面结合分析并从中获利。

交易者不需要成为这两方面的专家，最好有个侧重。在使用两方面数据时不能出现信号互相矛盾的情况。如果其中一个发出强烈买入信号，但另外一个却是卖出信号，最保险的做法是不要交易。

技术分析交易者可以在股票、期货、指数和外汇上使用同样的技术指标，但基本面分析者就不能这样了。一个基本面分析师不可能同时是债券和原油的分析专家，股票基本面分析师也不可能同时是生物行业和国防业的专家。

使用基本面分析展开交易主要采用两个途径：宽幅筛选和窄幅分析。宽幅筛选的意思是交易者要对影响市场的主要基本面趋势有一定了解。例如，如果要寻找备选股票，就需要知道生物技术或纳米技术比日化行业或家电行业要有优势。这种基本的认识会让你关注市场中更有潜力的领域。第二个途径是从基本面分析得出候选交易股票，然后用技术分析方法进行过滤。这种方法的关键是把基本面分析当作交易信息来源的发生器，技术分析当作瞄准器。技术方法既可以让你从强迫交易中解脱出来，也可以让你在情势不利的情况下免遭巨大亏损。<sup>⊖</sup>

无论基本面的故事讲得多美妙，只要技术面因素不支持，就不能参与交易。这个原则在牛市和熊市信号发出时都适用。但如果基本面发出交易信号而且技术面也确认了这个信号，这种交易方式就非常不错。下面我将举例说明上述方法。

2007 年 2 月 10 日的那个周末，我收到来自 Spike 集团的赛·克里兹发来的电子邮件（如图 7-16 所示）。集团成员每周末都会把他们挑选出来的最好的股票发给会员以获取奖励，大多数周末我都会选择一只喜爱的股票来交易。

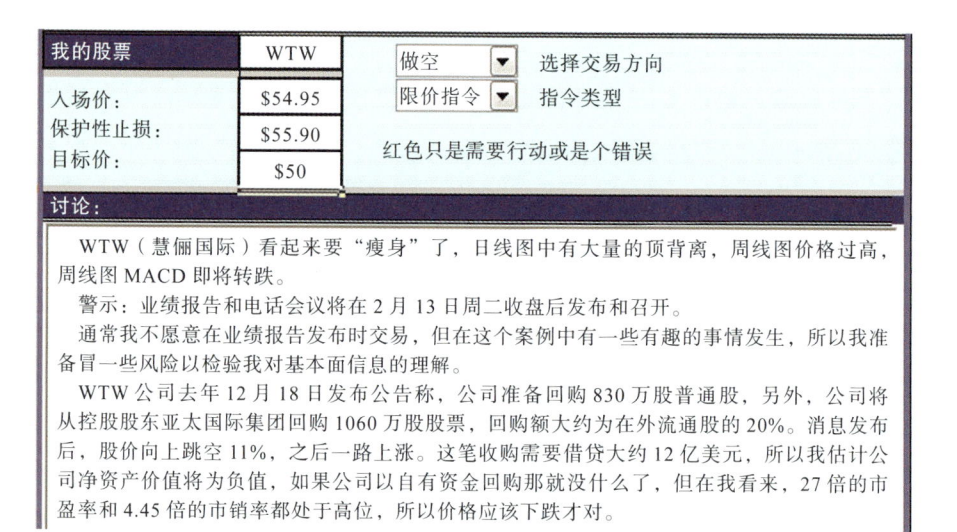

图 7-16　WTW 周线图

这些股票中有些是基于技术分析的，但这只股票写了很多与基本面有关的信息。赛写道：WTW 看起来要"瘦身"了，日线图中有大量的顶背离，周线图价格过高，周线图 MACD 即将转跌。

警示：业绩报告和电话会议将在 2 月 13 日周二收盘后发布和召开。

通常我不愿意在业绩报告发布前交易，但这个案例中发生了一些有趣的事情，所以我准备冒一些风险以检验我对基本面信息的理解。

WTW 公司去年 12 月 18 日发布公告称，公司准备回购 830 万股普通股，另外，公司将从控股股东亚太国际集团回购 1 060 万股股票，回购额大约为在外流通股的 20%。消息发布后，股价向上跳空 11%，之后一路上涨。这笔收购大约需要 12 亿美元的借款，所以我估计公司净资产价值将为负值，如果公司以自有资金回购那就没什么了，但在我看来，27 倍的市盈率和 4.45 倍的市销率都处于高位，所以价格应该下跌才对。

赛写道，他准备在 54.95 美元做空，止损在 55.90 美元，盈利目标是 50 美元。他写这些基本面信息的意思是说，这只"鸟"财务上"失血过多"，却想越飞越高，再往高处飞是不现实的。周线图看起来非常糟糕（见图 7-17）。

交易头寸过大会让交易者倍感压力并影响决策能力。如上面的注释所说，我在这次交易中使用了两倍于常规的交易头寸，尽管远没有达到 2% 的风险上限，但双倍交易头寸耗去我更多精力。头寸过大影响了我的判断。

通常情况下，如果股票下跌时伴随着巨大的向下跳空缺口，就没必要急着平仓，价格会在缺口附近停留一阵以检验支撑强度，这会给交易者很多平仓机会。但是这次交易了双倍头寸，我在 48 小时内就赚了 1 万美元的利润，我开始担心利润会不会回吐，而且价格一开始从缺口开始的地方反弹，我就紧张不安，于是平仓。

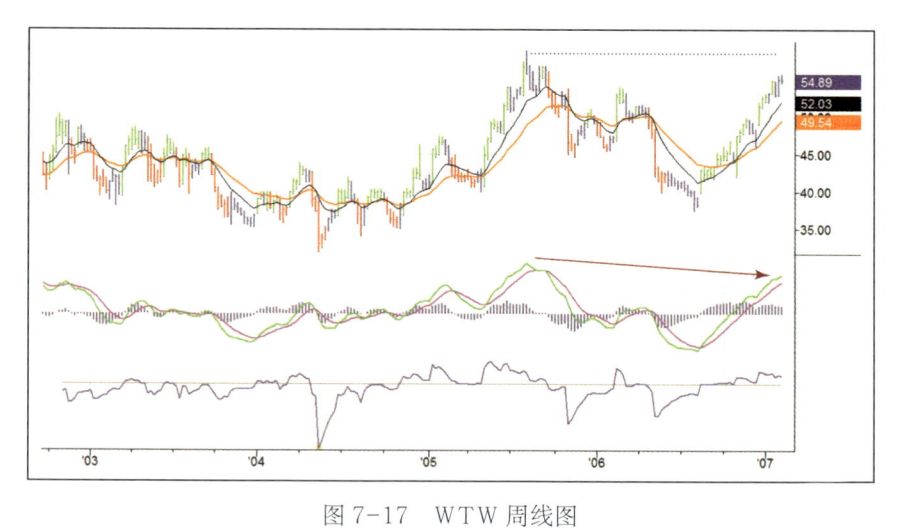

图 7-17　WTW 周线图

WTW 股价接近 2005 年高点的压力区，MACD 线顶背离，FI 指标开始下沉。

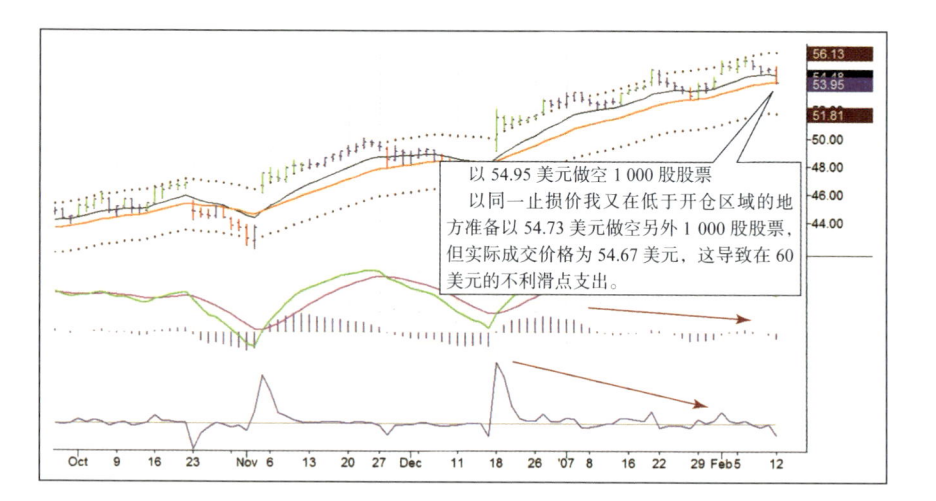

图 7-18　WTW 日线图入场

日线图显示 MACD 线、MACD 柱和 FI 指标背离严重。股价在峭壁边缘保持不动，即将暴跌。

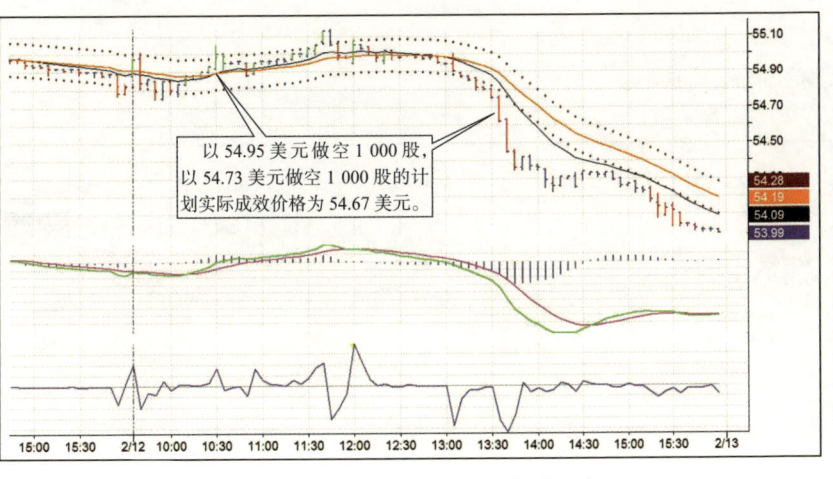

以 54.95 美元做空 1 000 股,以 54.73 美元做空 1 000 股的计划实际成效价格为 54.67 美元。

图 7-19　WTW 入场,五分钟图表

糟糕的基本面和技术面的顶背离一起出现让我决定使用双倍头寸做空。在以赛建议的价格做空 1000 股之后,我又在价格刚跌破下沿的时候以 54.73 美元做空 1000 股。WTW 当天平开,反弹失败后掉头向下,并加速下跌。我的第二个指令以 54.67 美元成交,不利滑点让我多付出 60 美元的成本,这是交易佣金的 6 倍。

| WTW | 做空 | 日期 | 上轨价 | 下轨价 | 日内最高 | 日内最低 | 评分 |
|---|---|---|---|---|---|---|---|
| 入场 1 | $54.95 | 2007 年 2 月 12 日 | $56.85 | $51.09 | $55.14 | $53.95 | 84% |
| 出场 | | | | | | | |
| 损益比 | | | | | | 总评分 | |
| WTW | 做空 | 日期 | 上轨价 | 下轨价 | 日内最高 | 日内最低 | 评分 |
| 入场 2 | $54.67 | 2007 年 2 月 12 日 | $56.85 | $51.09 | $55.14 | $53.95 | 61% |
| 出场 | | | | | | | |
| 损益比 | | | | | | 总评分 | |

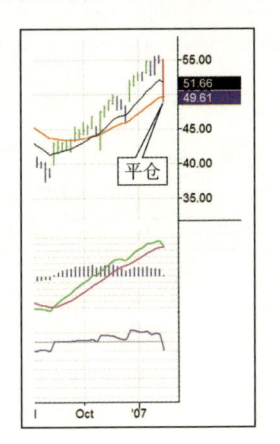

图 7-20　WTW 周线图,出场

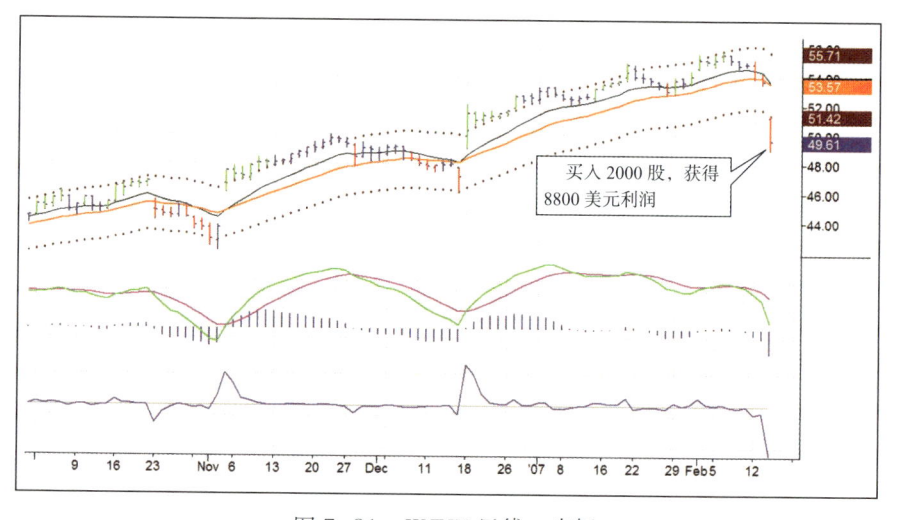

买入 2000 股,获得 8800 美元利润

图 7-21 WTW 日线,出场

在我周一做空后股价几乎以最低价收盘,第二天收盘在前一天收盘价附近一点,但由于周三的业绩报告中,投资人不喜欢管理层对业绩报告和电话会议的解释,股票跳空下跌,达到了赛所说的盈利目标。

WTW 周线图显示股价猛烈下跌,对我来说,交易已经按预期结束了。而仅仅几天前,WTW 股价还在周线图的价值之上,所以在价值之上做空股票并等待价格跌回到价值区的做法很有意义。既然目标已经达到,也就没有必要再纠缠其中。当然,之后股价继续下跌并且低于价值,但那是后话了。在市场中有很多交易理念,你必须选择让你感觉舒适的其中之一来展开交易。这次交易的理念是在价值之上放空并在价值附近平仓,在价格到达价值区后,我的选择是落袋为安。

| WTW | 做空 | 日期 | 上轨价 | 下轨价 | 日内最高 | 日内最低 | 评分 |
|---|---|---|---|---|---|---|---|
| 入场 1 | $54.95 | 2007 年 2 月 12 日 | $56.85 | $51.09 | $55.14 | $53.95 | 84% |
| 出场 | $50.39 | 2007 年 2 月 14 日 | | | $51.38 | $49.03 | 42% |
| 损益比 | | | | | | 总评分 | 79% |
| WTW | 做空 | 日期 | 上轨价 | 下轨价 | 日内最高 | 日内最低 | 评分 |
| 入场 2 | $54.95 | 2007 年 2 月 12 日 | $56.85 | $51.09 | $55.14 | $53.95 | 61% |
| 出场 | $50.40 | 2007 年 2 月 14 日 | | | $51.38 | $49.03 | 42% |
| 损益比 | | | | | | 总评分 | 79% |

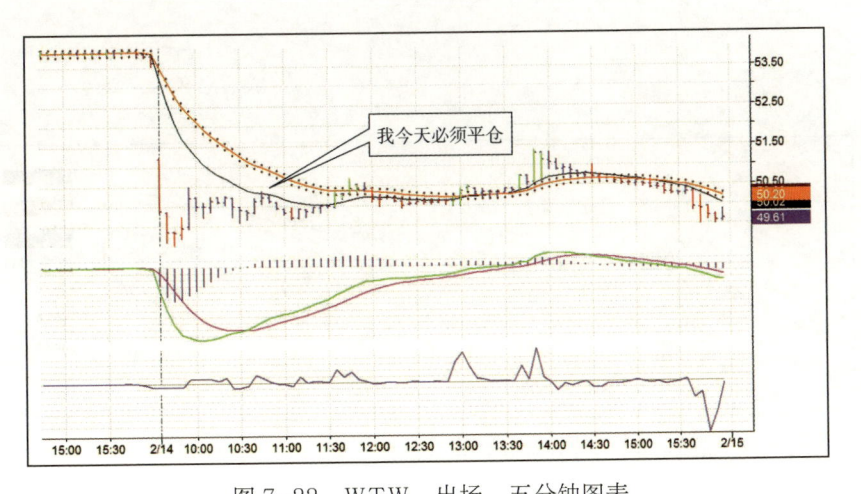

图 7-22　WTW，出场，五分钟图表

　　作为一名主观交易者，我不使用限价指令平仓，当 WTW 开盘击穿赛的目标时，我就等着看这次下跌还会不会持续；WTW 开始反弹时，我平掉了先前两次做空的头寸，平仓价相差 1 美分。

　　这是一次非常草率的平仓，只获得了 42% 的评分，但总交易评分却达到了 79%，非常不错。如果我再持有得久一些，成绩会更好（见图 7-23）。

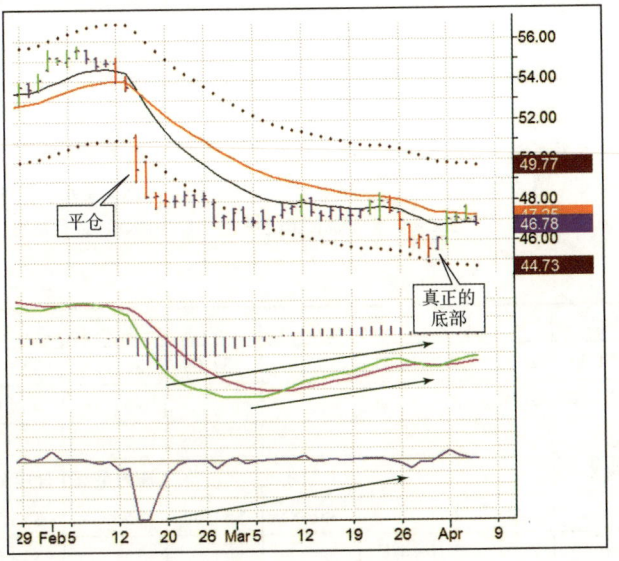

图 7-23　WTW 后续追踪图

　　做好可视化交易日记让你有勇气重新观察已经完成的交易，并从后见之明中获益。这幅后续追踪图，是我出场后大约 8 周的走势图，显示对有耐心的交易者来说他的利润可以加倍。我不需要使用双倍头寸来期许更多利润，正常的头寸加冷静的头脑，也会取得同样的成绩。

本次交易的心得：

- 只要技术面支持，基本面信息会提供有用的交易信号。
- 两条移动平均线之间的价值区对价格有吸引作用，价格总是在价值上下波动。
- 大头寸进行交易对我们的决策有负面作用。
- 做好交易记录很有必要。

可视化交易日记是非常有用的学习工具，如果做好交易记录，当回头看这些日记时，你会从经验中受益，回顾交易日记会让你变成更好的交易者。

## 寻找可以做空的股票

我主要使用两种方式来寻找可以做空的股票，一个简单另一个比较困难。当然，简单的方式也不是那么简单，主要是由 Spike 集团或者其他组织推荐的候选股票。我已经向他们描述了我的交易方法，他们就按照这种方法为我提供股票，然后我再使用我的系统进行分析并决定是否交易。我的交易系统，在本书开始的时候就已经介绍过了，要交易股票必须是用系统确认过的。有很多聪明人扫描市场，寻找交易机会，并把交易机会发给我，这其中也有不少好的交易机会。我用三重滤网系统和组合系统确认是否应该交易这些股票以及该使用哪些参数。

困难的方法是翻遍整个股票市场寻找交易机会。我先分行业和子行业扫描，然后寻找那些看起来有做空机会的股票（见图 7-24）。如果你喜欢在顶部做空，就找那些看起来高而不稳的行业；如果你喜欢在下跌趋势中做空，就找那些已经确立下行的行业。如果你找到了有做空潜力的行业或子行业，就把行业或子行业中的成分股找出来，逐一寻找具体的做空对象。

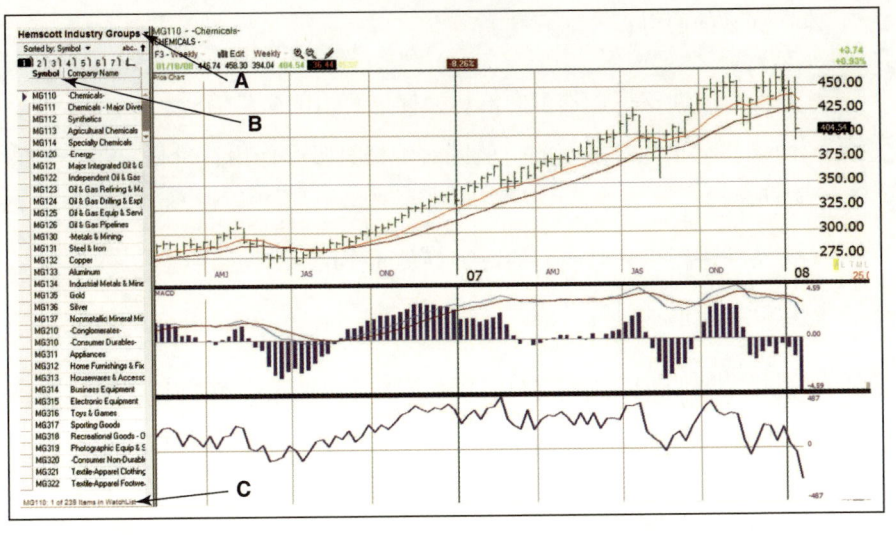

图 7-24　用 TC2007 扫描行业

A. 点击按钮寻找行业　　　B. 点击按钮做空　　　C. 共有 239 个行业和子行业

　　当看过上百个行业的股票后，你与市场的距离就非常近了。你会发现，在精挑细选的行业中分析个股的做法更有效率。我的一些朋友向我提供了自动筛选程序，但是我想亲自看看这些行业和子行业的价格走势。总体而言，我每个月做两次这样的工作。

　　我喜欢使用 TC2007<sup>⊖</sup>（www.TC2000.com）完成这项工作。程序把整个市场的股票分成 239 个行业及子行业，并且很容易从行业或子行业中找到对应的成分股。图 7-24 显示开始扫描，选择证券目录，选择"行业"，然后从分类列表框中选择"Symbol"。因为通常在周末做这项工作，所以我想看到包含我使用的技术指标模板的周K线图，这些指标包括两条移动平均线、MACD 线、MACD 柱和强力指标。当然你也可以在其他软件上做这项工作。

---

　　⊖　图 7-24 至图 7-28 就是我用 TC2007（Copyright 1997-2007, Worden Brothers, Inc, All rights reserved）画的。

在今天的扫描中我发现了有吸引力的行业，即 MG135- 黄金行业
（见图 7-25）。周线图显示行业指数近期创出新高，但未能保持住而是
跌回到下面的支撑位，留下向上的假突破，这是市场弱势的绝佳信号。
MACD 柱显示顶背离，这是另一个市场走弱的绝佳信号，然后在子行业中
寻找可以做空的对象。

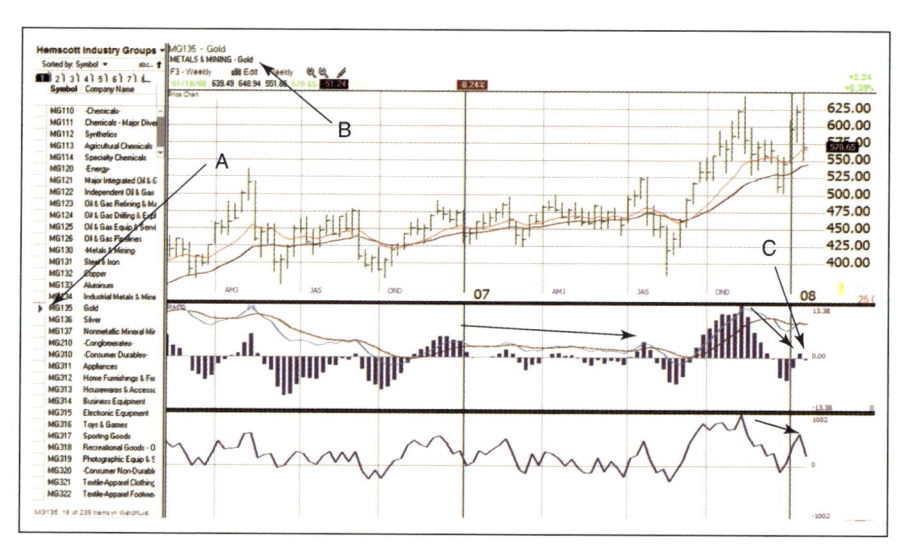

图 7-25 在 TC 中选择一个行业

A. 正在查看的有吸引力的行业 　　　B. 点击此处查看子行业成分股 　　　C. 丢失的右肩

鼠标点两次进入子行业的成分股列表界面（见图 7-26），我们从这里
寻找做空对象。

首先，家庭作业要合乎程序。我们要对行业或子行业的成分股进行价
格排序，而不是用其他的"Symbol"（见图 7-27）。在寻找做空目标时，
我首先想看到的是最贵的股票，当想买入股票时，我想先从最便宜的股票
入手——低买、高卖（见图 7-28）。

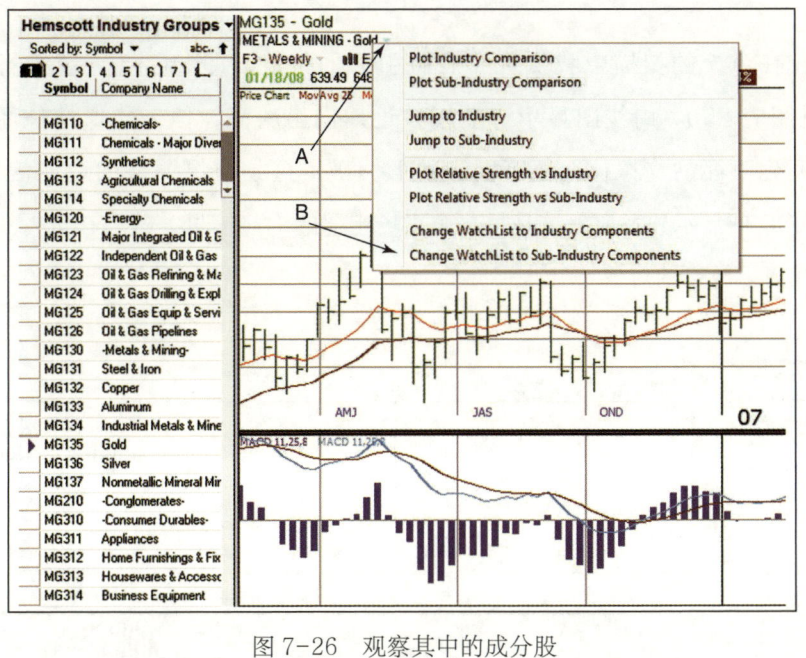

图 7-26 观察其中的成分股

A.鼠标右键打开菜单　　　　　　B.点击查看构成该行业的子行业股票列表

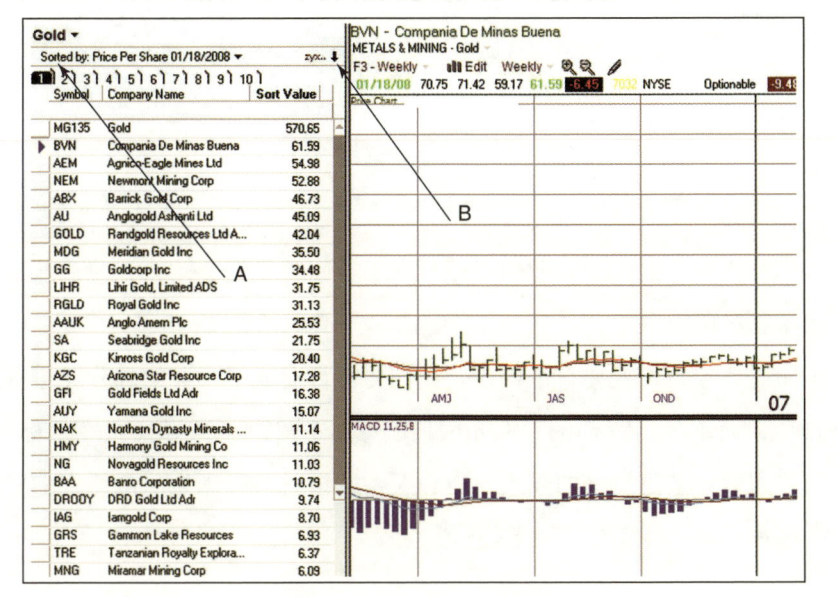

图 7-27 成分股分类

A.点击此处将成分股按股价分类　　　　　　B.点击此处对成分股股价从大到小排序

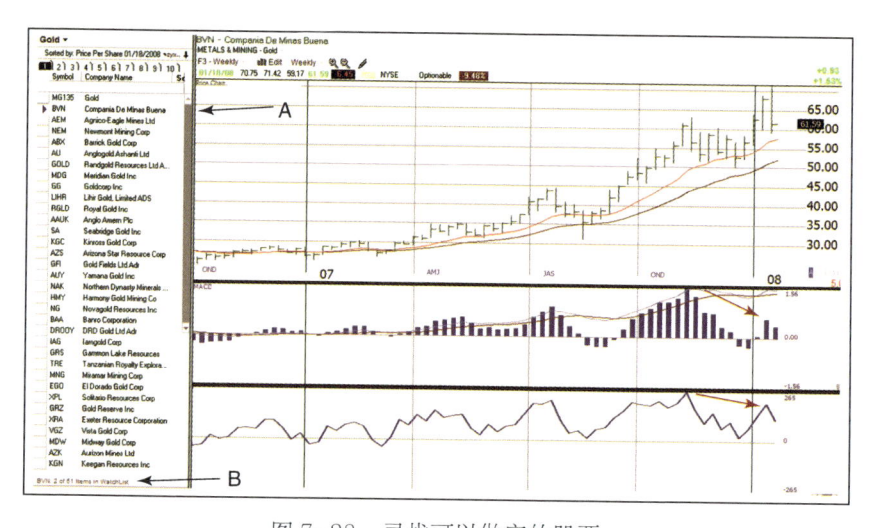

图7-28 寻找可以做空的股票

A. BVN 是这个子行业中最贵的股票　　B. 子行业中有 50 只成分股

BVN——布埃纳文图拉开采公司的股价模式与子行业指数走势非常像，可以从这幅周线图表中看到几个非常强烈的做空信号。现在我们再看日线图表以做出战术决策，包括在哪里入场、止盈止损该设在哪里；现在我们还要使用资金管理规则决定交易头寸。最后，你需要为此次交易计划创建可视化交易日记。

此时，我通常把软件切换到 TradeStation(www.tradestation.com)。TC 拥有强大的扫描功能，但 TradeStation 拥有更多的技术分析工具。再次强调，工作步骤的顺序比任何特定的软件都重要。我们刚刚讨论的查找过程可以让你监视整个股票市场，但是把目光转向缩小范围、寻找特定股票时需要大量的时间。

## 衡量空头强度的指标

俗话说，"祸不单行"，那么好事就一定成双吗？或许好事只能独自来临。我们知道多数人都会亏钱，只有少数人能稳定盈利，成功的交易往往与大众交易的方向相反，所以在做空股票时你该知道你做空了公司多少股票。

很少有人做空股票，所以做空股票的数量往往只占公司总股本的很小比例。如果你想考察一只股票做空者的参与程度，有两个指标可供参考：空头持仓比率和平空所需天数。

空头持仓比率是被做空的股票占可供做空的股票的比例，交易者可以用发行在外的股票减去下列三类股票后得出可供做空的股票总数，这三类股票包括：高管持有的非流通股、持有公司总股本5%的战略投资者以及内幕交易者持有的股票。如果从总股本中把那些不太可能在市场中卖出的股票减去，你就会得出有多少股票可供做空，这就得出了可供做空的股票数。

经纪商会向交易所报告每只股票的空头未平仓数量，交易所将每只股票的空头未平仓数据加总后公之于众。交易者可以将每只股票的未平仓股数除以可供做空的股票数得出空头持仓比率。这个数据可以反映特定股票的做空强烈程度。

当空头持仓比率上升时，表明做空规模在增加。交易者要明白每只股票的空头头寸最终都要平仓，所以当空头开始恐惧并平仓时，速度会非常快。空头平仓造成的上涨因速度太快而声名狼藉，如果空头持仓比率增加，就表明股票未来可能有一次剧烈的向上运动。

空头持仓比率没有对安全和危险水平进行清晰的定义，每只股票中该数据的意义都不同，尤其是含有期权的股票，因为投机商可能做空股票的同时也买入看涨期权以获得交易价差的收益，而非看空股价走势。一般而言，空头持仓比率少于10%通常是可以忍受的，但当该比例达到20%的时候，这个做空规模就大得让人怀疑。

另一个衡量看跌强度的工具是平空所需时间指标，将总的空头头寸除以日平均成交量就可以得出该指标数据。这个指标的意义是空头需要多少天才能平掉头寸。

如果在人群拥挤的电影院中有人喊"着火啦",无论是否真的着火,人们都会夺路逃跑。无论涨跌,价格小小的变动都会触动市场神经。做空者在股票下跌时可能变得懒惰而自满,但他们却在强烈平空上涨的行情中有更强的出场愿望,加剧上涨的痛苦使其自食恶果。

在电影院中四散逃跑时,踩踏事件不可避免,如果平空所需时间少于一天,就表明"窄门"前人不多,"踩踏事件"也不太可能发生。但如果平空所需时间多于 20 天(有时甚至多于 50 天),表明股票对空头来说已经相当不安全,需要很长时间才能平仓出局,肯定有人因"踩踏事件而死",因为此时很多人要通过那扇"窄门"。

但要注意那扇门可能很快就会变宽,让做空者更易出局并减少平空所需时间。例如,现在有 1 000 万股未平仓股票,日均成交额是 100 万股,平仓所需时间就是 10 天。如果日均成交额上升到 200 万股,平仓所需时间就降低到 5 天。一般而言,当平仓所需时间低于 10 天时,"踩踏"发生的概率就很低;但如果该数据高于 20 天,就一定是个警示了。

对大多数股票来说,有多种方法可以获得空头持仓比率和平空所需时间。例如,交易者可以通过雅虎财经网站,键入关键字然后点击"获得图表",点击页面下部的"关键数据统计",这里面就有"未平仓空头头寸"和"做空比例"。先前提到的克里·劳文说过:

我不以空头持仓数据作为交易依据,我按照我通常使用的方法展开交易,但会把空头持仓作为进出的辅助工具。如果有两只很有吸引力的股票,我更可能买入高空头持仓比率的股票,我知道那些做空的人将来会买回他们的股票,他们是"天然的"买入者。但我不会仅因为股票是高空头持仓比例而买入它(见图 7-29)。

当寻找潜在做空机会时我也会关注空头持仓,此时我主要使用空头持仓比例作为过滤器，来帮助我过滤掉那些空头持仓比例过高的股票。我不想和大众去挤那扇"窄门"。请记住，你和我是同时做空 HANS 股票的（见图 7-30）。

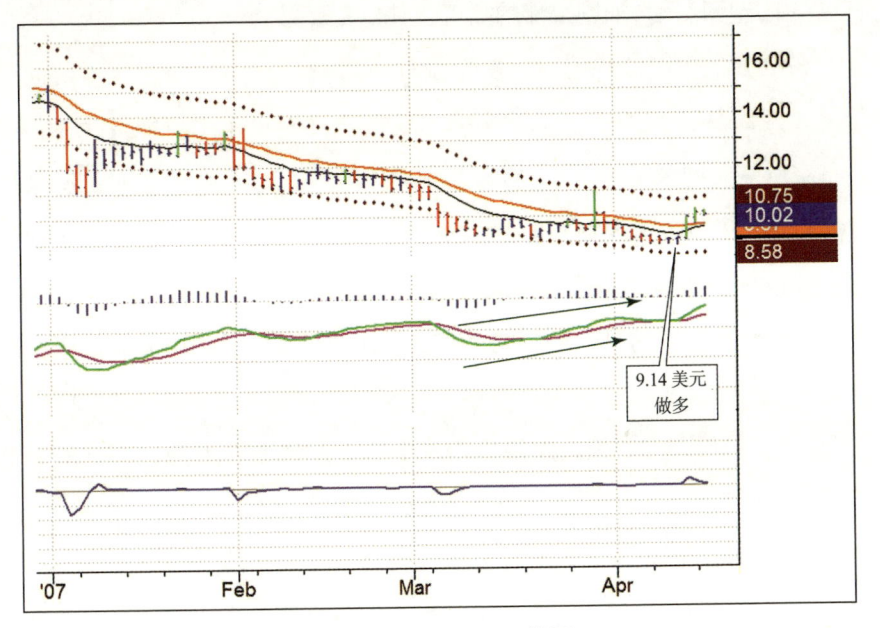

9.14 美元
做多

图 7-29  NURO 日线图

　　我做多 NURO 的原因是指标底背离以及股票很可能发生"踩踏事件"的事实，当时也还有其他有吸引力的股票，让我决定做多这只股票的重要原因是空头持仓过大，空头持仓比例超过 50% 以及平空所需时间超过 20 天。不用说，一个小小刺激都会引发大量的空头平仓，从而引发价格快速上涨。

　　祸不单行，但好事难成双。空头持仓比例和平空所需时间会帮你发现那些空头持仓不多的股票。

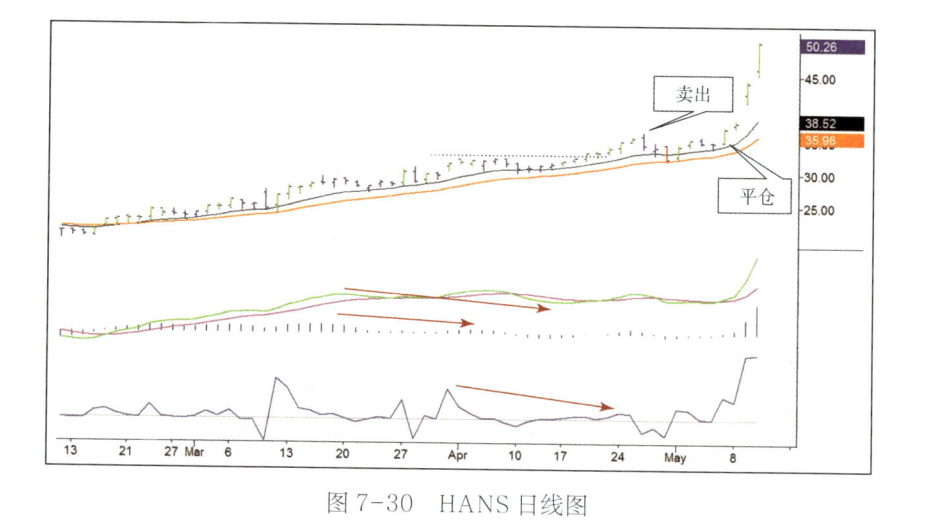

图 7-30　HANS 日线图

　　顶背离非常不错，股票也开始下跌，但我们当时忽略了高空头持仓比例。之后股票不断上涨，而我们不得不止损，再之后股票因为一纸与行业领导者的分配协议而跳空上涨。

# 第 8 章

# 做空非权益类产品

做空股票有一些限制，但做空期货、期权和外汇却完全自由，做空在这些市场上必不可少。作为股票交易者，你必须学会买和卖，做空只是一个选择。因为即便在买入机会很少的熊市，也可以找到景气行业，但如果股票交易者知道如何做空，就能在来回震荡的牛市中取得绝对优势，在熊市中更是如此。所以我建议你学习做空。

股票市场做空的人不多，但在外汇、期货和期权市场上却有大量的人在做空。事实上，做空期货和外汇的规模与做多的规模一样大！在这两个市场，每一张合约都有一张对手合约存在。

做空是衍生品市场不可或缺的部分，与其教你了解衍生品市场，不如在每节中向你推荐我认为的好书。这些书会让你了解到衍生品市场的基础知识，然后在分市场展开讨论时，我们就直接开始介绍如何做空。

## 做空期货

买入股票，相当于买入既存商业的股份，但如果买入期货合约，除了一张与商品对应的合约外，其他什么都没有获得，你的交易对手是在未来把商品卖给你的人。这意味着对于每一张多单，都有一张对应的空单存在，以此形成一张张成交的期货合约，而交易双方要据此合约缴纳交易保证金。

### 期货：推荐书目

乔治·安吉尔的《赢在期货市场》（Winning in the Futures Markets）是最好的入门书籍（这是我唯一推荐的书籍）。杜里斯和琼斯的《期货游戏》（Futures Game）是期货市场的小百科全书，这本书使好几代期货交易者受益（要读最新版）。托马斯·海尔奈莫斯的《期货交易经济学》是期货交易的高级书籍，不过已经很久没有出版了，那就找一本二手的副本吧。最后，同样重要的是我的那本《走进我的交易室》中有关期货的章节。

没有人比托马斯·海尔奈莫斯的《期货交易经济学》对期货的基本原则阐述得更好了，这是最有深度、最有智慧的一本期货书籍，但很不幸它已经多年不再出版了。或许这不是一本教你如何去做的书籍，所以没有人关心它是否再版，只有网上的二手书店有其重印版出售。在开始探讨做空期货话题之前，先浏览一下我的稿件，我想和你分享一些金玉良言。

当然，做空期货时没有愚蠢的"证券交易报升规则"，当你发出指令卖出期货合约时，平多与做空没有区别。

市场中也没有关于内幕交易的禁令。你可以通过商品期货交易委员会（Commodity Futures Trading Commission，CFTC）的定期持仓报告来追踪内幕交易者的行为。

期货市场上的大多数空单是由商业头寸或对冲基金头寸组成，他们是真正的内幕交易者。比如，大型农业综合企业可能会在丰收年在期货市场上提前卖出期货以锁定销售价格，但这只是游戏的一部分，几乎所有对冲基金都把期货部作为其利润中心，而不止作为风险对冲部门，他们希望在期货市场上做空获利。

期货价格波动时，如海尔奈莫斯所言，就会有大量参与者参与进来。商品流通会带来供应成本，比如储存成本、资金成本以及保险，这些都将计入商品期货价格中。如果这些成本持续增加，日积月累的结果是商品期货价格涨到让人不可思议的高度。实际情况是，价格成本变动相对较慢，价格上涨的趋势不时被短暂剧烈的下跌所打断，此时价格回到接近现实的水平，然后开始新一轮的循环。

### 海尔奈莫斯谈期货

- 市场是平衡的判官，对于每个正确的判断来说都有一个错误的判断与之对应。期货交易是刺激的游戏，游戏的得分就以盈亏计。

- 投机行为在证券市场上已是久负盛名，在期货市场上更胜一筹，因为商品合约生命更加短暂。无论涨跌，交割日来临时交易量锐减就是最好的证明。

- 农产品收获时的供给效应会一直持续到下一季收获时，此时的价格是有且仅有的价格，这个价格是供需平衡的价格。

- 当前价格反映的是交易者预期未来价格均衡的综合判断。所有市场参与者的综合判断形成市场平衡价格，这个价格不会改变。但参与形成这种均衡态的投资个体中没有人会认为均衡已经达到，否则他们也不会开仓交易，很明显在个体投资者眼中这种均衡是错误的。

- 交易者开仓就表明他要挑战市场大众所形成的均衡，并以此证明当前市场处在错误之中。

- 每个投机者都该有自知之明，或许更重要的是他必须远离另外一些人的游戏。市场会讲述它自己的故事，你唯一的工作就是仔细倾听。

- 试图抓住市场所有机会的人是市场中"最可爱"的人，同时也是最蔑视市场智慧的人，这些人专门从事市场微调。

- 参与者无论盈亏，都要按其交易规模支付佣金、经纪费、清算费。

- 对市场贡献最大的人是那些持有亏损头寸过久的人。

- 那些在交易时没有规则和不能坚持始终如一交易的人也在市场贡献最大者之列。

- 投资者的存在形成了持有成本，他们的行为造成期货价格不断上涨。但如果期货基本的价值并没有随时间的推移而改变，期货价格也不太可能一直上涨，因此总体的价格结构必须被周期性的下跌所打断。

摘自《期货交易经济学》，托马斯·海尔奈莫斯

海浪将沙子推向岸边，形成沙丘，当潮水退去时，沙丘也随着向下滑落，如此往复。这就是你所看到的大多数期货市场的运动情形，缓慢向上、快速崩塌。

## 埃尔德谈期货

买入股票就等于拥有了部分公司；买入期货合约，除了签署一份未来获得商品的期货合约外，可能什么都没有获得，这些商品可能是一车小麦或一捆国库券。卖给你期货合约的人有履行交割的义务。

每份期货合约上都规定有交收日期，不同交收日期的合约售价不同。一些交易专家通过分析不同月份合约之间的价差来预测价格反转。

期货适合那些有很强的资金管理能力的人交易。期货交易会给交易者带来很高的收益，但需要近乎冷酷的交易纪律。在刚开始交易期货时，你最好先从慢速移动的股票摆脱出来。而一旦成为了交易专家，再看看期货，此时如果你非常有纪律，这个市场可能就非常适合你。

与股票不同，期货有天然的"天花板"和"地板"。二者都不是固定不变的，但是在买入或卖出之前，应该弄明白价格距离"天花板"和"地板"哪个更近一些。期货价格的底是生产成本，当价格低于生产成本时，生产者

开始减产、供应下降、价格上升。如果白糖供过于求，而且全球范围内的价格都跌破糖农种植成本，很多种植者就会减少种植比例。当然也有例外，比如当一个不顾一切的穷国向全世界出售商品以获得硬通货同时支付给国内工人贬值的本国货币时，价格会远远低于生产成本，但这种情形不会持续太长时间。

多数商品价格的"天花板"是替代品成本。如果价格合适，一种商品可以替代另一种商品。比如作为动物饲料的谷物价格上涨，用小麦饲养动物可能就变得很便宜，当多数农民转向生产谷物时，谷物价格就被"釜底抽薪"。市场极度兴奋时价格可能会短暂地高于"天花板"，但不会停留很长时间。价格回到正常水平的过程就是给那些精明的交易者赚钱机会的过程。从历史中学习会让你保持冷静。

摘自《走进我的交易室》，亚历山大·埃尔德

期货市场上有大量的买入机会，但鉴于本书主要讨论卖出和做空，所以我们忽略买入主要讲做空，一起学习如何在这个慢涨快跌的市场中获得优势。

可可期货是出了名的难交易，20 世纪 70 年代有个美国旅行家（曾使用亚当·斯密作为其笔名）曾开玩笑说道：如果你有交易可可期货的念头的话就先躺下，直到这种交易念头消失为止。可可因为短期剧烈波动而臭名昭著，从图中我们可以看到，大多数剧烈波动都发生在下跌时（见图 8-1）。

在相对平静的股票市场上，上涨持续的时间比下跌要长；比之更甚的是期货市场，下跌往往一蹴而就。即便是可可这样一个非常平的价格区间中，你也可以看到多数上涨持续了几周甚至几个月，而只需要仅仅一周时间就跌回上涨的起点，缓慢上升的价格很快被打回原形。

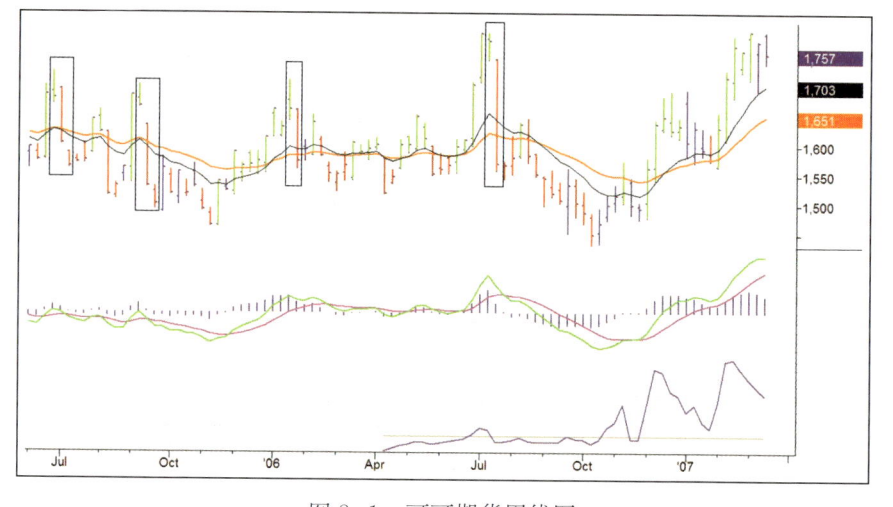

图 8-1　可可期货周线图

走势图显示可可期货进入长期的价格横盘区间，大约在 1 500～1 800 美元／吨之间。当价格跌到或低于 1 500 美元时，价格就接近底部；而当价格升至 1 700 美元时，就进入超买区，在该区域价格做多的风险会非常大。

缓慢上涨让交易新手误以为很安全，之后突然出现一则利空，比如意外发生飓风，价格像扎破的气球一样快速下跌。当市场大众反应过来夺路而逃的时候，职业交易者的空单开始平仓出场，市场新一轮的循环又即将开始。在图 8-2 右侧靠中间的部分，金价缓慢而坚定地上涨，看起来非常平静，就好像牛在说：万事都好，快来玩这个游戏吧。

明智的交易者看着同期价格的日线图（见图 8-2）并注意到价格已经上涨了一个半月，价格也已经涨了 42 美元。他知道如果就此买入必须设置止损，但问题是止损位特别难以设定。当然，在这种情况下使用止损反转指令是可取的。虽然我不是很喜欢这类指令，但对于缓慢上升的行情来说这确实有意义，这个指令会让你结束多单时反手做空。

最后，我将从交易日志中拿出一则交易案例（如图 8-3 所示）与你分享，这则交易案例会说明交易者如何从期货的快速下跌中赚钱。

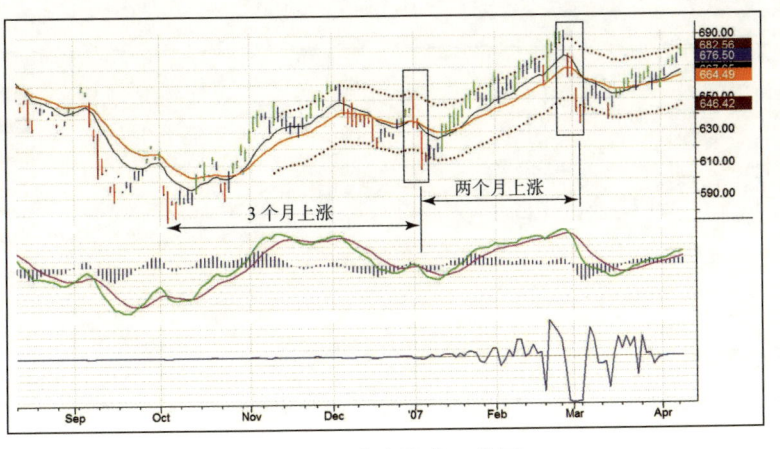

图 8-2 黄金期货日线图

缓慢上行急速下跌，黄金期货价格用了 3 个月时间从 575 美元涨到 660 美元，但只用了 3 天时间就暴跌到 606 美元，吞掉了涨幅的 64%；接下来从 607 美元涨到 692 美元用了两个多月时间，但跌到 635 美元只用了 4 天，吞掉了涨幅的 67%。这种长期平缓的上升让很多交易者误以为很安全，但这确是做空成功的战场。

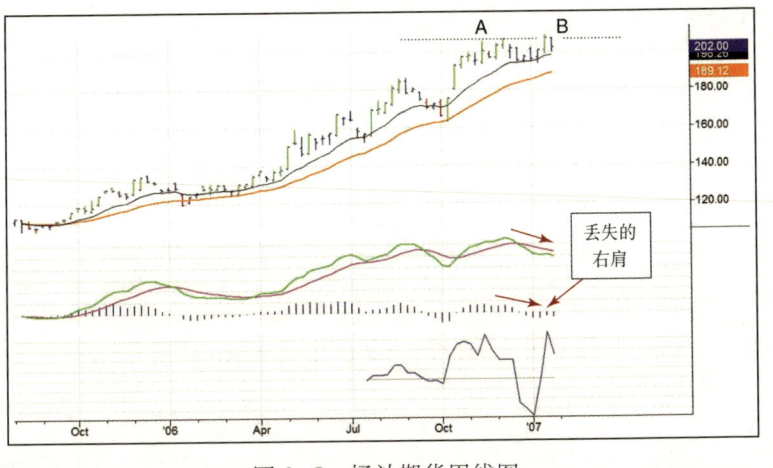

图 8-3 橘汁期货周线图

橘汁期货周线图创新高失败出现假突破，同时伴随着顶背离，也就是技术分析中最具吸引力的模式。B 点时的橘汁期货价格虽然高于 A 点，但是没能站上 A 点，然后又跌回震荡区间。MACD 线顶背离，MACD 柱出现"丢失的右肩"（"丢失的右肩"这个词是 Spike 集团的杰基·帕特森发明的，事实上他使用了一个更有感情色彩的词汇，在这里我弱化了感情色彩）。

在 A 区域，MACD 柱在零轴之上状态良好，形成左肩，然后跌到零轴之下，表明牛市暂时遇阻；之后在 B 点，MACD 柱未能上穿零轴，在向零轴靠近后再度下跌。这幅周线图表明价格强烈看跌。价格上涨已经持续了很长时间，当泡沫被刺破时下跌也就在所难免。

周末总结时橘汁期货的走势让我眼前一亮。大多数周末，我都会花一个多小时来浏览美国主要期货市场，期货市场的优势之一就是品种不多。追踪所有的期货品种不像几千只股票那么困难。

价格泡沫周一就被刺破，上涨疲弱转为快速下跌（如图8-4）。

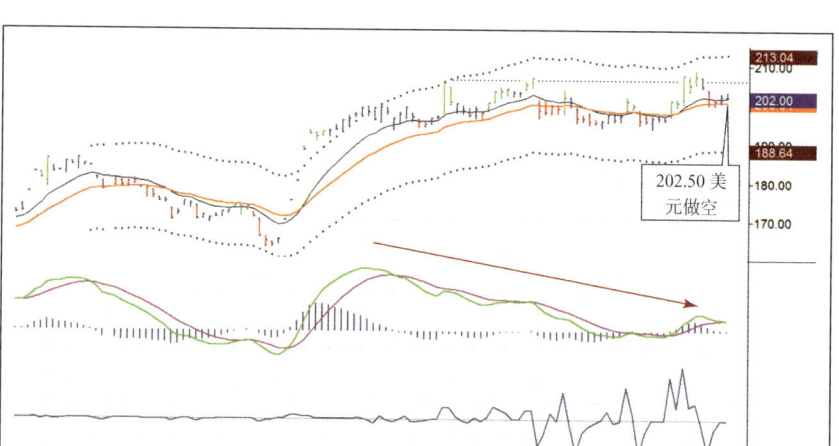

图8-4　橘汁期货日线图，入场

日线图同样显示向上假突破以及MACD线的顶背离。尽管日线图不如周线图发出的信号强烈，但也没有与周线图的信号背道而驰。要么周线图发出信号，要么日线图发出信号，无论哪一个发出信号都很正常。周线图胜过日线图。如果周一开盘没有出现大幅上涨或在我入场前就崩跌，那么就在开盘不久后做空。

| 橘汁 3/7 | 做空 | 日期 | 上轨值 | 下轨值 | 日内最高 | 日内最低 | 得分 |
|---|---|---|---|---|---|---|---|
| 入场 | $202.50 | 2007年1月29日 | 212.50 | 188.25 | $203.80 | $195.25 | 85% |
| 出场 | | | | | | | |
| 损益比 | | | | | | 总评分 | |

无论从感受上还是从获利上这次交易无疑都是令人满意的，我希望更多的交易都这样（如图8-5和图8-6所示）。入场有逻辑、出场信号也非常明确。因此，慢涨快跌的期货品种值得关注。

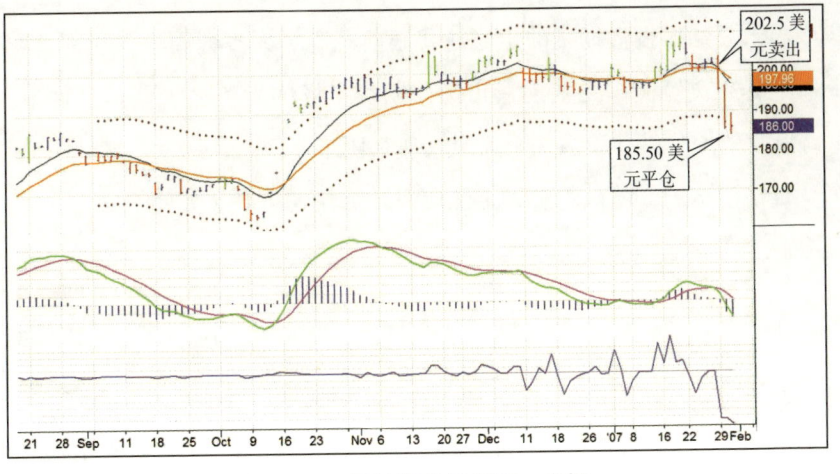

图 8-5　橘汁期货日线图，出场

当日线图表中价格跌到下轨价之下时，我平仓出局，交易在两天之内结束。可能下跌还会继续，但既然盈利目标已经达到，就没有理由再继续持有了。

| 橘汁 3/7 | 做空 | 日期 | 上轨值 | 下轨值 | 日内最高 | 日内最低 | 得分 |
|---|---|---|---|---|---|---|---|
| 入场 | $202.50 | 2007 年 1 月 29 日 | 212.50 | 188.25 | $203.80 | $195.25 | 85% |
| 出场 | $185.50 | 2007 年 1 月 31 日 | | | $189.25 | $184.20 | 74% |
| 损益比 | | | | | | 总评分 | 70% |

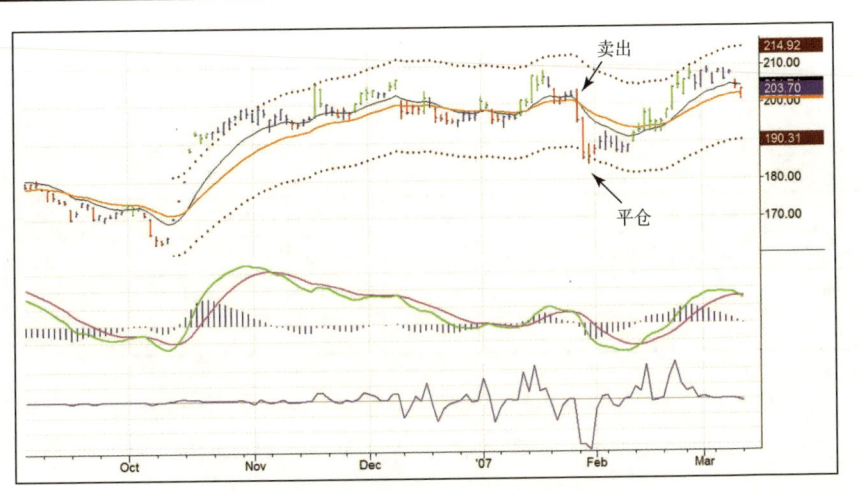

图 8-6　橘汁期货日线追踪图

看看橘汁期货之后两个月的走势，入场和出场都很有学习价值。在图的右侧，价格又开始在一次向上假突破后下跌。

# 卖出期权

在期权市场上，有两类界线分明的人，一边是年复一年亏损的新手和赌徒，另一边是交易专家，他们以期权交易为生。

你知道这条界线画在哪吗？

期权市场的这条界线就在买入者和卖出者之间。赢家一直都是卖出者，输家恰好相反。

### 期权推荐书籍

每个期权交易者都该拥有一本劳伦斯·麦克米兰的《期权作为战略投资》，你可能会把它当做期权交易指南而不是只读一遍。一些交易专家都读希尔顿·南丁伯格的《期权波动与价格策略》，哈维·弗里登泰格的《投资无恐惧》对期权购回注销进行了全新的解释。

我此生从来没有碰到有人依靠买入期权而建立相应的权益头寸。[一]几乎所有的期权买家都会告诉你他们在期权市场上是如何成功的，但这只是昙花一现，与他们的长期资产曲线走势完全不同。这些偶尔的盈利就像花钱买了老虎机，小赚的最终结果是亏得更多。

因为期权交易的进入门槛很低，所以期权交易比股票交易更能吸引初学者。有人把期权作为股票的替代品，但我通常告诉这些笨蛋他们是在自寻死路。期权和股票的主要不同点在于期权是消耗性资产，买入期权时，你对相应的股票拥有相应的权利，但这只有在对趋势和时机判断准确的情况下才有意义。要知道，判断准趋势和时机，就像在公园里让皮球同时穿越三个正在移动的圆圈一样困难。

新手可以看多股票并买入看涨期权，即便股票真的上涨，他还是有可

---

一 没有人想通过买入期权并行权以获得权益头寸。——译者注

能亏钱。股票趋势判断可能是正确的，但如果股票到达目标价格的时间比预期的长，只要期权到期，它将一文不值。多次尝试后，新手决定下次买入期限较长的看涨期权，但他会发现期限较长的期权价格高得离谱。

曾经有位做市商老板对我说：期权就是在交易希望，人们可以买入希望或卖出希望。我是专家，所以我卖出希望。每天早晨到交易所时，我就开始寻找那些需要希望的人，给希望定价，然后把希望卖给这些人。

期权生意的利润来源不在买入，而在卖出。

当你卖出期权，就开始从别人手中拿到现金。一个满怀期待的愚蠢买家花钱从那些比他更有经验的卖出者手里买入期权，结果可想而知。正如律师所言，90% 的财产都是合法的，卖出期权这项工作就是合法地拿走买家的钱。

可怜的期权买家被绕得晕头转向，最终决定卖出手里的期权，与此同时，期权卖家却斜靠着享受旅行时光。期权卖家是在做空一个无用的资产，当时间吞噬着期权的价值时，他购回期权所花费的成本将越来越小。期权的价值最终可能跌到零，此时期权卖家甚至不用为购回期权付出交易佣金了。

成功的期权卖家容易让人觉得慷慨，因为他们可能会给可怜的买家一点钱。如果他以 1 美元卖出期权，既然期权当前报价很小，他就没有理由再继续持有期权空头到期，而是已经从交易中赚得盆满钵满，所以不必冒险再赚那最后一点点钱。如果他以 10 美分价格购回并注销期权，此时所有的风险都没有了，他要做的就是保持平和的心态以寻找下一个能卖出的期权。

和生活中的很多事情类似，交易期权也要远离人多的地方。因为大多数交易员是期权买家，所以与他们做相反的卖出交易是明智的选择。当你变得更有经验时，用时间狙击大多数期权交易者并把时间转化成金钱，你会觉得这个游戏无比美妙。

卖出期权时有个重要的选择：是存量卖出还是裸卖出。存量卖出的意思是以自有股票为标的创造出期权并抛向市场。裸卖出是指以账户资本为担保凭空创造出期权抛向市场。

### 存量卖出

如果持有一只上涨潜力有限的股票，你可能会卖出这只股票的看涨期权。你会从买家那里立即收到现金并等待下列三件事情的发生：

- 如果股价相对平稳但没有达到期权的行权价，到期时因为你已经获得了期权费，所以你的总资本增加了。

- 如果股价下跌，你同样获得了期权费，这样就减少了股票下跌所造成的损失。

- 如果股价上涨到行权价之上，此时假如行权，你将从股票上涨中受益，同时还获得了期权费。因为市场上股票很多，所以你可以用获得的资金寻找新的交易机会。

在做空一只股票后，你可以卖出看跌期权以保护股票的空头头寸。如果股价平稳，你获得了期权费；如果股价上涨，获得的期权费会减少股价上涨所造成的损失；如果股价跌到期权行权价之下，你的空头头寸将被执行，此时你就获得了期权费和因股票下跌而赚得的利润。

存量卖出的主要作用在于，对规模较大的股票组合来说它可以增加收益或减少损失。在劳动密集和资本密集型行业，单只股票上卖出看涨期权是远远不够的，因为这是件费力但获益相对较小的工作。为使其有经济意义，最好是在拥有大量股票的基础上再进行期权卖出交易。股票组合越来越大，使用期权工具就越有意义。大型资产管理者会持有多种股票组合，通常他们把这些股票组合放入期权项目中。

## 裸卖出

在期权交易中最令人紧张、最有前途但也最危险的领域是裸卖空。存量卖空者有股票作为担保，但裸卖空是凭空创造出期权。保护他们的只有账户现金、卖空技巧以及完全遵守截短损失获取收益的原则。

在写本节的时候，我向精通裸卖空的迪安·巴菲林博士要了一些实战案例，她谈起喜爱的卖空交易时滔滔不绝：

我正在做很多无趣的期权交易，它很简单，我甚至可以教会我女儿做这项工作，我对她说，去上艺术学校时，你会认得这些线，当这些线停止下跌时，就该做空看涨期权。

我喜欢赚钱不喜欢亏钱。最让人高兴的事情是卖出了到期时一文不值的期权。我曾经把我的交易清单给一些会计看，他们说这有问题，上涨正在结束。我不得不向他们解释说我已经卖出了期权，它们到期时将一文不值。

我喜欢裸卖空。存量卖空的问题是，尽管在期权上挣了钱，但在股票上却亏了钱，我不喜欢这种方式。我想要持有股票，但它正在下跌，当它不再下跌时我就卖出看跌期权并获得10%的期权费。

我就像赌场里的荷官，赚取那些非常自负的人的钱，这些轻浮的人来来往往，穿金戴银。他们在我的桌子上一掷千金向我索要小黄塑料片。轮盘不停地转，他们很以此为乐，但在某个月第三周周五轮盘停止时，我全盘通吃。我忍住不让自己笑出来，不向他们表露此刻我赚了他们的钱我有多开心。

我是个心理学家，但无论我给病人什么样的建议，保险公司都会给他们相同的赔付率。

交易是唯一一门聪明与回报成正比的生意，所以你必须努力工作。人们总让我教他们如何卖出期权，我给他们一些股票让他们追踪并告诉他们做好股价和对应期权价格的每日记录。没有人把这项工作做好，哪怕做好一个月的也没有，都是懒惰的原因。

股票可能会上涨、下跌或横盘整理。如果买入股票或期权，你只有一条赚钱的路，但亏钱却有两条路。当我卖出期权时，我有两条路赚钱，有时甚至是三条。卖出期权的时机是当股价不再运动时，随后股价运动得越剧烈，市场给你的回报越高。

现在有两个简单的期权交易案例，都是在非常知名的股票上展开的：ATI（阿利根尼技术公司）和CHL（中国移动）。

2007年3月6日，这两只股票都走出了我喜欢的模式。因为我的计算机不好，做不出电子扫描系统，所以通常我通过手动寻找此类图表模式。

股票市场2月27日出人意料地大跌并正在形成底部，因为波动变大，所以期权费更高，我喜欢这样，因为卖出更贵的商品比卖出便宜商品要好，价格中蕴含着更大的利润（见图8-7）。

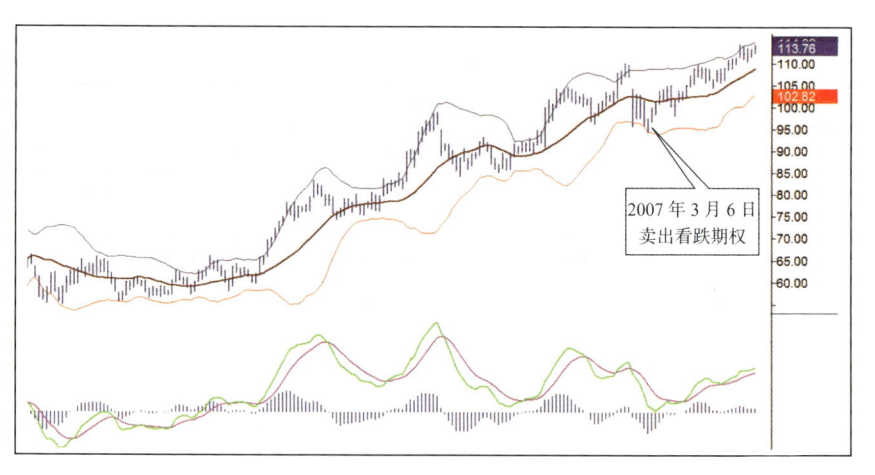

图8-7 ATI日线图

ATI在3月5日碰到了布林带下轨，随后展开反弹：MACD停止下跌，这是我入场的时机。当时我有两个选择，以97美元的价格买入1 000股股票，但将花费我97 000美元，同时还将承担市场下跌的风险。幸好我可以做空看涨期权并先获得4 800美元的期权费，我可以用这笔钱买到有2美元折扣的这只股票。我以4.8美元卖出行权价为95美元的4月份期权，并获得4 800美元期权费。现在该期权只值5美分，并且我会持有到期并在我的回报列表上写上这笔赚钱的交易。

当时如果买入股票，我可以赚更多钱，因为现在的股价是 113 美元，但当时我需要用 97 000 美元来冒险，因为想在晚上睡个好觉而不想在担惊受怕中度日，所以我选择使用期权。事实上，我在高位不断做空看涨期权赚过更多钱，这与大众增加股票头寸的方法有所不同。

我在同一天以相同的原因卖出了中国移动的看涨期权（见图 8-8）。当时股价是 44.5 美元，6 月份执行价为 45 美元的期权价格是 4.8 美元。我选择 6 月份的原因是计算我挣 10% 需要多长时间，这个时间长度我乐于接受。卖出时我的想法是在 3 个月内股价不会跌破 45 美元。如果跌破 45 美元，我就买入正股，相当于低于现价 10% 的价格买入。

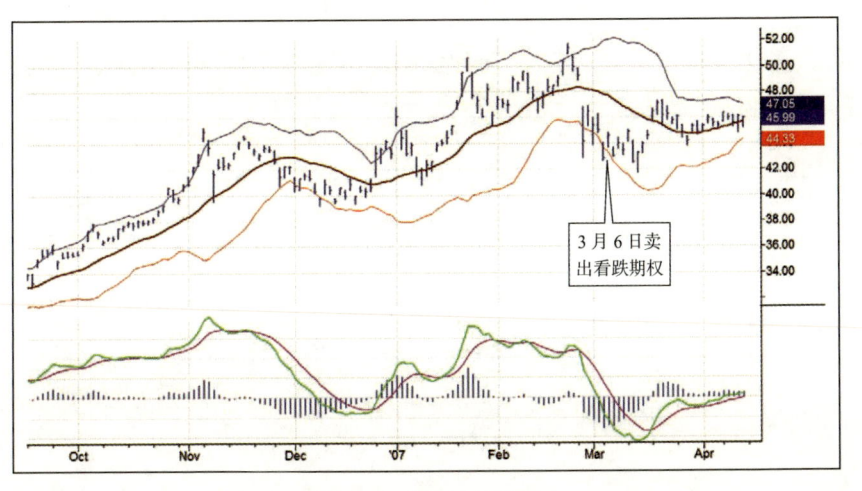

图 8-8    CHL 日线图

起初我对这只股票的判断是错误的，因为它在亚洲股市暴跌时大幅下跌。股价一周就跌到 41.70 美元，由于我没有股票仓位，期权净损失为 300 美元，但股价仍然在我期权入场价附近并绝对于我有利。近期，股价涨到 45.90 美元，期权盈利为 1 500 美元，并且看起来还有两个月时间可以再赚 1 500 美元。比做对事并赚取更有趣的时候是判断错了还赚钱。

人们总问我，既然卖出期权如此之好，为什么没有更多的人做这件事？我认为这是由于大多数期权交易者喜欢赌博，他们不断寻找机会，但很少有像下棋一样的耐心。买入期权的成本很低（大约是正股价的 10%），但是卖出期权却需要相当数量的现金，至少 10 万美元，有些需要 25 万美元和两年经验。经纪公司说过会保护投资人，但是他们会怂恿你买入那些很可能亏钱的期权，他们不让你做出亏钱概率小的卖出期权的决定。

如果你卖出一张看涨期权，可能发生的最糟糕的事情是以行权价买入股票。这能有多糟糕？成千上万的投资人和交易者是不是每天都在做买卖股票这件事？所以我只是卖出我乐意以我喜欢的价格买入正股的股票看涨期权。不同的是，我并没有把资本放入市场而赚钱，事实上我用这笔钱持有债券，赚取利息。难道这就是裸卖空最糟糕的事情？你在波动的股票市场结束一次空头头寸，是不是和很多专家交易者做的完全一样？我喜欢期权是因为我能以此赚钱，最糟糕的事情对我来说是完全能接受的。

## 外汇

本章以推荐书目开始，但在本节我却说不出好的书来。没有一本关于外汇交易的书籍能让我信心十足地推荐给你，并说"这是本好书，读吧"。所以你要从汗牛充栋的外汇书籍中自己寻找了。

外汇市场有几个明显的交易时段，选择的交易时段与获胜的机会息息相关。外汇市场上的投资者结构让我想起了在第三世界国家的一次课程，那里的富人很少，很多无知的穷人不喜欢经历震荡，往往捡了芝麻丢了西瓜。

大资金在银行间市场交易，这个市场上的交易员每次交易的规模以千万美元计。中等规模的资金在外汇期货市场上，这些资金会面临开盘跳空缺口的威胁，因为外汇交易几乎 24 小时都在进行但外汇期货却并非如此。金字塔的最低端是在外汇商号里的普通大众的小交易账户。

赌徒、失败者和缺乏资金的新手总是在寻找一夜暴富的机会。几年前他们在股票交易所从事散股交易，之后又转战期权市场，在输个精光后，幸存者又把资金投向外汇市场。

外汇交易的问题是，大多数外汇商号都是投机商号，当你发出买卖指令后，他们会给你所谓的成交回报，事实上，没有形成真实的交易，只有入场交易备案。无论你交易哪个方向，这些商号都与你的交易方向相反，信息不对称导致交易对客户非常不利。他们用多种方法让那些过分乐观的做梦者毁灭得更快。

外汇商号提供疯狂的保证金比例，最高可以达到400∶1。要知道，股票市场上交易者需要付出50%的保证金，即便期货市场上也要5%。但外汇市场上0.2%的保证金比例使得所有的资金管理策略都变得没有意义。

除了买卖价差外，外汇商号还拿走你资金的利息，给你的只有并不存在的"仓位"，而你有的只是入场备案，因为你的指令哪都没去。当你交易交叉汇率并做多时，商号将付给你少于多头货币交易的利息，如果你做空，他们却收取多于空头货币交易的利息。

当你买卖股票时，经纪商通常不关注你是否赚钱，他们只执行交易指令并收取佣金。但大多数外汇经纪公司，他们并非把客户的交易单抛向市场，而是充当客户的对手角色。交易者每次交易的交易对手都是这些商号，这意味着如果交易者赚钱，商号就亏钱。这是一个有严重缺陷的系统，这种恶劣的系统曾在股票市场上出现过，但一个世纪以前就消失了，而今天却还在外汇市场上运行着。

外汇商号所有者知道客户最终都会因缺乏交易技巧和资金实力薄弱而死亡，那么为什么还要把交易单抛向市场和别人分享这份利润呢？

价差、佣金以及客户资金所产生的利息给赌徒的棺材钉上了钉子。

明智的商号的操盘手会监控客户的总仓位，当客户净持仓在某一方向（无论多空）过大时，比如100万美元，他们就把这部分风险转向银行间市场。有些商号却越走远远，当客户净持仓过大时，他们反而与客户对赌。

那些让交易生效的真正诚实的商号，在与投机商号竞争时面临严重的劣势，投机商号通常会与诚实的商号低价竞争，因为他们不需要支付交易执行成本。我相信有正派的运行良好的商号存在，但是它们运行起来将阻力重重。

全世界范围内的政府都没能整顿好外汇市场。我希望未来有使用网络技术的私人企业家为中小外汇交易者创造更好的交易平台。在一个透明的系统出现之前，我只有一个词送给你：小心谨慎！

如果没有在银行间市场交易大资金，也不想在外汇投机商号内交易，你只有一个选择，那就是交易外汇期货。外汇期货交易始于20世纪70年代的芝加哥商品交易所，当然，现在外汇期货已经在全球范围内的很多国家展开。更重要的是，外汇期货是电子化交易，这使它成为信誉卓著和更加透明的交易品种。

为什么还是有那么多人在外汇投机商号内交易？因为外汇期货的每次交易可能要花好几千美元，但在外汇投机商号，开户可能只需要50美元，并给你100∶1的保证金比例，这意味着你可以交易价值5 000美元的外汇头寸。当然，除了从投机商号收到所谓的成交回报外，你还要支付5 000美元所产生的利息，其他的你将一无所获。

毋庸赘言，在交易外汇期货之前你必须明白如何交易期货，这方面有很多书籍，我先前已经列出了我喜欢的那些书籍。我此时的目的并非告诉你做空外汇和做空股票的区别，而是告诉你如何做空外汇。

做空外汇是个相对的过程，因为如果买入一种货币，就自动做空对应的货币。外汇市场是个做多和做空相匹配的市场，做多做空犹如硬币的正反两面。

所有交易都以货币衡量，这取决于你居住的地方、所使用的货币是美元、英镑或日元，等等。如果交易账户中是美元，买入欧元，相当于做多欧元，也就相当于自动做空美元。如果使用这个美元账户做空瑞郎，就自动做多了美元。

外汇交易者交易所谓的"交叉货币对"时可以不使用本币，比如，欧元／澳元意味着做多欧元做空澳元。瑞郎／日元意味着做多瑞郎做空日元。所有的外汇交易都是价差交易，当买入某种外汇时就自动做空另一种外汇。

多项研究表明，外汇市场是全球范围内趋势特征最明显的市场（见图8-9和图8-10）。一旦某个货币进入主趋势，无论涨跌，都可能持续好几年。因为长期来看，一国的货币价值与政府的政策紧密相关，当新政府是强势政府并开始实施经济刺激政策时，该国货币往往开始长期走强。当然，没有那种直线上涨或直线下跌的趋势。从短期和中期来看，趋势中有很多回调，这些回调由于次数众多、规模较大，因此提供了短期交易机会。

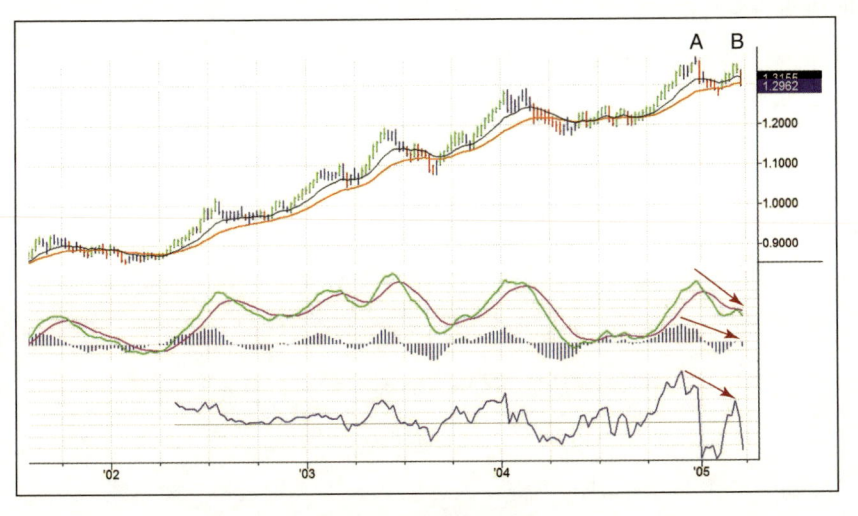

图 8-9　欧元周线图

图8-9是过去4年欧元兑美元的上涨走势图。这个趋势由经济基本面驱动，看起来还没有停下来的意思。交易者可以买入并持有或做波段。图的右侧出现多重严重的顶背离。牛市强有力地创出高点A，之后展开正常回调，价格跌到价值区；之后反弹到B点时，伴随着MACD线和强力指标的显著顶背离，MACD柱出现典型的下跌背离形态——丢失的右肩。卖出并做空的信号清晰地展现在眼前。

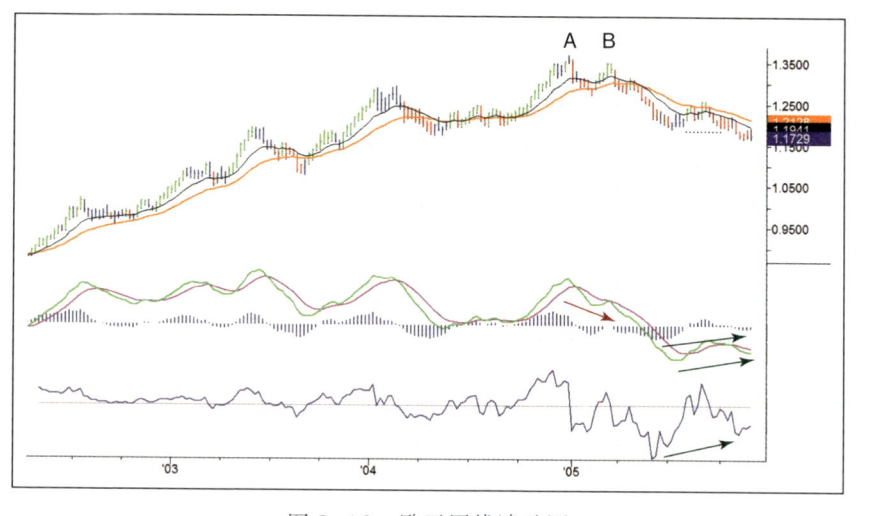

图 8-10 欧元周线追踪图

欧元向下反转，起初是走弱的牛市引发的，跌势很深时，多头如梦方醒并开始寻找底部，以期在反弹时离场。当欧元跌破最近的一个底部时，他们胡乱斩仓出局，此时发出买入信号。此处几乎像镜子一样反射着顶部的做空信号：向下假突破及所有指标的底背离。没有比这个更好的平空并做多的信号了。

要注意，在股票市场上的某种交易方式在外汇市场上可能不再那么有用。持仓从几日到几周不等的波段交易在外汇市场上更容易遭受双重打击的境遇。

外汇交易是 24 小时交易，使得交易变得更加困难，你以自己所在时区看的图表只是全天交易的一部分，大量交易发生在你睡觉或不能看行情的时候。睡觉时你可能很难赌赢还在交易的外汇走势。

# 第三部分 练习题

市场有涨有跌，大多数交易者只通过做多赚钱，而错过了市场的另一部分运动，每个新手都该学着做多，但对经验老手来说认识市场价值并做空非常重要。

做空——从市场下跌中获利，是市场老手最爱玩的游戏之一。他们在很多市场上有大量的空头头寸，只要你看到大量的业余交易者冲向市场的一边，就会有更具经验的人站在对立的另一边。问问你自己，哪一边更可能会胜出？

你该像对冲基金那样运作自己的账户，任何时候都持有多单和空单，根据你对市场的判断调整多空比例。在与市场的较量中做空就相当于你双脚着地，这比单纯做多要好得多。

当然，做空也面临挑战，因为你必须精通卖空。本章将测试做空概念和下跌趋势的基本知识，通过计分方式测试你对做空、做空头寸以及选择做空股票方面的掌握程度，同时也会考到有关做空非权益类品种的问题。

请回答本章所有问题并在翻看答案之前把答案记在答案表中。

答案列表

| 问题 | 最大分值 | 实验 1 | 实验 2 | 实验 3 | 实验 4 | 实验 5 | 实验 6 |
|------|----------|--------|--------|--------|--------|--------|--------|
| 87 | 1 | | | | | | |
| 88 | 1 | | | | | | |
| 89 | 1 | | | | | | |
| 90 | 1 | | | | | | |
| 91 | 1 | | | | | | |
| 92 | 1 | | | | | | |
| 93 | 1 | | | | | | |
| 94 | 1 | | | | | | |
| 95 | 1 | | | | | | |
| 96 | 1 | | | | | | |
| 97 | 1 | | | | | | |
| 98 | 1 | | | | | | |
| 99 | 1 | | | | | | |
| 100 | 1 | | | | | | |
| 101 | 1 | | | | | | |

（续）

| 问题 | 最大分值 | 实验 1 | 实验 2 | 实验 3 | 实验 4 | 实验 5 | 实验 6 |
|------|---------|--------|--------|--------|--------|--------|--------|
| 102 | 1 | | | | | | |
| 103 | 1 | | | | | | |
| 104 | 1 | | | | | | |
| 105 | 1 | | | | | | |
| 106 | 1 | | | | | | |
| 107 | 1 | | | | | | |
| 108 | 1 | | | | | | |
| 109 | 1 | | | | | | |
| 110 | 1 | | | | | | |
| 111 | 1 | | | | | | |
| 112 | 1 | | | | | | |
| 113 | 1 | | | | | | |
| 114 | 1 | | | | | | |
| 115 | 1 | | | | | | |
| 总分 | 29 | | | | | | |

## 问题 87：做空股票

做空股票的含义是：

1. 从你的股票组合中卖出高估的股票

2. 卖出借来的股票

3. 卖出严重下跌的股票

4. 卖出你希望退市的股票

## 问题 88：做空的风险因素

下列哪项不是做空的主要风险：

1. 股票可能上涨

2. 股票可能分红

3. 股票可能被大股东回购

4. 股票可能暴跌

### 问题 89：做空的影响

做空股票会使市场更有秩序，下列哪项不是做空股票的正面影响：

1. 抑制价格过度上涨

2. 减缓价格暴跌

3. 增加价格波动

4. 抑制价格大幅波动

### 问题 90：做空 VS. 做多

与做多相比，做空的主要优势是：

1. 顶比底容易识别

2. 股票下跌的速度比上涨的速度快

3. 在上涨中卖出比在下跌中买入更容易

4. 股票上涨的速度比下跌的速度快

### 问题 91：做空的劣势

做空股票最大的劣势是当股票市场：

1. 持续震荡

2. 上涨相对缓慢但下跌速度较快

3. 一直上涨

4. 存在证券报升交易规则

### 问题 92：学习做空

关于学习做空的描述，下列哪一项不正确：

1. 寻找讨厌持有的股票做空

2. 大仓位交易获得更有价值的经验

3. 避免做空创出新高的股票

4. 寻找贵的股票

## 问题 93：做空 VS. 做多

下列关于做多和做空比较的描述哪一项是正确的：

1. 形成顶部所花的时间比形成底部所花的时间长

2. 股票底部建立在希望和贪婪的基础上

3. 做多的时机比做空的时机更重要

4. 恐惧情绪在市场顶部时占主导地位

## 问题 94：顶部做空

下列关于顶部做空的描述哪一项不正确：

1. 因为波动比较剧烈，所以止损应该相对较大

2. 宽幅止损需要重仓交易

3. 被打止损后，重新入场无可厚非

4. 交易比资金管理规则允许的头寸更小的头寸会增加持仓信心

## 问题 95：下跌趋势中做空

下列关于下跌趋势中做空的描述哪一项是正确的：

1. 在通道中做空意味着做空高估的股票

2. 在接近通道下轨时买入意味着以低于价值买入

3. 在通道内只有一个好的做空机会

4. 使用通道百分比给交易评分不适用于做空

## 问题 96：下跌趋势中的策略

关于下跌趋势中做空的描述不正确的是：

1. 在周线图上做战略决策，日线图中做战术计划

2. 在通道下轨附近处做空有风险也有回报

3. 在通道内做空增加双重打击的风险

4. 单纯在通道内做空不会抓住价格的主要趋势

### 问题 97：依据基本面信息做空

下列关于依据基本面信息做空的描述正确的一项是：

1. 基本面分析者分析市场的范围比技术分析者大
2. 交易者可以使用技术分析作为交易想法的来源，基本面信息作为交易的触发器
3. 基本面信息优先于技术要素
4. 最强有力的状况是当基本面信息支持某次交易的同时，技术给出确认信号

### 问题 98：寻找做空标的

下列哪项不是寻找做空标的的有效方法：

1. 寻找走势最弱的行业指数
2. 听取传闻和小道消息，然后使用技术方法检验
3. 在纳斯达克 100 指数成分股中寻找最弱的股票
4. 做空那些被多数分析师上调评级的股票

### 问题 99：空头持仓比率

空头持仓比率如何反映做空的强烈程度：

1. 做空者持有的空头头寸与可做空股票之间的关系
2. 某个交易者做空的股票与其做多的股票之间的关系
3. 在某只股票上的空头头寸与该股上的多头头寸之间的关系
4. 交易者账户中做空的资金与总资金之间的关系

### 问题 100：依据空头持仓比率交易

追踪空头持仓比率可以为交易者带来诸多好处，下列哪项不包括在内：

1. 空头持仓比率上升是对下跌趋势的一种确认
2. 空头持仓比率超过 20% 是个警示，表明股价可能剧烈反弹
3. 空头持仓比率低于 10% 意味着做空相对安全

4. 空头持仓比率下降表明股价即将下跌

## 问题 101：需要做空的市场

下列那个市场离开做空仍然可以存在：

1. 股票市场

2. 期货市场

3. 期权市场

4. 外汇市场

## 问题 102：做空期货的人

期货空单的主要持有人是：

1. 公共投机者

2. 商业机构和对冲者

3. CFTC

4. 对冲基金

## 问题 103：做空期货

下列关于做空期货的描述哪一项不正确：

1. 做空者相当于签署了未来交付商品的合约

2. 商品期货价格的底线是商品的生产成本

3. 期货市场上的内线交易不合法

4. 商品期货价格的"天花板"是替代品的价格

## 问题 104：牛长熊短

造成商品价格易于暴跌的主要原因是：

1. 仓储入库成本

2. 投机因素

3. 季节性因素

4. 替代品价格

## 问题 105：卖出期权

卖出期权比买入期权更容易获利的主要原因是：

1. 期权的时间价值

2. 大多数买入者投资资金不足

3. 期权的波动与股票不同

4. 大多数买入者是新手

## 问题 106：卖出存量期权

卖出存量期权的主要劣势是：

1. 如果股价平稳，交易者将无利可图

2. 如果股票下跌，股票上的多头头寸将遭受损失

3. 如果股价上涨超过执行价格，将会被执行

4. 卖出存量期权需要大量资本

## 问题 107：裸卖空 VS. 存量卖空

裸卖空与存量卖空的主要区别是：

1. 交易周期不同

2. 交易担保不同

3. 交易规模不同

4. 技术分析方法不同

## 问题 108：裸卖空的要求

对交易者来说，裸卖空期权的最大要求是：

1. 现金

2. 交易想法

3. 纪律

4. 时机

## 问题 109：经纪商的对手盘

下列外汇交易场所中，哪一类机构的获利来源于客户的亏损：

1. 银行间市场

2. 外汇期货

3. 持有外币现金

4. 外汇交易商号

## 问题 110：外汇市场

下列哪项不符合外汇市场特征：

1. 长期趋势最明显的市场

2. 价格很大程度上由政府的政策基本面驱动

3. 外汇易于做出计划并展开交易

4. 基本上是 24 小时交易

## 问题 111：成为更好的交易者

成为更好的交易者最重要的因素是：

1. 研究市场

2. 做好交易记录

3. 入场和出场的技巧

4. 运气

## 问题 112：强力指标的交易信号

从图 P3-1 中可以看到强力指标的尖角下跌（用实线箭头标记），转天股价趋于见底。图中还标注了强力指标的尖角上涨（虚线箭头），转天通常是继续上涨而非调整。这种不同表明：

1. 强力指标只在下跌趋势中有效

2. 强力指标只在上涨趋势中有效

3. 上涨和下跌不对称，所以交易也不同

4. 交易者在熊市中可以使用这个指标进行交易

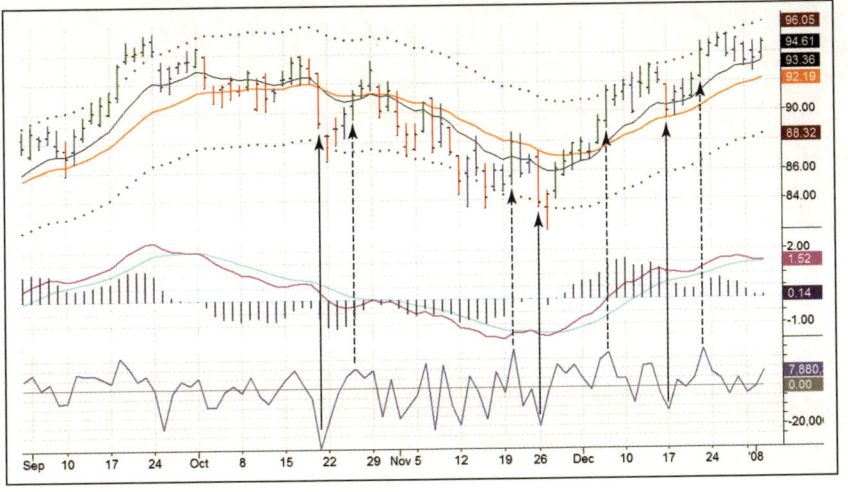

图　P3-1

## 问题 113：假突破和背离

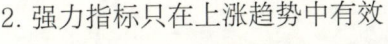

图　P3-2

将图 P3-2 中的字母与下列描述相匹配：

1. 假突破

2. 背离

## 问题 114：做空和平仓信号

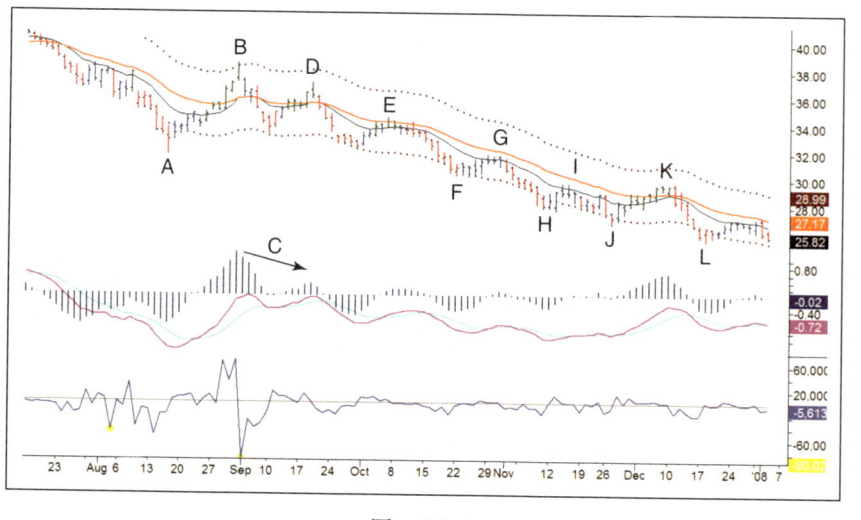

图 P3-3

将图 P3-3 中字母与下列描述相匹配：

1. 回拉到价值区

2. 高估区

3. 袋鼠尾巴

4. 背离

## 问题 115：战术性做空

请为图 P3-4 右侧选出适合未来几周交易的策略：

1. 上涨趋势，在 94.95 美元附近买入

2. 上涨趋势，当价格突破 100.50 美元的前期高点时买入

3. 组合系统变蓝，同时 MACD 柱开始下降，做空，目标位 87 美元，也就
　是快速 EMA 附近

4. 组合系统变蓝，做空，目标位 81 美元，也就是接近慢速 EMA 附近

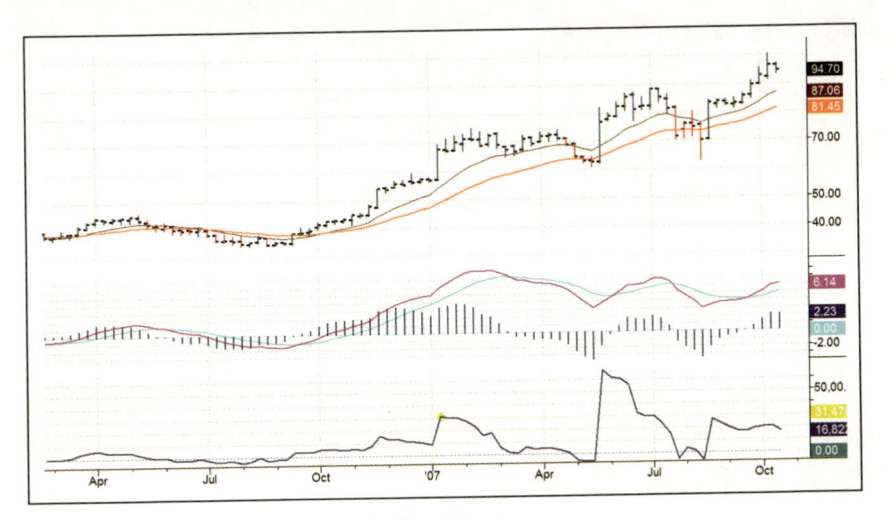

图　P3-4

# 第三部分　答案

问题 87：做空股票

答案 2：卖出借来的股票

卖出股票的原因有很多，股票可能因为被高估而卖出，也可能因为即将下
跌而卖出，这些原因适用于所有股票。但卖出只有先买再卖这一种方式，
卖空股票的过程与先买后卖的过程相反，做空是先卖后买，这样交易者就
可以从股票下跌中赚钱。

### 问题 88：做空的风险因素

### 答案 4：股票可能暴跌

对做空者来说，上涨亏钱，下跌赚钱，所以暴跌对做空非常有利。如果公司分红，这份红利属于股票买入者，做空者必须向股票出借人归还该份红利，以作为其借入成本。如果出借人准备卖出股票，而经纪人又找不到替代他的其他出借人，做空者为了归还出借人的股票也必须提前平仓。

### 问题 89：做空的影响

### 答案 3：增加价格波动

做空者在上涨时做空股票，增加了股票的供给；价格暴跌时他们平回头寸的行为又减缓了股票的下跌。这种与大众交易方向相反的交易，对于平抑价格波动有益。

### 问题 90：做空 VS. 做多

### 答案 2：股票下跌的速度比上涨的速度快

做空股票最大的优势是股票下跌的速度几乎是上涨速度的两倍，这种情况适用于几乎所有时间框架，比如月线图、周线图、日线图，甚至连日内走势也适用。只有买入价格才会上涨，而不必做空股价自身就能下跌。不过，无论在顶部卖出或者在底部买入，市场中都没有真正容易的事。

### 问题 91：做空的劣势

### 答案 3：一直上涨

做空股票的劣势在于纵观股票指数的历史，我们会发现市场一直都在上涨，从历史上来看，股票指数每年平均的涨幅为 3% 左右，这个数据高于平均通货膨胀率。这表示做空是逆着大趋势在做波段交易，为了处理好这个关系，做空需要有短期意识。美国政府已经取消了证券报升交易规则。

### 问题92：学习做空

#### 答案2：大仓位交易获得更有价值的经验

学习做空股票时要考虑哪些你认为可能要下跌的股票，并瞄准那些你不喜欢持有的股票。如果你认同低买高卖的观念，那么越贵的股票就越可能成为做空标的。买入股票时，买那些不断创新低的股票可不是什么好主意；同样，做空不断创新高的股票也不是什么好点子。仓位是心理因素的放大器，仓位越大压力越大。第一次做空时仓位越小越好，小到无论盈亏你都不觉得有什么的程度，因为只有这样，你才会更加关注交易质量。

### 问题93：做空 VS. 做多

#### 答案1：形成顶部所花的时间比形成底部所花的时间长

股票市场的底部窄而尖锐，但顶部相对宽广。股票市场的底部建立在恐惧之上，往往是极端而强有力的情感；顶部是建立在贪婪、愉悦的情感之上，所以才能持续得更长一些。因为下跌的速度比较快，所以精确的入场时机对做空来说非常重要。

### 问题94：顶部做空

#### 答案2：宽幅止损需要重仓交易

当价格在顶部十分热络时，价格宽幅震荡的情形很可能出现。所以，止损价很难设定，止损幅度越大，每股股票的风险就越大，随着每股股票风险的增加，交易头寸一定是减小的。在抓住大的下跌趋势前，被打几次止损非常正常。交易比资金管理规则允许的头寸更小的头寸会增加持仓信心。

### 问题95：下跌趋势中做空

#### 答案2：在接近通道下轨时买入意味着以低于价值买入

如果股价在通道中，说明股价通常接近价值；当价格跌到低于价值也就是下轨附近时，就是获利了结的好时机。通道会给出多次交易机会，价格往往在低于价值而后又回到价值区，而后再度下跌。使用通道评分法给波段交易评分同样适用于做空。

### 问题 96：下跌趋势中的策略
### 答案 2：在通道下轨附近做空有风险也有回报

双重打击的风险在顶部做空时最常见，下跌趋势中在通道内做空导致双重打击的风险将大为降低。市场中没有免费的午餐，交易者降低风险的同时也会降低潜在收益，这种情形在顶部做空时比在下跌趋势中做空更加明显。

### 问题 97：依据基本面信息做空
### 答案 4：最强有力的状况是当基本面信息支持某次交易的同时，技术给出确认信号

基本面分析师的研究范围比技术分析者要窄，因为不同的市场环境有不同的经济基本面，而技术分析工具可以用在所有市场。基本面分析得出的结论必须经过技术分析检验。无论基本面的故事有多好，如果没有技术要素支持，就不能进行交易。如果二者指示的方向相同，就是最有效的信号组合。

### 问题 98：寻找做空标的
### 答案 4：做空那些被多数分析师上调评级的股票

寻找做空标的的方法有很多种，有一条重要原则是对所得的交易标的用自己的方法或系统进行分类。你可以通过搜索所有行业指数或纳斯达克市场中 100 只市值最大的股票，另外你还可以通过向别人询问、传闻或降级新闻这样的简单方法来寻找做空标的。任何事情都可能成为做空标的的信息源，但这个信息必须使用技术分析方法进行筛选。

### 问题 99：空头持仓比率
### 答案 1：做空者持有的空头头寸与可做空股票之间的关系

空头持仓比率是将做空者持有的空头头寸与该股可做空的股票相除得来。

可做空的股票是公司发行在外的股票减去非流通股、战略投资者持股及内部人士持股之后的股票数额。经纪商会报告未平仓的空头头寸，把这个数据与可做空的股票数额相除，就得到了该股空头持仓比率。

## 问题100：依据空头持仓比率交易

### 答案4：空头持仓比率下降表明股价即将下跌

当空头持仓比率上升时，表明看空者越来越多，但每个空头头寸最终都要平仓，这种空头平仓所造成的上涨因其速度太快而臭名昭著。一般来讲，10%的空头持仓比率是可以接受的，如果超过20%，表示做空人数太多而让人生疑。股票下跌时空头持仓比率会增加，因为更多的人加入做空者的行列。股价上涨时空头持仓比率会下降，上涨趋势也会持续很长一段时间。

## 问题101：需要做空的市场

### 答案1：股票市场

在股票市场上做空的人很少，大量的做空发生在期货、期权和外汇市场，而且这三个市场上做空数量等于做多数量，买入一份合约的同时肯定有一份做空的合约。除了股票市场外，其他三个市场上的多空头寸完全相等。

## 问题102：做空期货的人

### 答案2：商业机构和对冲者

期货市场上多数空头头寸都由商业机构或对冲者持有，他们是真正的内部人士。举例来说，一家大型综合农业公司为了让小麦卖个好价钱，在收割前就在期货市场上卖出期货合约。但这只是游戏的一部分，几乎所有的对冲者都把期货部作为其重要的利润来源部门而不仅仅是一个风险对冲部门。他们希望通过做空赚钱。

### 问题 103：做空期货
### 答案 3：期货市场上的内线交易不合法

期货交易相当于交易者之间签署了一份未来可能买到货物或者卖出货物的合约。所有的交易者都要缴纳交易保证金，与股票不同的是期货有天然的价格底线和价格天花板。虽然这样说，但是价格底线和价格天花板不是固定而是变动的。期货市场上，没有对内线交易者的约束性规则，对冲者是真正的内线交易者。你可以通过CFTC持仓报告追踪这些内线交易者的行为。

### 问题 104：牛长熊短
### 答案 1：仓储入库成本

商品价格包含商品的存储成本、资金成本和保险费用，如果所有这些费用每个月都增加的话，商品价格将涨到不可思议的高度。实际情况是，仓储入库成本增长相对缓慢，商品价格也缓慢上涨，但随后这种上涨趋势被简单快速的价格下跌打破，价格重新回到真实的水平，如此往复循环。

### 问题 105：卖出期权
### 答案 1：期权的时间价值

期权和股票的关键不同点在于期权是消耗型资产，问题中所列的答案都说明期权买入者必然是失败者，但其中最重要的期权价值随着时间的流逝而不断被消耗。随着行权期的临近，期权的价值大大减小：买入者不断亏钱。与此同时，期权卖出者从买入者那里获得的期权费却越来越安全。

### 问题 106：卖出存量期权
### 答案 4：卖出存量期权需要大量资本

如果股价运行相对平稳且没有达到期权的行权价，交易者会获得期权费，这会增加他的回报；如果股价下跌，交易者同样获得期权费，以此减小因股票下跌所带来的损失；如果股价上涨，股票将被行权，此时除了获得期权费以外，交易者还会从股票上涨中受益。市场中有很多好股票，交易者可以用这些资金去开展新的交易。使用卖出存量期权这种方式，交易者需要充足的资本先购入股票，然后再对外卖出期权，购入需要一大笔钱，所以这种方式把大多数交易者挡在门外。

## 问题 107：裸卖空 VS. 存量卖空
### 答案 2：交易担保不同

保守的投资者使用已有股票作为卖出期权的担保，但裸卖空却只用现金作为担保。用股票还是现金作为担保是存量卖空与裸卖空之间的关键区别，其他不同点微不足道。

## 问题 108：裸卖空的要求
### 答案 3：纪律

裸卖空者就像在走独木桥，保护他们的只有资金和技巧；他们需要完全遵守截短损失、获得收益的交易规则。如果交易者没有足够资金就不能进行裸卖空，此外，裸卖空者还需要好的交易想法和交易时机。即便交易者在这些方面都非常出众，也必须完全遵守能够保障成功的交易纪律。

## 问题 109：经纪商的对手盘
### 答案 4：外汇交易商号

多数外汇交易商号就是投机商号，他们并没有执行客户的交易订单，而是与客户进行对赌，无论客户是多头还是空头，他们总站在客户的反面。银行间市场、买入或卖出外汇期货或者交易外汇现金，经纪商不会关注你是否赚钱，他们只执行你的指令并收取佣金。而大多数外汇交易商号却与客户的所有交易进行对赌，当客户亏钱时，他们就赚钱了。

### 问题 110：外汇市场

### 答案 3：外汇易于做出计划并展开交易

如果有推销员告诉你在市场中做什么很容易赚钱时，那么你最好跟他对着干。外汇交易是 24 小时交易，这意味着精心计划的交易可能在你睡觉时在地球的另一端被执行。一旦某个货币展开趋势行情，无论上涨还是下跌，趋势都可能持续好几年，因为货币的长期价值由政府的政策决定。

### 问题 111：成为更好的交易者

### 答案 2：做好交易记录

决定长期交易是盈是亏的最重要的因素是交易记录的质量。做好交易记录并不断复习会提高交易者的分析和交易能力。工作越努力，交易者就变得越幸运。

### 问题 112：强力指标的交易信号

### 答案 3：上涨和下跌不对称，所以交易也不同

上涨趋势由贪婪推动，所以会持续得更久一些；下跌趋势由恐惧驱动，交易者会更敏感，所以持仓时间更短。解读顶底不对称的方式相同，但做空时需要更加精确的时机。单一指标不够，交易者还必须寻找确认信号，比如，向上尖角发生的同时价格触碰到上轨线。做空者持有空单的时间不能过长。

### 问题 113：假突破和背离

### 答案：1. B、C 和 E；2. A 和 D

顶底通常是不对称的，假突破伴随着背离这样的技术信号既能为做多也能为做空提供交易信号，但是时间往往不同，这一点需要注意。比如，向下假突破可能一个交易日就结束，但向上假突破可能会持续三个交易日。顶部做空时很难设定止损，在本图的右侧，股价在暴跌前两日创出新高，如

果设定紧随性止损可能会遭遇双重打击。

### 问题114：做空和平仓信号

答案：1. D、E、G、I和K；2. A、F、H、J和L；3. A、B和D；4. C

如果发现一只股票在某个通道中有规律地下跌，你可以以价值或高于价值的价格做空，价值由移动平均线定义，同时当股价跌到或跌破低估区时平仓，低估区由通道下轨定义。和其他很多模式类似，"袋鼠尾巴"在接近底部和顶部的时候作用相同。

### 问题115：战术性做空

答案4：组合系统变蓝，做空，目标位81美元，也就是接近慢速EMA附近

股票在强烈的牛市中，但没有只涨不跌的市场。股价接近价值时是买入区域，但现在价格远在价值之上。随着MACD柱的下降、组合系统变蓝、强力指标的顶背离，做空看起来是个更好的选择。快速EMA是现实的目标，但如果股价跌到这个位置，交易者应该重新判断市场情势并决定是否平仓。

## 评分

如果每题有一个正确答案，答对获得一分。如果问题有多个答案，答对的部分得到相应比例的分数。如果问题有两个答案，全部都正确，得一分，答对一半得0.5分。

25～29分：优秀。你已经很好地掌握了做空，市场在等待着你。记得要做好交易记录以从交易经验中得到成长。

21～24分：相当不错。成功的交易需要最顶级的表现。回头看看你

答错的问题，复习这些问题。几天后重新做测试题，然后再展开下一章的学习。

低于 21 分：警示！在交易中低于前三将是危险的信号。职业交易者在市场中等着赚你的钱，在和他们战斗之前，你必须让自己快速成长。请重新阅读本书第三部分并重新做练习题。如果第二次测试得分依然很低，就找到本书的建议部分并仔细学习。在你的测试得分没有提高前不要进行做空交易。

| 第四部分 |

# 熊 市 课 程

**THE NEW SELL
AND SELL SHORT**

HOW TO TAKE PROFITS, CUT
LOSSES, AND BENEFIT FROM
PRICE DECLINES

牛市时人们很乐意消费。2007 年 2 月牛市见顶的时候，出版商请我和另外两个朋友在纽约市的一家豪华餐厅吃饭，那是一段愉快的时光，而我的研究表明牛市即将走完。我告诉出版商未来要走红的可能是与卖出有关的交易类书籍，他也赞同这个观点并请我写下了本书的前一版。

因为出版印刷需要好几个月的时间，所以我答应他在年底前完成底稿，并告诉他希望届时牛市已经结束，我们可以在熊市中发行。

无论涨跌，市场往往矫枉过正，尽管 2007 ~ 2009 年的大熊市的严重程度超乎想象，但终于在 2009 年 3 月结束了，同时创造出世纪性的大机会。

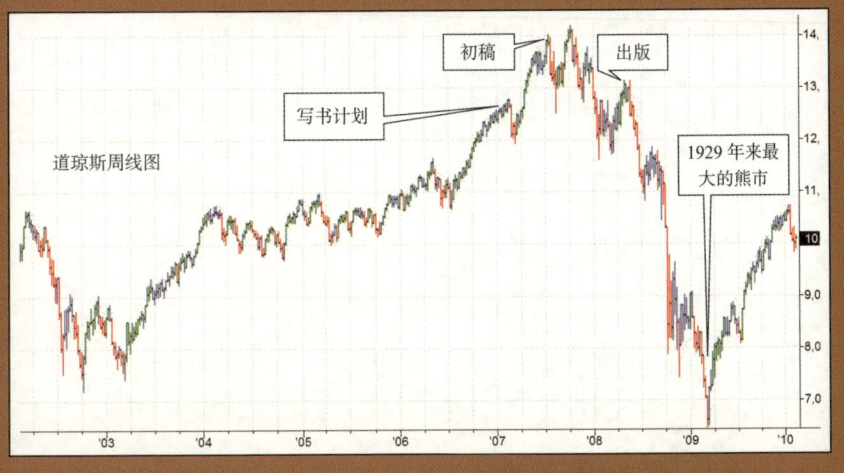

在熊市中写了那本书

在这次熊市中幸存下来的交易者学到了做好卖出及做空计划的重要性，更多人开始对做空感兴趣，而这是专家交易员一直做的事情，因为做空赚快钱。

2010年2月，出版商建议我升级这本书，这次出版商没有破费，我们只通过电话沟通了新书的构想。因为第一部分（关于买入）的方法已经经过了时间的检验并在今天仍然有效，所以我们决定简化这部分内容，此外我们决定增加第四部分内容，以案例形式解释卖出和做空的原则。接下来我们分析在史上最大的熊市中我们是如何成长的。

| 第 9 章 |

# 熊 市 赚 钱

通常，我们从亏钱中学到的比从赚钱中学到的要多，2007 ～ 2009 年的熊市是位严苛的老师，给多数交易者造成了极大的伤害。现在是时候作总结了，我修正本书的目的是帮你在未来做出更好的交易计划以使你未来的交易之路更加平坦。

## 大熊苏醒

始于 2003 年的牛市走到 2007 年中期的时候已是步履蹒跚，能持续 4 年半时间的牛市确实很罕见，所以，2007 年牛市结束的警钟声越来越响。

我认为 NH-NL 指标是股票市场上最好的领先指标，新高表示股价创出过去一年的最高价，表明市场处于强势状态，新低的意义与新高相反。

如果把交易所上市的所有股票比作士兵，新高和新低就是军官。打仗时军官的表现决定战斗的成败，例如军官是一马当先还是踌躇不前、领导有方还是领导无方。多年前我参加军官培训的时候，培训师告诉我们没有糟糕的士兵，只有糟糕的军官。我赞同这种说法，所以我总是留意 NH-NL 指标的动向。

日线 NH-NL 指标的计算方法是用今日创新高的股票数减去今日创新低的股票数，周线 NH-NL 指标的计算方法是过去 5 个交易日创出新高的股票数减去创出新低的股票数之差。

从图 9-1 右侧的区域 1 可以看到标普 500 指数创出新高时，周线的 NH-NL 指标并没有出现新高，说明士兵还在进攻，军官却已经逃跑。领导无方的军队更容易失败，当时我刚开始写本书的第 1 章。

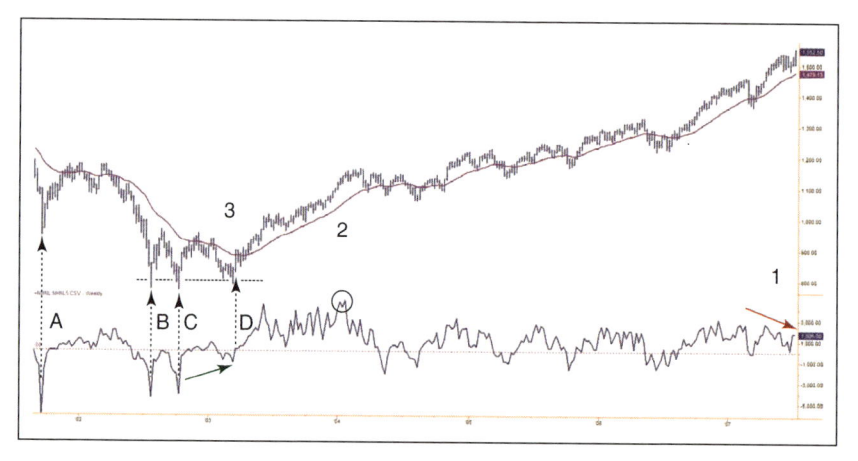

图 9-1  2007 年中期的周线 NH-NL 指标

标普指数周线图，周线 NH-NL 指标

1. 顶背离

2. 牛市早期的 NH-NL 指标绝对顶部

3. 2003 年熊市底部的大量底背离

从区域 2 中我们可以看到周线 NH-NL 指标达到了自 2004 年以来的最高，牛市早期 NH-NL 达到最高峰是正常的。将这种情况与人的成长周期相比较我们会发现，在生命的早期，我们成长最快，之后这个指标开始下降甚至反转。牛市早期出现 NH-NL 指标峰值是正常的，但在 2007 年的上涨中，新高新低峰值出现后牛市持续的时间太长了，这非常不正常。

最后我们从区域 3 可以看到 NH-NL 指标是如何指示中级和最重要的

熊市底部的。为了在将来更好地使用这个指标，我们再复习一遍上述内容。

- NH-NL 指标出现下跌尖角并跌到负 4 000 的水平表明大量痛苦的交易者落荒而逃，创造出极好的买入机会。无论月线走势如何，也无论是否在熊市，当周线 NH-NL 指标跌到负 4 000 以下的水平时，至少会有几周的强烈上涨。图 9-1 中用虚箭头标注了三个这样的尖角下跌⊖，下一节我们会看到 2007 ~ 2009 年熊市时这种尖角下跌是如何出现的。

- NH-NL 指标周线底背离为标普 500 指数提供了异常强烈的买入信号。市场下跌、反弹，然后跌到或跌破前低；与此同时，NH-NL指标也尖角下跌，然后反弹到零线之上，之后再度尖角下跌，但深度已经很浅了。这种市场行为模式表示，当士兵在撤退时，军官在重新组织士兵以不再撤退，战斗也即将开始。

回过头来再看图表右侧，可以看到 NH-NL 指标出现顶背离（用 1 下的箭头标注）。这表明牛市远不如当初那么强烈，市场行为和我的信念让我觉得是该写本有关卖空的图书了。

## 提前发出警示的情绪指标

情绪指标显示市场大众的情绪状态，包括咨询业看多 / 看空比率、期权买卖比率，此外还有一些辅助识别趋势和顶底⊖、追踪市场大众心理状态的指标。媒体情绪是情绪指标中最简单的指标之一。当多数媒体极力向大众宣传价格走势时，聪明的交易者就开始寻找趋势反转的时机了。

2007 年夏天我飞往亚洲为一家国际机构授课，在从东京飞往新加坡

---

⊖　Spike 集团就是在出现这样的尖角下跌后以此命名的。

⊜　我最喜欢在 sentimentrader. 网上看市场情绪指标。

的飞机上，《金融时报》的一条内容引起了我极大的关注：驻上海的通讯员报道说当地服务业劳工缺乏，因为酒店服务员和洗碗工都去炒股了。

我认为我听到了警钟声：依赖铺床和刷碗为生的人大量去炒股，股市绝对不是为他们这类群体设立的。这篇文章让我想起了 20 世纪早期最著名的股票做手之一伯纳德·巴鲁克，他在 1929 年股灾之前卖掉了所有股票，其清仓灵感的来源是有个擦鞋工向他推荐了一只股票。如果社会最底层的人都开始进入市场投机时，你该知道参与赌博游戏的人即将穷尽，牛市也即将见顶。

我把这份报纸带到了新加坡的会议现场，并为现场听众借了个铃铛，现场听众都是资金管理人，但我觉得那个铃铛对我的意义更大，它让我警醒。

如图 9-2 所示，箭头是我演讲的日期，在我做完演讲的第二周，中国市场开始下跌，但在真正的暴跌来临前，市场反转并上涨了 60%——人类的灵魂可以变得比任何人想象得更黑暗或更光明。情绪指标是个不错的基础指标，但不能把它作为精准的入场时机指标。

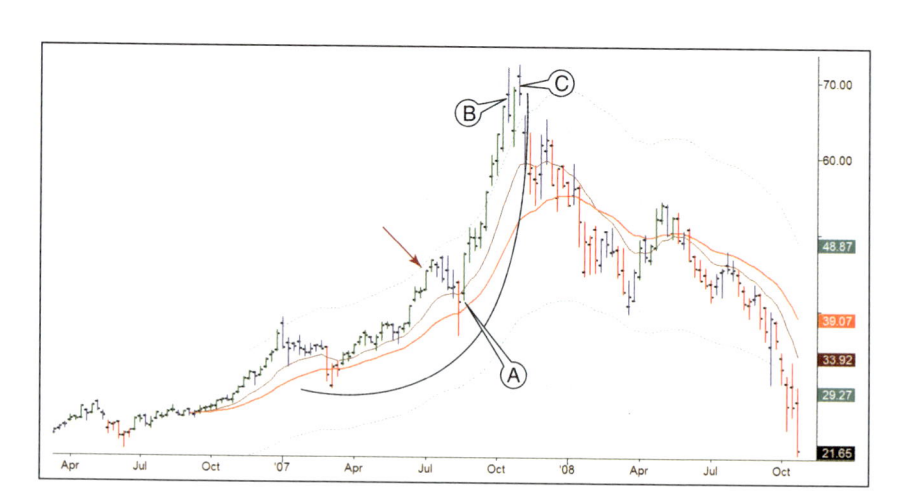

图 9-2　FXI（中国）指数（2005～2008 年）

FXI 周线图（新华富时中国 25 指数）

26、13 周 EMA 指标，自动通道指标

图 9-2 中的黑色弧线显示在牛市接近结束的时候，中国股票指数走势像抛物线，这种模式是极端情绪的特征。如果你发现你持有的股票走出极端走势，那么就系紧安全带，丢掉技术指标，并把你的止损移动到前一周的最低点上。

本书前面提到的组合系统在本图中提供了很多有用的信号。EMA 指标在极端行情中会发生钝化，快速 EMA 的方向已经不再上升但 MACD 柱却显示市场非常强烈。在单根 K 线中如果二者都上升，系统就把它标记为绿色；如果都下跌，系统标记为红色。当两者一个上涨一个下跌时，K 线颜色变为蓝色。

如图 9-2 所示，在 A 点时，系统变绿，表明价格正在上升。股价再没有创出新低，然后涨了大约 9 周。在 B 点时，系统变蓝，表明牛市乏力，价格又涨了一周后系统变绿，之后的一周也就是在 C 点时，系统再次变蓝。请注意 K 线 C 收盘接近最低点但创出了历史新高。在技术分析中，向上假突破是最重要的看跌指标。那根 K 线出现后中国市场大幅下跌，市值跌去 50%，期间没有出现特别明显的反弹。在跌去 50% 之后市场出现反弹，而后再度创出新低。随着中国股市的暴跌，报纸上再未出现上海缺乏劳工情况的报道。

## 牛市见顶

股市不骗人，就像海浪自己运动到岸边，你读懂了海浪就会知道何时该游泳、何时该冲浪、何时该航行及何时该上岸。学习海浪的语言需要耐心和经验。市场也一样，市场也以其自有的方式告诉我们它的状态和信号，技术分析师的工作就是理解市场语言。

2007 年的历史大顶时市场发出什么样的信号？我们一起看两幅周线图，一副添加有 NH-NL 指标，另一幅图的指标是我常用的四个指标（回想一下第一部分介绍的"五颗子弹"规则）。

　　为什么以周线图开始？这是个非常重要的原则，市场同时在不同时间框架内运动，可能在月线图中显示上涨趋势，但在周线图中显示下跌趋势，日线图中也显示上涨趋势，日内显示下跌趋势，所有这些都发生在同一时刻。多数人只关注一个时间框架，通常是日线图，所以市场更深一层的信息他们看不到。

　　我使用的交易系统是三重滤网系统，使用该系统的第一步就是选择喜欢的时间框架。我喜欢按日线交易，在趋势未被我认定为坚定的多头趋势之前，我都不会以日线图作为初始观测周期。在看日线图之前，我通常先看周线图并依此做出战略决策，在做出了做多或做空的战略决策后，我才开始看日线图以寻找具体的入场点。

　　如图9-3所示，2007年指数见顶时，NH-NL指标已经显示出经典的顶背离形态：在点A时，标普500指数上涨，NH-NL指标跟着上涨；在点B时（这是在我看到"上海劳工短缺"的时候发生的），市场下跌，

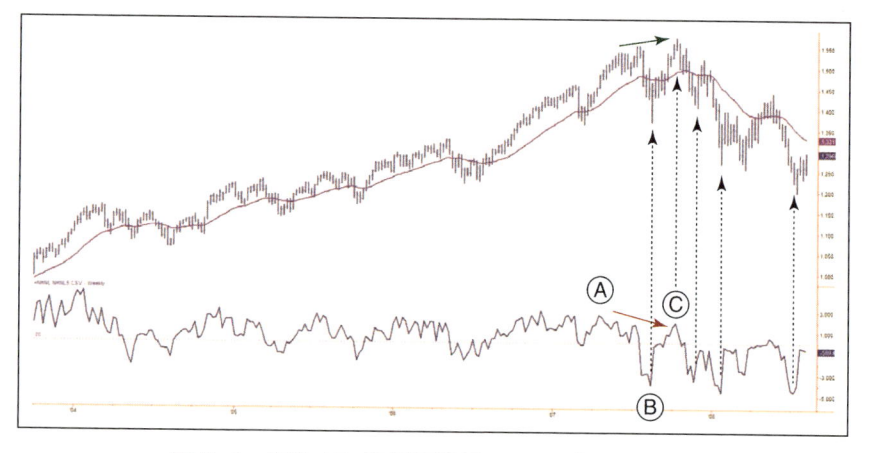

图9-3　NH-NL指标周线图，2008年8月8日

标普500指数周线图

NH-NL指标周线图

NH-NL 指标低于零，这是对牛市的一次警告。我把这种情况称之为"跌破了牛背"。之后标普 500 指数尽管不如中国市场那样疯狂，但还是反弹并创出新高，而同时 NH-NL 指标却没有创出新高。

价格新高但 NH-NL 指标没有出现新高意味着牛市遇到麻烦，当 NH-NL 指标从 C 点开始下跌时，它发出了卖出并做空的绝佳信号，在图中用右侧下方的箭头表示。没有比这个更精确的卖出点了！

## 2007 年市场见顶时的顶背离

再看看我所使用的几个指标在 2007 年市场见顶时的表现。如图 9-4 所示，2007 年 6 月市场上涨到高点 A，然后快速下跌，股价跌到价值区之下并在通道下轨止跌。创下近几年来的最大跌幅，表明熊市力量在增强。请注意这些指标在形成底部 B 时的运动过程。

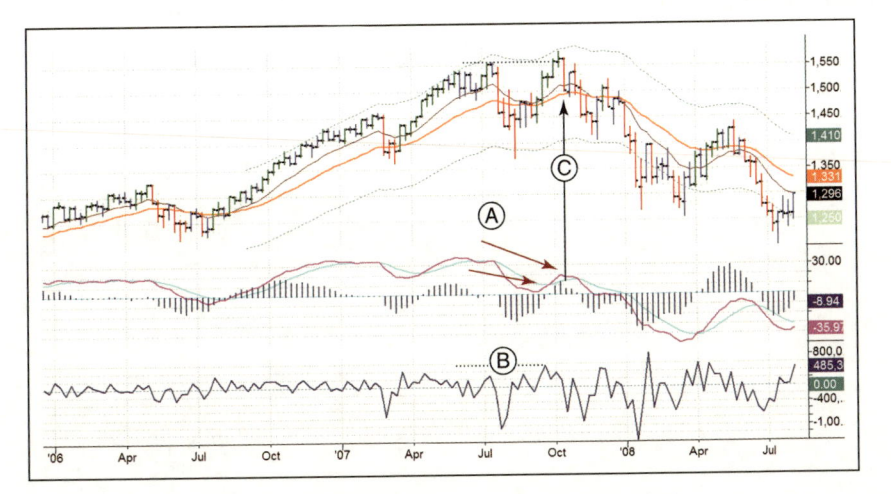

图 9-4　标普 500 指数（2005～2008 年）

标普 500 指数周线图和两个移动平均线以及一个自动包络线

MACD 柱和 MACD 线

强力指标——13 周 EMA

2007 年 8 月份的 MACD 柱下跌的深度大于 3 月份下跌的深度，强力指标也是如此。这样的熊市指标相互验证，给越来越强的熊市判断提供了佐证。

2007 年 10 月股票市场继续上涨并达到历史新高，但是这些关键指标却没有突破 6 月份的高点，发出了明显的顶背离信号。这些背离同时发生在 MACD 柱、MACD 线上，虽然 MACD 线顶背离不常发生，但它能给出更加强烈的交易信号。

在 10 月份唯一没有背离的指标是强力指标。两个指标显示卖出信号，另一个指标基本处于中立状态，这足以让人看空市场，因为在市场中你不能指望所有指标都看起来非常好。

2007 年 10 月份，标普 500 指数周线图运行到上轨线，此处表明市场被高估，交易大众开始看多。业余交易者喜欢向上突破并希望它们不断发生，但职业交易者知道大多数突破都会失败，其交易方向也与多数业余交易者相反。

我喜欢在前期高点处画水平线，当价格突破前期高点并且关键指标出现潜在的顶背离时，我就在那条线上设置自动报警器，只要价格低于那条线，我就认为它是假突破并开始做空，并把止损设在刚创出的高点附近。

# MGM：泡沫破灭

2007 年 10 月我从亚洲飞回纽约的时候，旁边座位上的那个人是一名基本面对冲基金分析师。他告诉我他主要研究博彩业股票，我就问他哪家博彩公司的基本面最好，他说是 MGM，并且他的理由让我没有任何疑问。

我们都是从澳门返回，MGM 刚刚新开了全球最大的博彩酒店，名叫"威尼斯人"。他非常看好这家公司，并说他的客户持有上百万股 MGM 股票。

我拿出手提电脑打开 MGM 走势图，如图 9-5 所示，图中最上面的箭头就是我们对话的那天。我告诉他 MGM 股价已经接近 100 美元了，尽管上涨趋势看起来不错，但我也不会在高于价值时（也就是两条移动平均线之上的位置）买入，我会等它回调到低于价值时再做多。

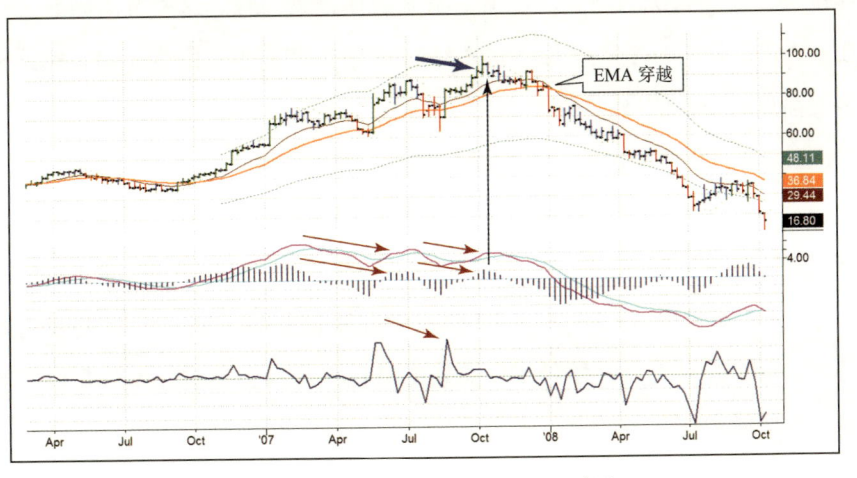

图 9-5   MGM（2006 ～ 2008 年）

MGM 周线图，两条移动平均线和自动包络线

MACD 柱和 MACD 线

强力指标——13 周 EMA

即便是最清醒的分析师也会被大量的表象所迷惑，当 MGM 股价开始下跌时，我真的以 70 美元买了一点，随后很快就止损出局。今天回头看这幅图，我很怀疑当时自己是不是闭着眼睛在看这幅图，当时图中有大量的顶背离，它们都在对我说"做空、做空！"当时 MACD 柱背离、MACD 线背离（尤其强烈的看跌信号），同时 2007 年 10 月强力指标也发出了顶背离信号，这可是三连胜<sup>⊖</sup>啊！2009 年 2 月，13 周快速 EMA 下穿 26 周慢速 EMA，这是熊市趋势开始的经典标志。所有的下跌都从这里

---

⊖  三连胜式，指赛马中连续三场猜中跑进第一的马匹号码，出现的概率极低。——译者注

开始。我得到的安慰是错过了这次做空机会而获得了教训，我把它写在我的第一本书的结束语中：和所有严谨的交易者一样，我要不断学习并保留明天比今天更聪明的权利。

后来我再也没有见过这位乘客。我当时只买了 1 000 股，所以损失不大，这都让我不开心，与他及他的客户比起来，我这点损失微不足道。他们持有上百万股股票，股价从近 100 美元跌到个位数，这绝对是个灾难。当你回想止损的时候，你会发现你比那些亏了大钱而不能再进入股票市场的人要幸运得多，像 2007 ～ 2008 年这样的泡沫未来还将重复，但这种事情只会发生在新一代交易者进入市场的时候。

## 做空猛涨的股票

我做过的交易记录中一定包含信息来源，我要知道我是如何获得这条信息的，通过扫描市场、电子邮件抑或是其他方式。通过 Spike 交易集团获取信息是我的交易信息的重要来源之一，做空 ISRG 的信息就是从 Spike 最成功的员工之一戴夫那里获得的。

在计划一次交易时，我通常在长周期图表中（通常是周线）制定战略决策，并在短周期图表（通常是日线）中制定战术决策。如图 9-6 所示，ISRG 的周线走势图表现出一个强烈做空信号和两个折中信号，这个强烈的信号是向上假突破（在图中用上方平行箭头标注）。

如果一只股票创出新高，但未能维持住这个新高并跌回压力线内，就表明大量交易者拒绝接受新高的价格，价格就很可能向相反的方向运动。价格底部恰好相反，向下假突破之后价格很可能上涨。

新手喜欢按照交易突破的方向进行交易，交易专家却知道大多数突破都是假突破，他们大多数时候都更可能与新手的交易方向相反。

在漂亮的假突破发生时，另两个指标 MACD 柱和强力指标处于折中状态，尽管二者都没有出现背离，但都走低了。真正的顶背离包含两个峰，第二个峰比第一个峰低，两个峰之间指标会暂时跌破零线，如果两峰之间指标没有跌破零线，就不是真正的背离。

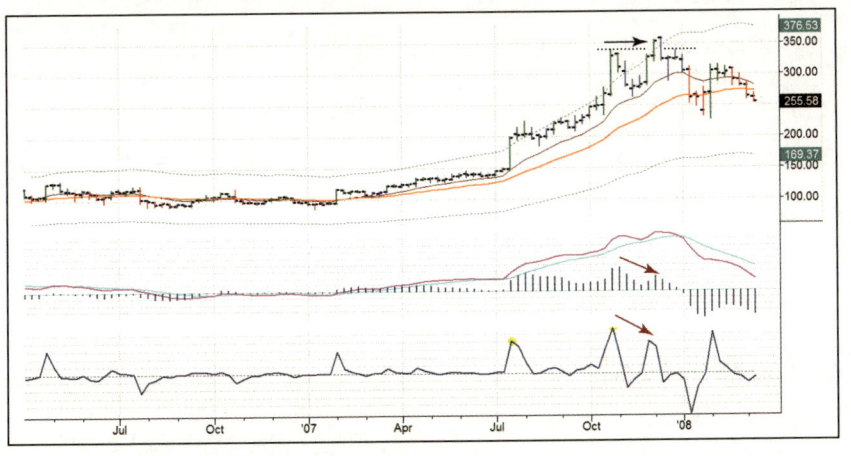

图 9-6　ISRG 周线图（2006 ～ 2007 年）

ISRG 周线图，两条移动平均线和自动包络线

MACD 柱和 MACD 线

强力指标——13 周 EMA

ISRG 日线图表现出极好的三重顶背离（如图 9-7 所示）。第三个 MACD 的顶太弱以至于甚至没能向上穿越零轴，我们把这种类型的背离叫做"丢失的右肩"。MACD 线、MACD 柱和强力指标同时背离表明这是个完美的三连胜。

周线图允许做空，日线图表现出强烈的做空走势，二者共同营造了这次值得交易的组合。如果周线图和日线图相互抵触，我是不会入场交易的；如果一个周期为中性状态、另一个周期表现出非常强烈的交易信号，我也会介入这样的交易。

牛市中典型的价格走势是上涨，跌回移动平均线后再度上涨。熊市的情况与此相反，熊市毁灭价值（还记得 MGM 吗）。如果股价在熊市中

回拉到价值区，就是做空的机会，交易者可以从下一次价值毁灭过程中
赚钱。

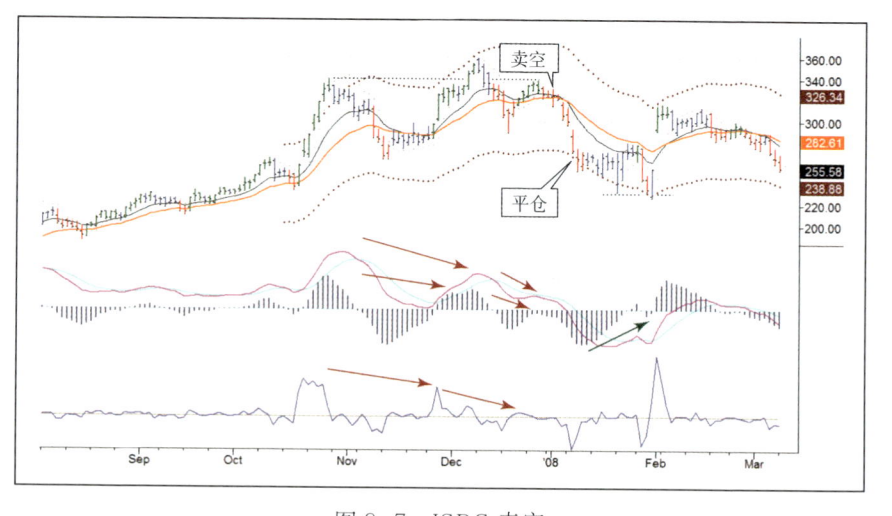

图 9-7　ISRG 卖空

ISRG 日线图，两条移动平均线和自动包络线
MACD 柱和 MACD 线
强力指标——2 日 EMA

　　正如我们从图中看到的一样，我在价值区附近做空，当 ISRG 股价跌
到超卖区，也就是接近通道下轨的时候平掉空单。这条有代表性的交易信
息来自 Spike 交易集团，他们代表性的交易一般持续一周左右的时间。偶
尔，他们推荐的股票我会持有的时间长一些，但通常都不在周末前后交易
他们推荐的股票。这次交易我按照自己的做空系统在价值区做空并在低于
价值时平仓，抓住短暂波段比在主要趋势中从头持有到尾更加现实。

　　平仓后，ISRG 股价企稳了，在真正上涨前又向下快速跌了两次，这
是对称交易信号频繁出现的经典案例：11 月顶部时我们使用向上假突破和
顶背离展开交易，股价下跌；2 月时又出现向下假突破并伴随着底背离的
走势，股价上涨。

## 毁灭价值的熊市

经济危机出现的时候，媒体铺天盖地地报道经济衰退对公众的影响。当失业问题和公司破产成为大众关注的焦点问题时，图9-8展示了熊市对资本家的所作所为。

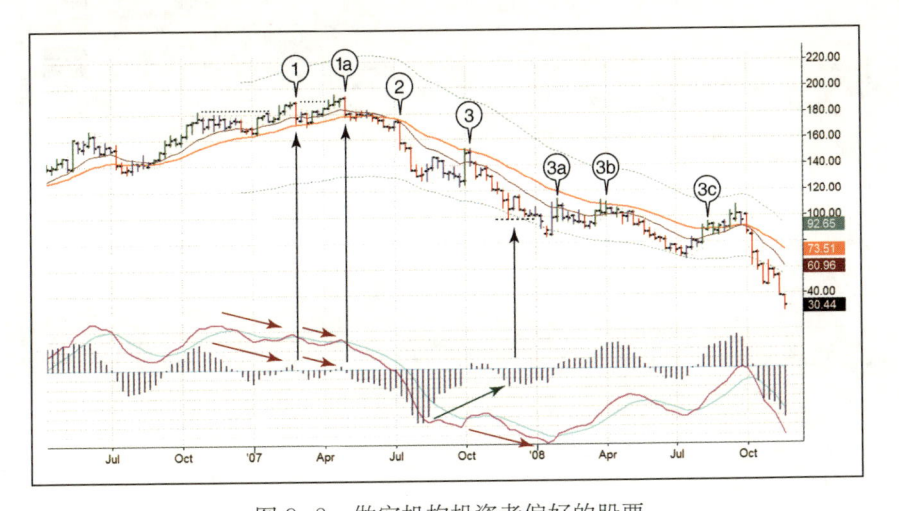

图9-8  做空机构投资者偏好的股票

SHLD 周线图，两条移动平均线和自动包络线
MACD 柱和 MACD 线

西尔斯公司（Sears Holding Corporation，SHLD）的大量股票都由机构投资者持有，2007～2009 年的熊市使 SHLD 股价从 200 美元跌到 40 美元以下，跌去了 80%，尽管不如 MGM 跌去 95% 那么多，但还是给市场带来很多血和泪。

我们从本例中可以看到作为个人交易者如何从机构持股的股票大幅下跌赚钱。

- 点 1 和点 1a。当市场升到最后一个高峰时，两个顶背离及向上假突破发生，表明牛市走到尽头。这样明显的信号告诉明智的交易者卖出股票并开始做空。

- 点 2。13 周 EMA 向下穿越 26 周 EMA，确认熊市到来。

- 点 3a、点 3b、点 3c。价格反弹到价值区。要知道市场不是直线运动，下跌趋势会不断被间歇性的反弹打破，其中一些反弹速度会非常快。看看点 3c 这次反弹，价格从前期低点反弹了近 50%，随后再次崩跌。想想如果持有空单但面对这样规模的反弹是什么样的心情。这是短期做空压力很小但获利很大的案例。

点 3b 之后的区域，股价大幅下跌引发"巴斯克威尔猎犬"信号，这个信号（在《以交易为生》中有描述）是指正常可靠的模式未能引发正常的结果。出现"巴斯克威尔猎犬"信号后，通常做多止损会被打掉，此时我们等待价格从第二个底展开反弹，如果没出现反弹，而是继续向下跌破前期低点，往往意味着基本面可能已经变化，这不是市场层面所能解释的了。在那个点上，交易者不仅要卖出，而且还要在新低出现的时候进一步采取做空的行动。MACD 线没有背离，反而在 MACD 柱背离时创出新低，当这两个指标相互矛盾时，最好不要展开交易。

在分片段看本图之前，我们先看看市场的整体运行轮廓：

- 重要的熊市会毁灭价值，因此价格可能会击穿所有合理的下跌预测位。牛市与此恰好相反，它会击穿所有合理的上升预测位。主要的牛市和熊市反映经济的重要趋势以及市场大众心理的变化。市场大众的力量远远强于任何个体，主要趋势的力量非常巨大，其边界往往超乎所有人的想象，创造出很难预测的极限位置。

- 我们在看长周期图表时，在主要趋势中驾驭一次交易相对容易。买入并持有（本例中卖出并持有）看起来是通往富裕之路的最简单直接的方法。事实情况远非如此。驾驭一次交易从主要趋势的开始到结束极度困难，你需要拥有超人的耐心并准备在正确的方向上承受巨大的资金回撤。

更现实的目标是使用周线图来定义趋势并用日线图按照周线图指示的方向展开短期交易。聪明的交易者从价格的短期波动中获利，而不是在整个趋势中持有不动。

与机构投资者相比，个人交易者有一个巨大的优势就是可以做空。大多数基金管理机构都禁止做空。2007 年夏天，我同亚洲一家大型基金管理人共进早餐。我向他展示了我的图表系统，这些图表指示牛市接近尾声熊市即将来临。这位基金管理人听完后转而对他的同事半开玩笑地说：我们的奖金危险了，我们需要采用保守的交易头寸。他当时管理着百亿资产，但因为不能做空，所以他的手被完全束缚住了。

个人投资者没有这样的限制，他可以通过做空在熊市获利。当机构投资者希望股价反转或焦急地寻找防御性股票时，个人投资者可以在波段做空中不断获利。下一节介绍这种观念在 2007 ～ 2009 年熊市中 SHLD 股票上的应用。

## 游弋在主要趋势中

请记住周线顶背离是做空及卖出的信号，两条移动平均线向下交叉是市场走熊的信号。一旦长期图表给出卖出及做空的战略信号，就该在日线图中制定入场和出场有关的战术决策，这是三重滤网系统的精髓。

图 9-9 是 SHLD 开始下跌后 6 个月的走势图，价格从 180 美元附近跌到 100 美元之下。我们使用一个简单的战术规则来进行交易，只要 MACD 柱的数值向下穿越零轴我们就做空。价格类牛市的反弹表明市场主趋势仍然是下跌趋势，价格跌到通道下轨附近时，市场处于超卖水平，平

空正当时。

从图中可以看到四个做空信号，每个信号都用垂直虚箭头标注。每个信号都发生在日线的顶部，精确度非常高。前两个信号发生后持续的时间较短，第三个和第四个信号持续时间很长，带来的利润也很多。

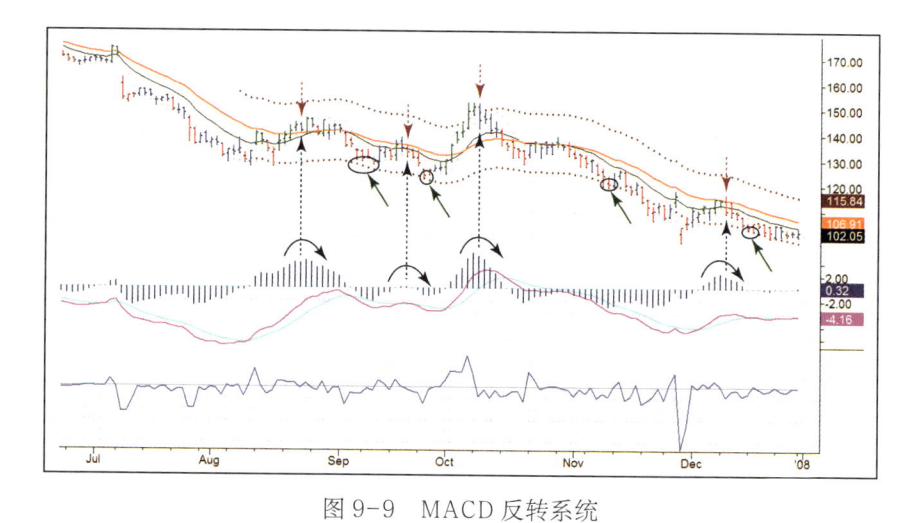

图 9-9　MACD 反转系统

SHLD 日线图（截至 2007 年 12 月 31 日），两条移动平均线和自动包络线
MACD 柱和 MACD 线
强力指标——2 日 EMA

因为做多时不太好用，所以不算是完美的系统，但是个完善的系统。如果有几只周线图给出战略做空信号的股票，用这个系统在日线图上进行交易，你会做得相当好。

务必记住完美是优秀的敌人，尽管完美出现时对自尊心有几大好处，但交易这个游戏不是为自尊心而战，而是为赚钱而战。要学着接受抓不住绝对顶部和绝对底部的现实，保持从容心态攫取趋势中间部分的利润并对此知足。

接下来我们一起追踪 SHLD 的下一幅日线图并看看这个系统在 2008年表现如何。

## 在下跌通道中交易

有时你可能会抓住一只股票的主要上涨或下跌趋势，之后不久它就进入自己的运行轨道。这种事不会发生在所有股票上，但只要你发现有股票走出这种模式，市场就变成了"提款机"。我不太情愿用"提款机"这个词，因为我不希望带给别人交易很容易的错觉。要知道股票迟早会跳出它的运行轨迹，这种模式也将失效，你的最后一次交易将是亏损的。所以，在这种模式下交易要保持固定的交易头寸，另外也不能在交易中加仓，如果不断加注，趋势完结时不可避免的损失会重创你的交易账户。如果完美是优秀的敌人，那么贪婪就是成功的敌人。

有一个必须谨记在心的要点是，所有这些日线图——当前这个、前一个以及下一个都必须与周线图主要趋势相背离。我在做出战略决策之前基本不看日线图<sup>⊖</sup>。每个交易者都需要一种优势，我的优势的重要部分是使用立体视角在至少两个时间框架上分析股票，而世界上多数人分析市场只用一个时间框架看市场。

两个短期交易系统适用于图 9-10 这种图表模式。一个是先前描述过的 MACD 反转系统，买入信号由上图中的垂直箭头标示，平仓信号由通道下轨线附近的圆圈标注；另一个系统——通道内做空，要求更好的时机及更多对价格的关注。

日线下跌趋势相对确定时，股价开始在通道内运行。这种模式下，价格回拉到两条 EMA 之间的价值区后，继续下跌并到达下轨附近的超卖区，如此往复。这种模式的做空入场机会由图中的斜箭头标注，出场机会由图中方框标注。即便有经验的交易者错过了前一两个这样的信号也没关系，因为之后的价格运动模式会非常清晰：在价值区做空，把止损设在刚出现

---

⊖    客户有时候会发送只附有个股日线图的电子邮件，向我询问该股的操作建议，而我回复他们的是标准答复：在分析周线图之前我拒绝分析日线图。

的高点之上，在通道下轨附近获利了结。

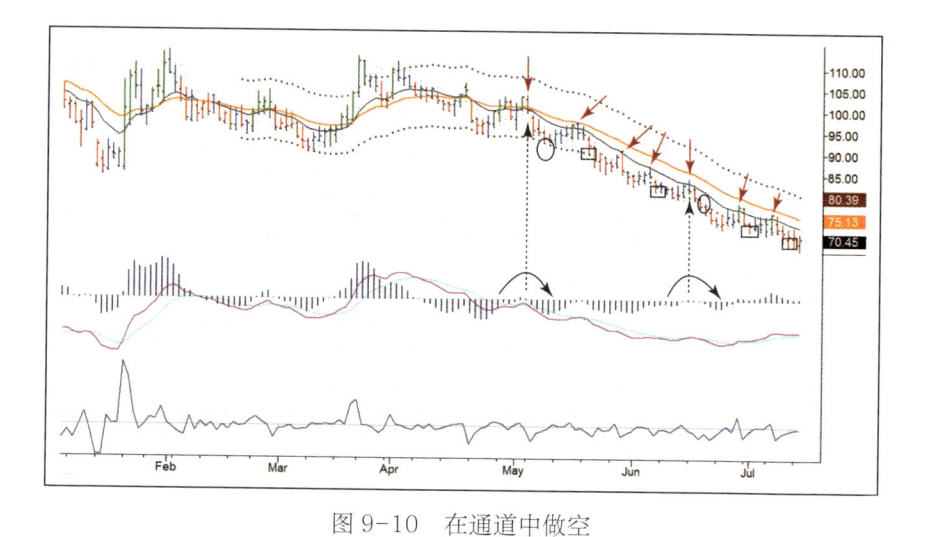

图 9-10　在通道中做空

SHLD 日线图（截至 2008 年 7 月 15 日），两条移动平均线和自动包络线
MACD 柱和 MACD 线

　　行情发生变化的时候股价会止跌回升并强烈上涨，你设置的止损也被打破了，此时股票跳出了它的运行轨迹，你也该寻找其他机会了。没有哪个系统会年年获利，但当价格在通道中运行时，这类系统就派上用场了。不要丢弃已经停止工作的系统，先把它们放起来等待市场环境改变，未来你可能会用这个系统赚很多钱。

　　注意 SHLD 的日线通道随着时间的推移是如何变窄的，其高度由2007 年超过 20 美元变为 2008 年中期的 10 美元以内，这是由于股价不断下跌造成的。

　　通道，也叫包络线，是设定盈利目标的有用工具。通道的高度反映了乐观和悲观、狂躁和低潮之间的差距。我认为只要抓住了通道宽度的30%，交易就可以评为 A 级。当然，试图成为明星的学员偶尔以 A++ 为交易目标也无可非议，但是要记得更高的评分需要更长时间，而持仓时间却恰恰是风险的来源。

把自己当做商人，把交易头寸当做商品，大多数零售商会告诉你快速流转是商业正常运行的标志，不断流转你的商品，买低卖高或高位做空、低位买平。取得 A 评级会比试图长期持有但面临更大风险以获得 A++ 评级更能教给你什么是成功的交易。

## 准备收获惊喜

树不会长到天上去，熊市也不会跌到零。当多数投资者和交易者变得苦闷、对市场厌烦和绝望时，他们就开始不断卖出。实力更强的、有远见的投资者买下他们的股票，这导致股票供应慢慢减少，股价下行压力减轻，股价逐步止跌。同时，明智的廉价猎手也开始蠢蠢欲动。当多数人感到前途黑暗、绝望情绪在市场间弥漫的时候，这群人做出最后一次集体抛售行动，这为下次牛市打下了基础。

从 SHLD 的日线图走势中我们可以看到 2008 年 9 月的时候熊市是如何在顶背离的情况下展开的（见图 9-11 中 A–B–C）。当时 MACD 柱出现了峰值 A，随后跌穿零轴到达低点 B，之后上涨乏力升到 C，而此时股价创出新高。请注意就复杂的顶 C 来说，顶背离来得相当慢。

在这个顶部有两个卖出信号，都是从 MACD 柱下跌中来的。第一个要放弃，第二个也走的不平坦，价格在创出新低前快速反弹，这次反弹把那些止损设得太近的人横扫出局。新手和专家的关键区别之一是，新手会在被打止损后不再入场交易，职业交易者期待遭遇一些市场骤变的情形，他们可能会在入场时遭受多次小额亏损但又重新入场，并最终在心理上获得慰藉，这样他们会感到很舒服。

熊市在 11 月份得到缓解，市场出现与做空相反的 MACD 信号，但此时有更多重要的模式开始出现。看看 10 月出现的 MACD 柱的底点 D，它表明熊市非常强烈，之后产生了一波反弹，不过在这样强烈的熊市情况下，这种反弹如昙花一现，但反弹还是让 MACD 柱在 11 月份运行到零轴之上。这意味着熊背已经被打破。

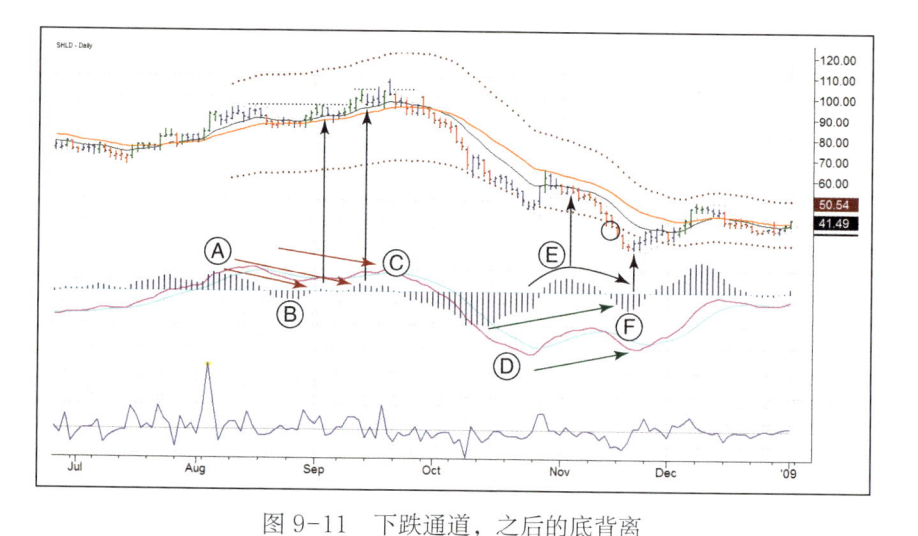

图 9-11　下跌通道，之后的底背离

SHLD 日线图（截至 2009 年 3 月 1 日），两条平均线

MACD 柱和 MACD 线

强力指标——2 日 EMA

　　只要指数或个股出现创纪录的 MACD 柱低点之后又上涨到零轴之上，我就把这只股票列入观测列表中，我在等待第二个底的出现，如果届时指标下跌不多，我就很可能会买入。这就是底背离，技术分析最强烈的信号之一。

　　11 月份时股价创出新低，但是 MACD 柱只跌到 F 水平。上涨的 K 线确认了 MACD 柱的背离正式形成，做空的迟到者将被困于此。注意这个背离是多么明显：MACD 柱和 MACD 线以一种完全有序的背离模式出现，不含任何噪声。日线图 MACD 背离提示我暂时忽视周线图状态，即便周线组合指标仍然是红的，但是日线图出现底背离，我也会做多。当然，我会在近期低点附近设置保护性止损。

## 牛市不言顶，熊市不言底

在信用泛滥过去很久的今天，银行已经不再放贷。它们的罪恶行为详细地记载在今天的图书中，这些图书包括难以置信的动人的《最伟大的交易》(*The greatest trade ever*)（格雷戈里·朱克曼）和《大空头》(*The big short*)（迈克尔·刘易斯）。2007年发行垃圾债券的机构尝到恶果，2008年这些债券被分块，低评级的部分当作垃圾直接处理掉。美国银行就是其中非常倒霉的机构之一。

图9-12传递了几个重要的信息：

- 请看图中左下两个斜箭头标注的顶背离，此时BAC有气无力地上涨到其最后的高点55美元附近。
- 区域1，13周快速EMA下穿26周慢速EMA，表明股价进入熊市。股价再未反弹到之前的高度，2007年没有，即便到了我写本书的2010年也没有。
- "子弹"2是一次回抽，快速EMA反弹到接近慢速EMA是绝无仅有的一周反弹，然后又再度下跌。这种情形表明没有完美的模式，偶尔的回抽是正常的交易风险。
- 下跌期间，趋势被几次快速反弹打断过。最强烈的一次是图中3到4的位置，股价在两个月内从19美元反弹到39美元。股价在熊市中很短的时间内翻倍，之后又暴跌到更低的位置。说到这儿，你还想持有头寸度过整个熊市吗？

这次熊市中的快速反弹是因为倒霉的空头被夹在门中不能脱身，之后的痛苦让他们不计价格地平仓。一旦这些倒霉的空头平仓完毕，下跌重新开始。

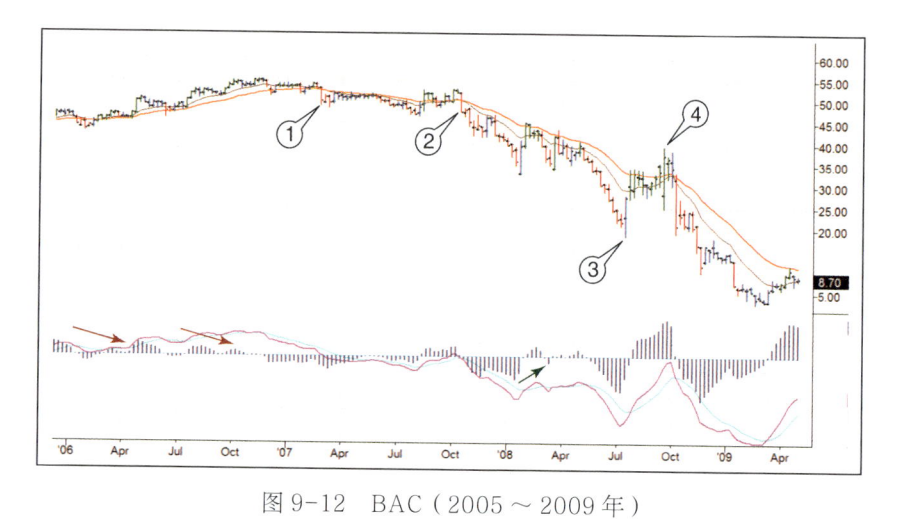

图9-12 BAC（2005～2009年）

BAC周线图，两条移动平均线

MACD柱和MACD线

BAC股价反弹后一路下跌，从反弹高点39美元低到3美元以下。如果你需要一则在周线图上制定战略决策、日线图上制定战术决策的案例的话，BAC周线图就能胜任。它在周线图上向你指明了战略方向，你只需要看日线图并在日线图上做出战术进出决策即可。

我们看看在周线图下跌的趋势中是什么"照亮"了日线图。股价从底部20美元涨到近40美元的急速反弹，这次反弹把很多看空者震出局，而后股价一路暴跌至个位数。

首先，如图9-13所示，日线图多次给出熊市反弹开始的警示信号。图中A-B-C所示的底背离，是技术分析最强烈的信号之一。这个清晰的信号表明交易者要么买要么等待，完全没有理由在MACD柱背离的反弹初期做空。当你看到人们疯狂地朝你的方向涌入时，最好赶紧躲开。

多数做空者在反弹开始的前5天被横扫，幸存者落荒而逃，导致股价向上假突破，同时MACD柱正在构建顶背离D-E-F，一旦顶背离完成，下跌立即展开。在图的右侧，MACD反转系统再次发出做空信号。

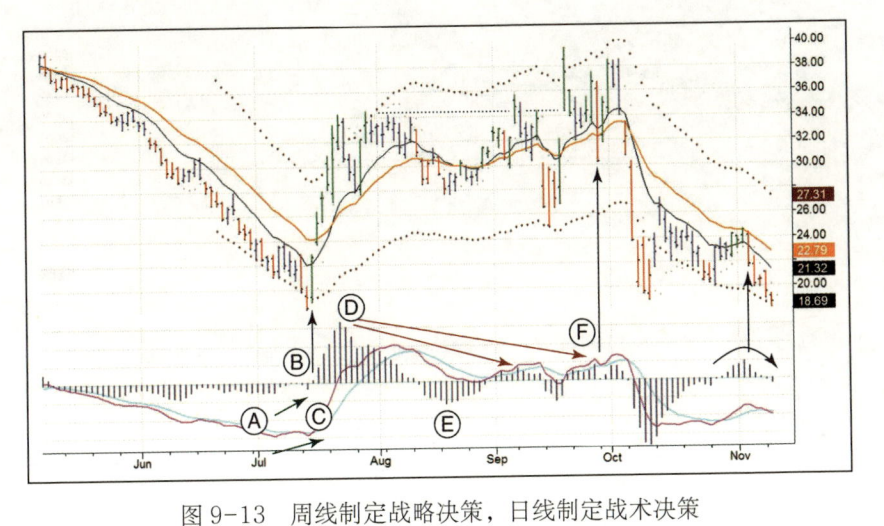

图 9-13　周线制定战略决策，日线制定战术决策

BAC 日线图，两条移动平均线和自动包络线

MACD 柱和 MACD 线

周线图为交易给出战略决策的信号后，日线图就要做出具体的何时入场、何时出场、何时空仓的决策。在做计划时，使用两种时间框架对做出正确决策非常有利。

以分析周线图开始并在此做好战略判断，以日线图开始分析对制订计划不利。长期图表要定期更新并阶段性分析总结。在长期图表上做出战略决策并写下来，之后开始转向短期图表并做好入场和出场的具体计划。

## 警钟为谁鸣两次

房地美（Freddie Mac，FRE）在债务未出事之前曾经是美国的标志，近期房地美的状况却不怎么好，公司前任董事会一定昏头了，现在股价跌到了仅剩几分钱。如果信用泡沫是在 2007～2009 年的熊市中集中爆发，房地美一定是灾难的中心。

图 9-14 反映了股价的下跌过程，从 70 美元之上跌到仅剩 76 美分的水平。我们再来看看其技术信号以考察我们从这次暴跌中学到了什么。

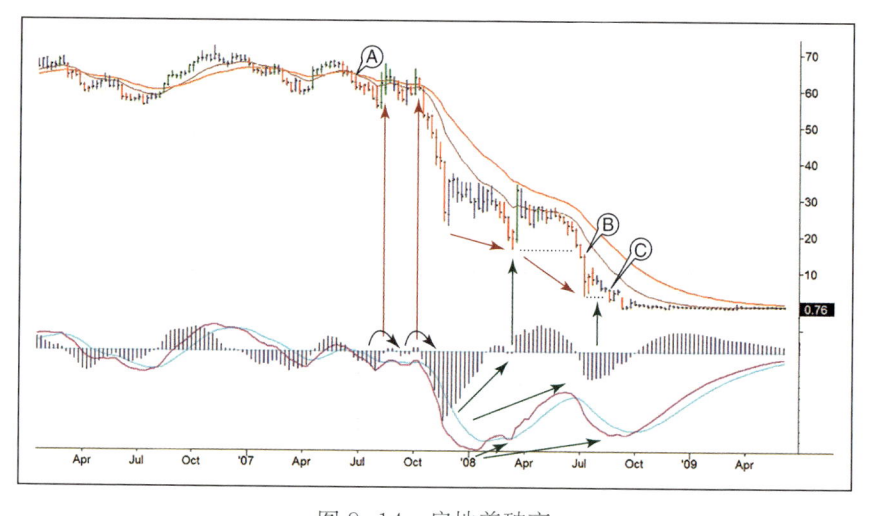

图 9-14　房地美破产

FRE 周线图，两条移动平均线
MACD 柱和 MACD 线

在 A 点处，快速 EMA 穿越慢速 EMA，确认熊市来临。FRE 此时的股价仍然在 60 美元之上，这个信号在整个下跌过程中都在起作用。这是本图案例中最重要的一课，那就是坚决不要在 EMA 周线图出现死叉的情况下持有多单，任何交易者遵守这条基本的规则都能躲过巨大的灾难。这些灾难在过去 10 年中经常被媒体大量报道，不仅是 FRE，还包括安然和环球电讯等。

2007 年，周线图 MACD 柱两次尝试反弹到零线之上，每次穿越零线后很快就跌下来，这加强了看跌信号，是熊市，做空并持有空单。图中 MACD 的这种情形由左侧两条长垂直箭头标注。

周线 MACD 底背离的情况很少出现，可能每隔几年才出现一次。巴斯克威尔猎犬信号<sup>⊖</sup>——一个典型的背离失败的信号更是少见。在同一张图中有两个这样猎犬信号接连出现几乎是闻所未闻，可这在 FRE 身上发生了。

右侧两条短垂直箭头标注了底背离。第一个底背离在 2008 年 3 月完成，但反弹了两周就结束了。在 7 月份的 B 点，FRE 跌破 3 月份低点，使底背离失效，因为跌破前低产生了巴斯克威尔猎犬信号。价格从 10 美元跌到了 4 美元以下。

第二个背离紧接着到来了，MACD 柱和 MACD 线同时背离。同样，价格启动失败，在点 C，价格跌破 7 月份低点 3.89 美元后跌到令人难以置信的 46 美分，此时房地美进入政府怀抱，政府拯救了这家公司。

两次巴克斯威尔猎犬信号背靠背出现极其少见，我从未见过这样的情形。这告诉我们永远不要说"不可能"。统计学家告诉我们股票市场呈"长尾"的概率分布，这是猜想的说法，如果要寻找看起来不大可能发生的事件，股票市场是个好场所。

我们从中学到的另一个道理是，永远不要说价格太低，股价从 70 美元跌到 20 美元的时候看起来很低吧，在 5 美元、3 美元时看起来很低吧，但是如果在 3 美元买入，交易者仍然要承受 85% 的亏损。没有"太低"这回事，如果你看到牛市信号后在支撑位之上买入，在没有设定好止损之前就不能展开交易。

直到今天我对 FRE 仍然心存疑问，它的价格是不是太低，该买入吗？我的答案是，只要它还被联邦政府控制，我就拒绝再看这只股票。技术分析者研究的是市场大众的心理，如果由一小部分人掌控公司的命运，

---

⊖ 这个信号在《以交易为生》中有所描述，当正常可靠的模式失败时，我把它叫做巴克斯威尔猎犬。如果你看到底背离后市场不涨反跌，表明基本面的情况已经发生重大变化，此时建议看空并做空。

使用技术工具就很难弄清其中的真相。一旦公司被政府接管，技术分析也将不再有效。如果你有一位说客朋友并有一条可靠的内幕消息，它可能比你使用技术分析更有效，但要记得在两个信号之间要相互验证。

## 巴菲特先生买得太早

沃伦·巴菲特是广为人知的投资天才，小时候他买过邮政公司的股票，还卖过二手高尔夫球。他通过炒股成为世界上最富有的人之一。爱丽丝·施罗德的《滚雪球》一书详细地介绍了巴菲特是如何从充满烦恼的小天才成长为今天拥有巨大成就的投资人的。

我十分尊敬巴菲特先生，但尊敬不代表盲目崇拜。巴菲特在长期投资方面取得了巨大成功，但他也犯过错误，他不是所有的股票都赚到了钱。人们在错误中学到的总会比在成功中学到的要多。

2008 年年底美国股市几近崩盘，贝尔斯登已经被廉价出售，基本上消灭了所有投资它的人，雷曼兄弟也倒闭了，市场中弥漫着疑惑与恐惧，好像没有安全的公司。人们不知道下一个要倒塌的"大象"是谁，看看房地美的走势图你就知道了。

在这次惶恐的下跌行情中，迎来了一则令人振奋的声明：巴菲特先生投资 30 亿美元购入通用电气（GE）股票。为了吸引他投资，通用电气公司付给他每年 10% 的利息，几乎是当时 GE 公司债券利率的两倍。除此之外，巴菲特还因此获得了行权价为 22.25 美元、规模为 30 亿美元的认股权证。听到这则声明后，我立即查看了该股的走势（如图 9-15 所示）。

声明发出的时间是图中的 B 点，GE 股价在下跌趋势中已经运行了近一年，在图中标注 A 点的时候，市场给出绝佳的卖出信号，这个信号就是向上假突破伴随着顶背离。两个月后两条周移动平均线发生死叉宣告 GE 步入熊市。GE 股价在下跌途中屡次被反弹打断，造成 MACD 的反转信号，由图中弯箭头所示。

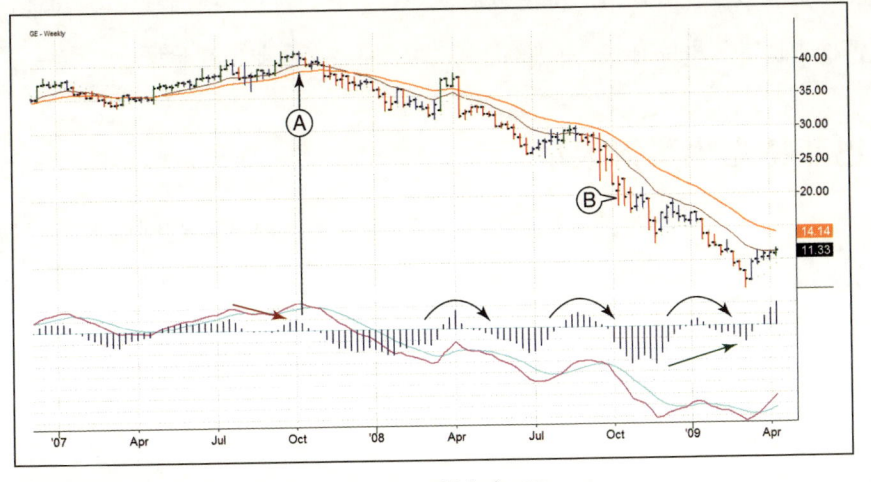

图 9-15　熊市中 GE

GE 周线图，两条移动平均线

MACD 柱和 MACD 线

　　在巴菲特先生发布购买该股公告的那天，映入我脑海的第一特征是周线组合系统还是红色。我在所有的交易中都使用这个系统，任何市场在任何时间框架下都可以由这两个特征来定义。一个是钝化，快速移动平均线运行速度减缓；另一个是力量，由 MACD 柱定义。如果当前 MACD 柱上涨到与前一个 MACD 柱高点相当的时候，牛市获得了力量；而当这种情况相反时，空头占主导地位。当钝化和力量同时指向上涨时，我的软件的 K 线颜色会变为绿色，它会告诉我只能做多或空仓等待，买入不违反规则。组合系统不会告诉我该做什么，但它会告诉我不该做什么。它就像一名检察官，给交易有用的控制规则，而这在金融市场中的大部分人都是缺乏的。

　　巴菲特买入 GE 股票的那一周组合系统是红色的。如果这位伟人向我寻求意见，我会建议他继续等待。3 周后，GE 股票周线图由红转蓝，出现强烈底背离的信号，这种底部通常需要重新检验。价格可能短暂反弹，但之后还可能继续下跌到原来或更低的水平。如果在二次探底过程中 MACD 柱跌得很浅，此时就产生了底背离，这是技术分析中最强烈的看涨信号。这确实在 2009 年 3 月份发生了，此时我也开始买入股票。感谢巴菲特，他第一次让我注意到这只股票，在巴菲特先生发布买入公告之前我从没有注意过这只股票。

以上评论不是在批评巴菲特，投资 GE 时，他可能有公司或政策原因，另外，GE 公司给他优厚交易条件，这在日后看起来可能非常值得买入；另外，从巴菲特先生买入 GE 股票到本章写作已经一年有余，GE 股价在他的买入价之下运行良好。

这则讨论表明，即便有极好的基本面投资原因，看看走势图并使用一些基本的技术分析原则也是非常有益的，基本面信息和现代技术分析的共同发生是最好的情况。

## 我能火上浇油吗

在我写本节内容的时候，我收到一封来自 Spike 交易集团员工格兰特·库克的电子邮件，他是 Spike 集团的精英。信是这样说的：

真正让我觉得异常的事情是这次熊市开始时，恰好也是 2 倍和 3 倍杠杆 ETF 基金发行时。杠杆特性和市场波动导致这些新奇的交易工具波动巨大，最臭名昭著是 UYG/SKF 和 URE/RSR。由于对冲基金管理人的冲击，SKF 由最高 300 跌到现在的 20 以下，SRS 同样也到过 300，但目前在 6 上下。很明显，这些交易工具的波动因为杠杆作用和罕见的衰退而被过分放大。但是，天哪，这是什么波动——新兴市场同样非常巨大，好像它们承担了所有衰退的威胁一样。

有利的一面是，美国政府给了市场很多，媒体和普通民众对华尔街和金融市场充满敌意甚至是憎恶，联邦政府的政策摇摆不定，表现为低利率、回购等。恢复性反弹的强度超出了所有参与者（包括我）的想象。包括我在内的一些人把这次反弹称之为"福利性"投机。我认为联邦政府提到的所谓"挽救全球金融体系"，他们确实做到了。

图 9-16 让我们看到了金融市场的多变特性。超金融公司（UYG）股价从 2007 年创建时的 70 美元跌到 2009 年 3 月的 1.37 美元，价格跌去了 98%。它揭示了几个我们先前讨论过的几个重要原则：

- 周线快速和慢速（13 周和 26 周）EMA 的相对位置关系定义牛市、熊市。当快速 EMA 下穿慢速 EMA 时，确认市场进入熊市。这是个落后指标，但是它仍然可以定义主要趋势。它在整个熊市阶段一直处于卖出状态，直到市场在 2009 年 11 月反转向上，此时价格接近 6 美元水平。

- 在熊市中，当 MACD 线反转到零线之上后再度跌穿零线时，就是做空信号。你可以在图中看到一年之中出现了 4 次这样的信号。如果你用这种方法监视不同行业的股票，你会发现它们之中这样的信号非常多。这就像你拥有一群状态稳定的马，它们能随意奔跑，有时自己跑，有时合群跑。

- 无论是熊市还是牛市，波段交易比从头到尾都持单要容易。看看 2008 年 3 月的熊市反弹，这让 UYG 从 240 美元反弹到 372 美元，仅仅 6 周内，反弹幅度超过 50%。你会在这样的反弹情况下一直持有空单吗？

- 只要价格到达通道下轨附近，就该做好获利了结的准备。

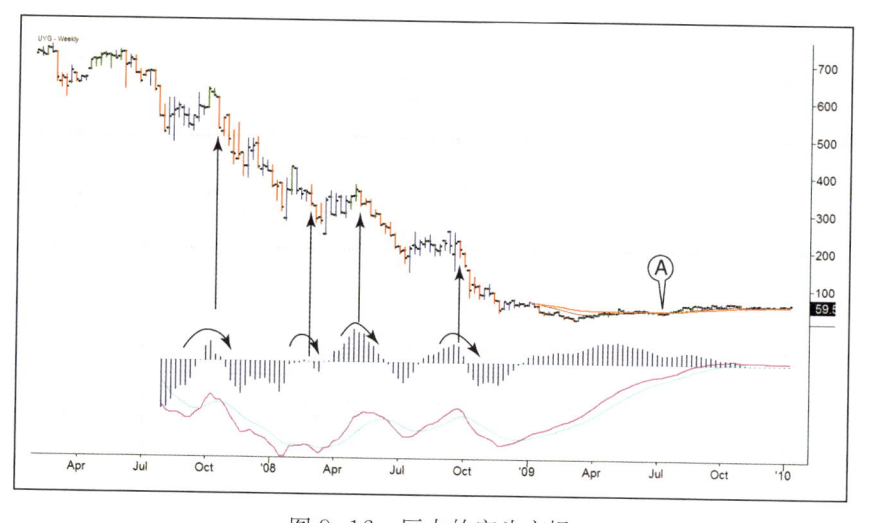

图 9-16　巨大的空头市场

UGY（并股复权）周线图，两条移动平均线
MACD 柱和 MACD 线

图 9-16 诠释了金融市场中人们的痛苦与绝望程度，业余交易者被横扫出局，就连一些专家也因此丢了工作。就像春天始于冰下的水流，此时的市场也开始向上运行。

## 不断在下跌中做空

交易者不需要在熊市中以很高的价位做空获利，一些做空机会出现在漫长的下跌过程中。这些下跌的股票让我想起那些溺水的人，他们浮出水面来吸一口气，而后又沉入水中。

下面这则案例来自我的交易日记，奥莱利汽车公司（ORLY）和其他股票一样在 2008 年 10 月创出新低，其周线图 MACD 柱也跌到新低，反映出下跌力量强劲并且闪出一丝重要信息，那就是市场可能会再次测试 10 月份形成的底部，也有可能创出新低。

2008 年 10 月筑底期间，ORLY 反弹到了夏季时达到的高点。这次反

弹表面上看起来非常不错，但并没有让10月份的顶背离失效，这个信号
出现表明机会就在眼前。

在图9-17的右侧，上涨过程中不断出现顶背离，其含义是ORLY正
在筑顶并即将下跌。首先，突破前高后价格拒绝上涨，基本上停留在压力
位附近，周线强力指标开始恶化，周线MACD柱开始下跌，同时周线组
合系统由绿变蓝，这样的情形可以做空。

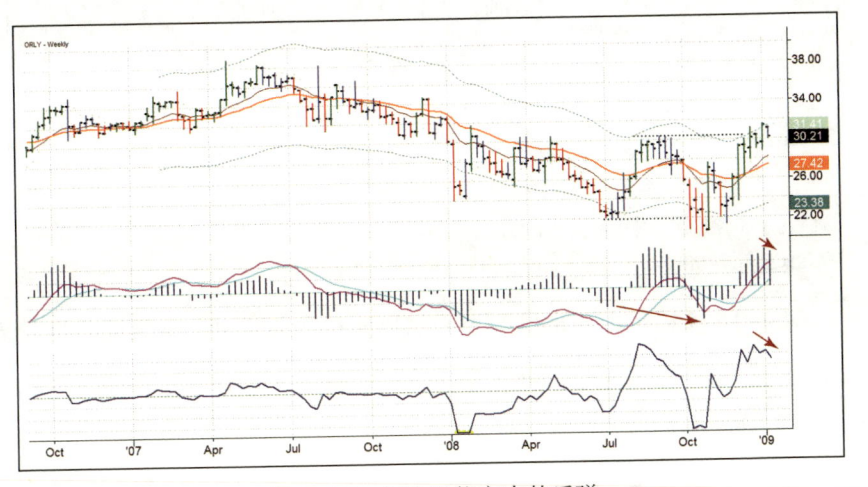

图9-17 ORLY熊市中的反弹

**ORLY 周线图，26 周 EMA，自动包络线和 MACD**

日线图（见图9-18）表现出一组完美的信号：向上假突破以及三组
顶背离——MACD柱背离、MACD线背离以及强力指标背离。1月6日周
二我以30.35美元做空ORLY。

我在周五也就是1月9日平回空头头寸，平仓价是28.39美元。日线
组合系统是红色的，让我可以继续持有，但由于这次交易是Spike集团给
出的建议，所以我想遵从它的建议；另外，我也不喜欢持股过周末；最后，
我喜欢的交易方式是波段交易，也就是交易周期比中长线投资要短、比日
内交易要长的交易。我很享受抓住一次很好的波段，然后在周末来临前结

束交易，并在周末寻找新的交易机会。

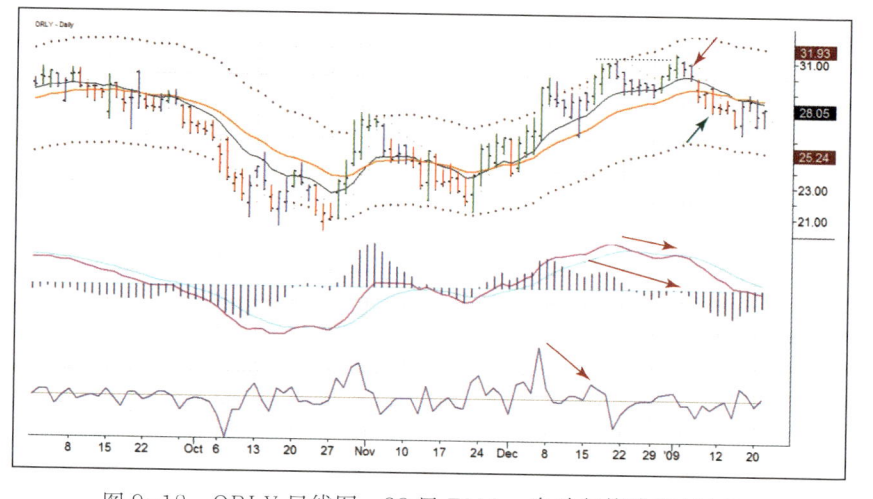

图 9-18　ORLY 日线图，22 日 EMA、自动包络线和 MACD

　　寻找一种方法以适应自己的脾性是件非常重要的事，我的目标对有些人来说可能太短，对另一些人来说可能太长，但对我来说正合适。为自己选择合适的时间框架并坚持在这个时间框架内做交易是件很重要的事。

# 第 10 章

# 探 索 底 部

2008 年秋天股票市场无情地下跌，多数市场参与者的情绪变得越来越糟，即便是由平空导致的反弹也变得更加短促而虚弱。

## 股票市场不会跌到零

我们看标普 500 指数的历史周线走势图会发现周线新高新低（NH-NL）指标跌到负 4 000 以下时，会产生一个很好的买入信号。如图 10-1 中垂直箭头所示，你可能注意到第一条垂线后出现了相当强劲的上涨，但最后两次上涨却非常短促、乏力，这表明熊越来越强、牛越来越弱。

NH-NL 指标跌到负 4 000 以下的情况非常少，在整个美国股票历史上，这个指标从没有跌到过负 6 000 以下。但是在 2008 年 10 月，不可思议的事情发生了，周线 NH-NL 指标猛跌到负 18 000！这种尖角下跌反映出市场已经跌到了完全绝望的地步。贝尔斯登破产了，其售价比总部资产还低；当雷曼进入强制破产清算程序后，华尔街最常听到的词是"交易对手的风险"，机构之间因为恐惧对手不能履约而拒绝交易。

在这种市场氛围下，联邦政府介入市场了。政府通过向市场注入大量资金并出具保函的方式拯救并刺激金融市场。直到今天，危机仍然指向政府错误的节奏、错误的资金投向及资金滥用，但我们很多人都相信如果没有政府介入，市场可能已经崩盘并关门大吉了。

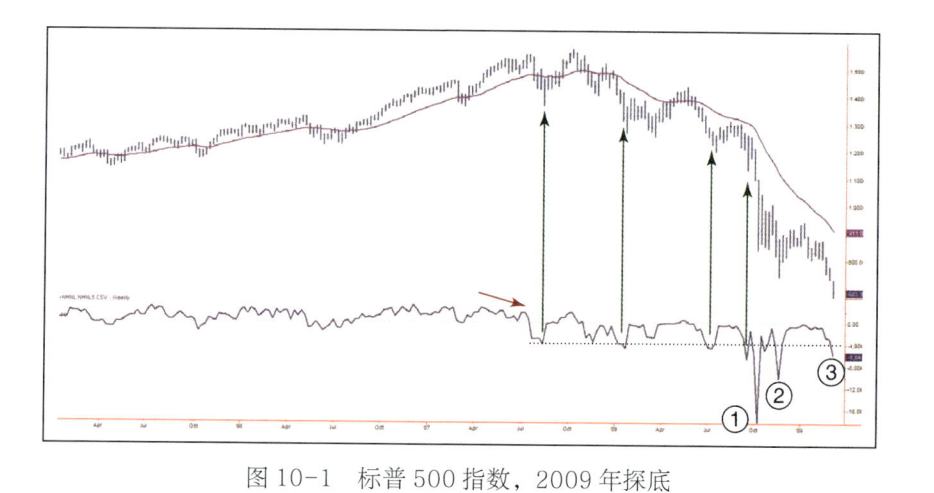

图 10-1　标普 500 指数，2009 年探底

标普 500 指数周线图，26 周 EMA

周线 NH-NL 指标

NH-NL 指标不可思议的下跌（图 10-1 中 1 所标示的位置）表明市场已经到了"决一死战"的地步，当这个指标从严重超卖水平返回到零轴之上时，我知道市场不会"关门"了，市场的未来越来越清晰，此时的关键问题是，底何时出现？

2008 年 11 月，市场创出新低，但是周线 NH-NL 指标跌得比前一次浅，只有负 10 000，而后在 2009 年 1 月返回到零轴之上，之后市场再度转弱。2009 年 3 月，指数以很低的成交量跌到 2008 年 10 月和 2008 年 11 月的两个底之间。此时 NH-NL 指标如何？这个指标跌到了 −5 854，这是一个在熊市开始前达到过的水准。只用这一个指标我们很难确定这是熊市的绝对底部还是熊市中的一次反弹。当然，大量的底背离在点 1、2 和 3 之间，这表明前者更可能发生。

## 双螺旋买入信号

图 10-2 反映出的信息准确无误地告诉交易者不必痛苦，它给出平空信号，并让大家开始准备买入股票列表。

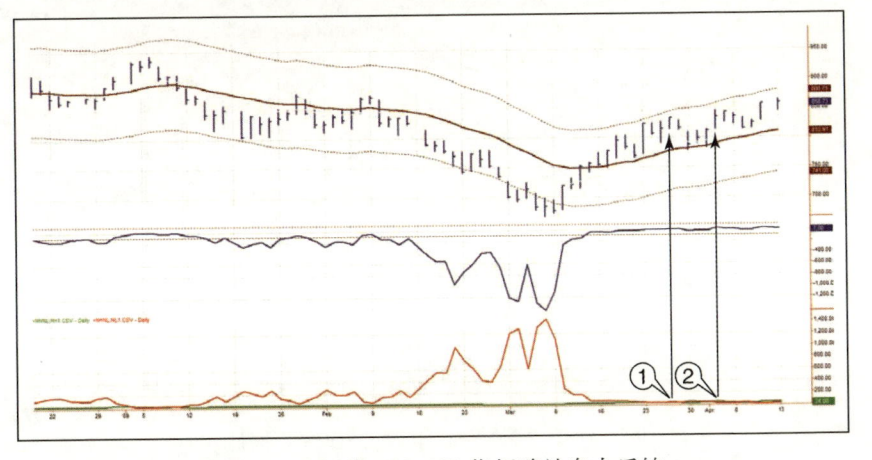

图 10-2　日线 HN-NL 指标确认向上反转

标普 500 指数日线图，22 日 EMA 和自动包络线
日线新高、新低和 NH-NL 指标
1. NH 指标首次穿越 NL 指标
2. 第二次穿越

技术交易信号在不同的时间框架图上同时出现的情况很少，职业交易者有能力处理这个问题，但新手恐怕连交易信号都识别不出来，而执著的交易者一直在等待完美信号的出现，但他们往往看着列车驶出车站。

举个恰当的例子：看看 2009 年 3 月市场低点时 NH-NL 指标的行为，从周线图中可以清晰地看到市场的底部信号，日线图相对平静，此时市场又创出新低，日线 NH-NL 指标跟随价格创出新低，没有迹象表明是背离。在最后一跌中，周线图 NH-NL 指标出现令人惊愕的底背离（见图 10-2）。3 月份的日线图却什么信号也没有，此时我们该怎么办？

因为周线图的重要性强于日线图，所以从长期图表中走出来的信号比从短期图表中走出来的信号更重要。理想状况下，两者会走出同样的走势，但现实中往往不是这样，在这种情况下你必须做出选择。三重滤网系统告诉我们分析时以长期图表开始，并在那里做好战略决策，而后再转向日线图表以做出战术时机选择。

4月份 NH-NL 指标终于出现了像周线图一样的模式，此时 NH 指标（图中绿线）的数值涨到 NL 指标（图中红线）之上。因为日线 NH-NL 指标非常敏感，所以我要等待二次金叉时才会把它作为一次买入信号。Spike 集团的史蒂芬·莫里斯笑称这是"双螺旋"或"双亚历克斯式"。

## 及时、准时入场

图 10-3～图 10-5 是三幅德克斯户外公司（DECK）的周线走势图，除此之外还有几张日内图（为节省空间，在此省略）。这些图是史蒂夫·奥尔康发给我的，他也是 Spike 交易集团的一员。他写道：我初次交易时就开始写日记，这是在 2009 年 3 月 10 日大幅上涨的第一天。我做多 DECK，股票涨了 6 周，尽管赚了点钱，但交易得很笨拙。当我回头看那些美好的日子时，我学到的一课是突然出现那种不需要很多经验和技巧就能赚钱的机会很少，真是往日不同今时啊。

史蒂夫是个谦虚的人，他在 Spike 交易集团中表现得很好，这幅图的评论就出自他手。我常对学员说：教一项技能很难，学习一项技能更难。好像史蒂夫已经听过我的课程，所以他才有勇气在多数人充满恐惧、站在场外时应用这些规则。

在史蒂夫的评论或图表上不必再添加什么，请注意他是如何把图表变为计划工具和日记工具的。在交易生涯初期，我常在图表上写上很多关于技术指标信号的话语，现在我只用很少的箭头或圆圈标注我认为重要的要素。

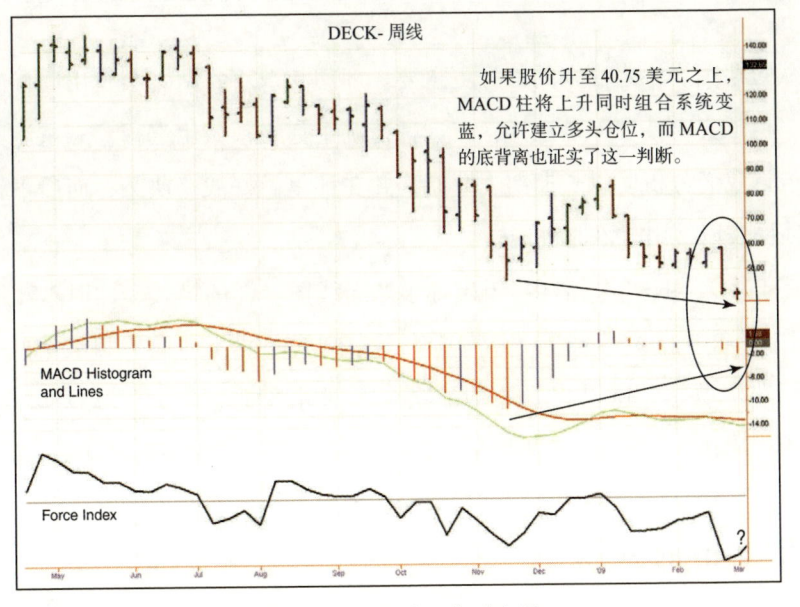

图 10-3 及时、准时入场

DECK 周线图，两条 EMA 和自动包络线

MACD 线、MACD 柱和强力指标

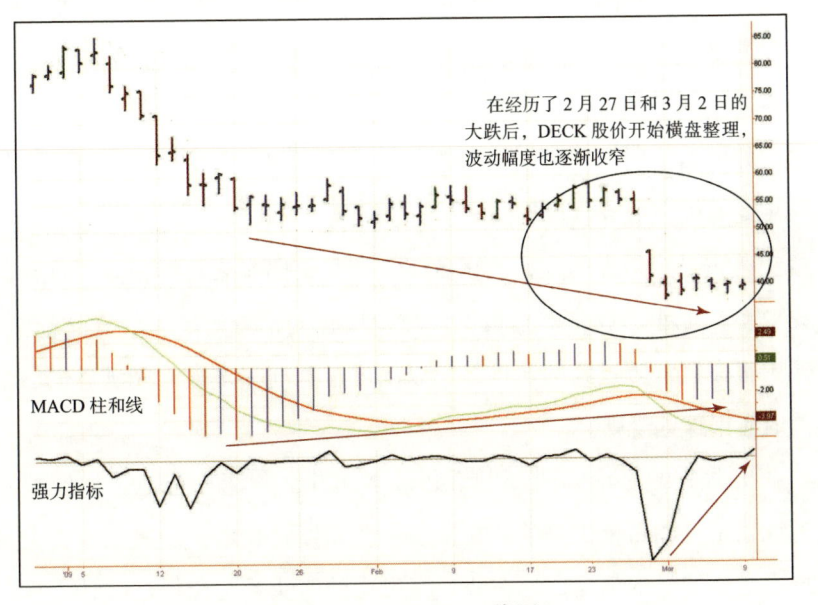

图 10-4 DECK 日线图

DECK 日线图，两条 EMA 和自动包络线

MACD 线、MACD 柱和强力指标

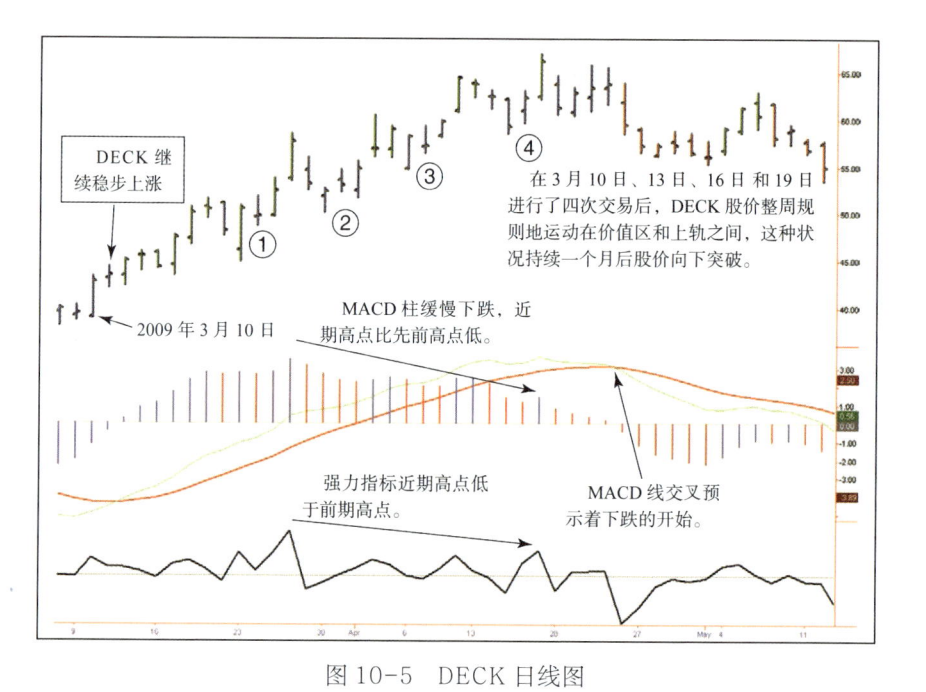

图 10-5　DECK 日线图

DECK 日线图，两条 EMA 和自动包络线
MACD 线、MACD 柱和强力指标

史蒂夫以非常职业的交易者行为不断地交易相同的股票。多数交易
者交易股票时，无论盈亏，很快都转向下一只股票，他们就像酒吧里不可
靠的男人一样，总是试图和不同的女人聊天，但从没有花时间发展与其中
之一的关系。他们也拒绝别人看不起他，如有人忽略他们的存在，他们就
不再同那个人说话。职业交易者与此相反，他们往往交易相同的股票，尽
管可能面临多次止损，但交易同一只股票没有问题，最终他们会在预期的
方向上获得好的入场位置。尽管史蒂夫在股票交易方面还有些经验不足，
但他在这只股票上做了几次波段，直到 MACD 线出现死叉，此时他明白
DECK 的运动模式已经发生了改变。

在交易生涯的早期，我常在日记中大篇幅记录我的心理状态，常写下
入场和出场的感受，这让我受益匪浅。把头脑当成交易工具，关注其运行

规律会帮你成为成功的交易者。在获得经验之后，心理状态会很好，而此时交易者也该把关注的焦点转向风险控制和资金管理。

## 我最喜欢的大底信号

假突破伴随着底背离是市场底部的最重要模式之一，这种模式可能在每个时间框架下都会出现，当然最重要的还是在长期时间框架下给出的信号。我通常使用周线图寻找这种模式，周线图可以判定大顶和大底。

移动研究公司（RIMM）是一家科技公司，其黑莓产品被半开玩笑地称作"黑莓成瘾症"产品，因为使用黑莓产品容易让人上瘾。如图10-6所示，这只股票在熊市早期比多数股票都要坚挺，2008年夏季还创出过新高，但没能维持住新高，收盘价跌到压力线之下，图中用1标示。周线MACD顶背离信号加上假突破卖出信号，下跌由此开始，在之后的一年里，股价从近150美元跌到40美元以下，公司价值跌去3/4。

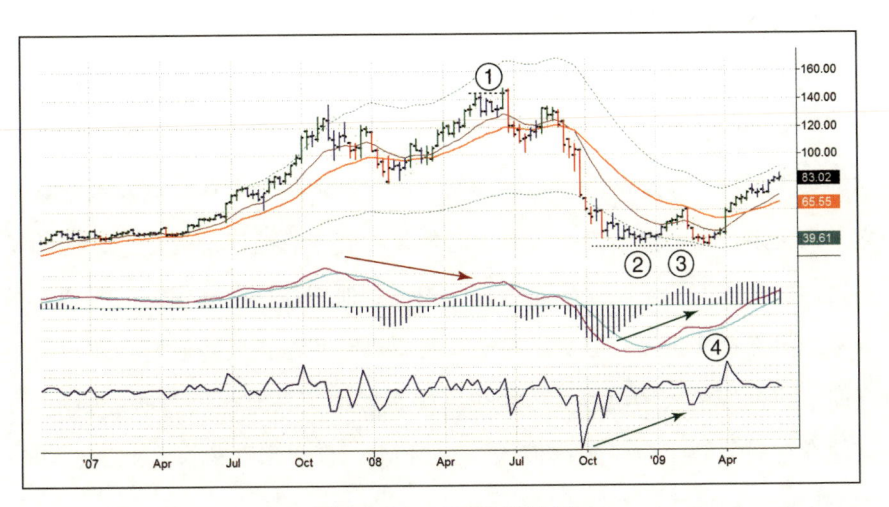

图 10-6　RIMM 日线图

RIMM 日线图，两条移动平均线和自动包络线
MACD 线、MACD 柱和强力指标

2008 年 10 月，RIMM 在 40 美元之下找到支撑（区域 2）；随着 MACD 柱向上穿越零线，股价于 2009 年 1 月展开反弹，"打破了熊背"（区域 3）。在区域 4，RIMM 再度跌到支撑位，跌破后创出新低。2008 年 RIMM 的最低点是 35.09 美元，2009 年 3 月跌到 35.05 美元，比前期低点低 4 美分。击穿前低一定让很多把止损设在比前期低点低一美分位置上的人遭受损失。

有时我们容易找到这种突破，在重要低点位置设置预警，当股价跌破预警价格时，只要市场收复前期低点，就准备买入。扫描这种突破可以找到很多候选股票。

底背离出现在区域 4，在那里出现"丢失的右肩"模式，底部 2 低于零，顶部 3 显示熊市力量遭到遏制，底部 4 表明空头已经很弱以至于不能把这个指标推向低于零的位置。组合系统从红色变为蓝色表明此时可以买入，随后股价不断上涨，并且最终成为明星牛股。

相似的方法，不同的方向，在市场顶部同样表现良好。不过股价在顶部时你要做好面对市场动荡的心理准备，因为股价在顶部时的震荡幅度比在底部时可能更大。

## 卖出手中的牛股

历史的顶底容易识别，好的买入机会在历史走势图中像水晶一样透明，问题是越接近图表右侧，情况就变得越乌云密布。新手看到历史图表时经常错以为他们可以在趋势底部买入、在趋势顶部卖出，并从此过上幸福的生活，有经验的交易者知道做这种梦与期望彩票中奖没有区别。

历史是既成和清晰的，未来是变动和出人意料的，所以专家比新手更谦虚。专家们抓住偶尔的波段就非常满足，他们在混沌的市场中等待有序的模式发生后介入并持有到目标价附近出场。

不断重复上述过程并在其过程中使用匹配的资金管理规则，之后你的资金曲线就以令人满意的角度向上运行。下面我将分享一些我最近的交易来说明这个原则。

2009 年 11 月的第一个周末，也是我第一次关注塞弗林公司（CEPH）的日子，当时 Spike 交易集团的一名成员建议下周交易这只股票（如图 10-7 所示）。

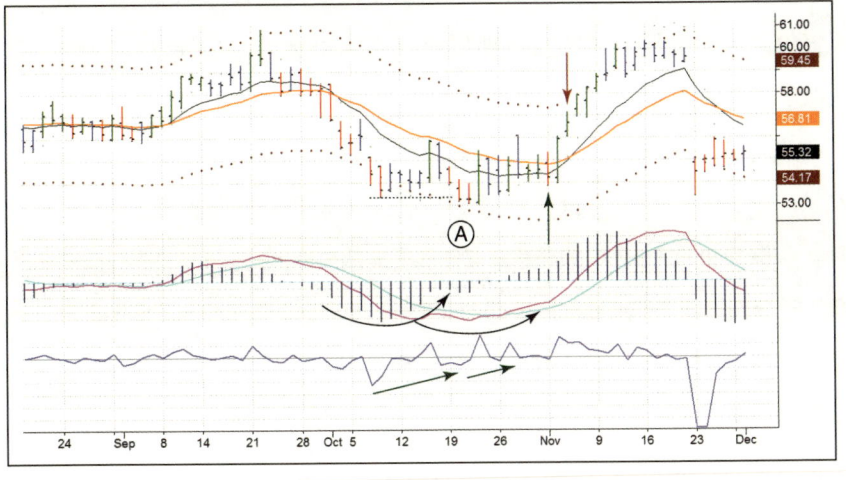

图 10-7　CEPH 日线图

*CEPH 日线图，两条移动平均线和自动包络线*
*MACD 线、MACD 柱和强力指标*

CEPH 已经进入熊市，但在周一，周线组合系统由红变蓝，意味着允许买入。我们从日线图中可以看到向下假突破和强力指标的底背离，表明熊市正冲出迷雾；此时 MACD 也给出牛市模式，MACD 柱和 MACD 线同时走出圆底走势，尽管不如背离那么强烈，但也足够积极了。周一，也就是图中向上垂直箭头标注的那天，CEPH 短暂跌破价值区，我在 54.62 美元做多；周二，股价走出非常漂亮的向上反转，账户盈余变得牢靠；周三，股价再度上涨但是涨幅缩小，此时价格已经接近上轨线也就是超卖区，我以 57.06 美元获利了结，也就是向下垂直箭头标注的那天卖出。

交易评分是 53%，获得了通道宽度 50% 略多的利润，A 评级。这是一次让我非常满意的交易。

我是不是卖得太早？确实是这样，如果继续持有到日线图的颜色由绿变蓝、直到牛市看起来疲软为止，可能会更好。但这类错误我可以接受，我在价值区买入，并在接近高于价值区的时候卖出，为下次短期波段交易腾出了资金。

第二个案例是瑞尔特不动产公司（股票代码 O）的交易，股价向下假突破伴随着底背离 A-B-C，周线图的颜色是浅蓝色（见图 10-8），允许买入。我在向上垂直箭头标注的那天以低于价值的价格做多，但分两次出场，分别由图中的向下垂直箭头标注。我在价格已经达到通道上轨时卖出一半，进入超买水平；转天 K 线颜色变蓝，暗示我一天以后卖出另一半头寸。佣金很低，两次交易和一次交易的佣金差不多。这次交易的评分是39% 和 44%。

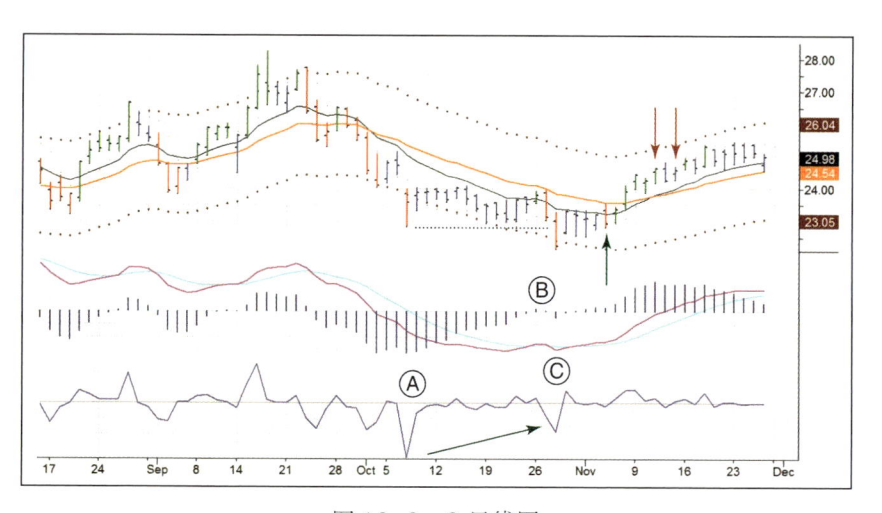

图 10-8　O 日线图

两条移动平均线和自动包络线

MACD 柱、MACD 线和强力指标

买入时没有抓到绝对的底部，卖出时也没有在波段的顶部，但仍然抓住了中间很大一部分利润。在股价接近上轨时，第一个卖出信号发出，第二个卖出信号是当日线组合系统颜色由绿变蓝时，表明牛市力量减弱。

太多交易者因为"持有浮动盈利"而让自己痛苦不堪，在对待利润这个问题上，冷静和现实的态度在长期看来是非常可取的。

## 每次牛市都磕磕绊绊

股票市场 2009 年 3 月见底，在一波波澜壮阔的向上反转之后开始缓慢上升。到 2009 年年底的时候，毫无疑问我们已经处在牛市之中了。

牛市通常会持续 4 年多时间，但不会直线上涨。经典技术分析的鼻祖查尔斯·道和罗伯特·雷亚曾说过经典牛市的三个阶段：

- 第一阶段，前一个熊市造成超跌低价的股票恢复性上涨。
- 第二阶段，反映实体经济增长的股价上涨。
- 第三阶段，在前两个阶段的基础上投机盛行，市场即将跳入下一次熊市。

这些阶段之间的转换不会非常平坦，恰恰相反，牛市中这些典型的阶段转换时通常都会被调整所打断。

2009 年年底时我们处于哪个阶段呢？当然不是令人兴奋的第三阶段，也不是第二阶段，因为实体经济仍然在低潮期，我们在第一阶段，也就是低价恢复阶段。由于第一阶段已经持续了 9 个月之久，另外 NH-NL 指标走势趋弱，所以猜想市场出现短暂的回调是合理的。

谷歌是本轮牛市的领导者，如图 10-9 所示，它在整个熊市中相对强势，2009 年 3 月的时候市场多数股票创出新低，但谷歌依然在 2008 年的底部之上运行良好。这表明这只股票很有可能成为新的上涨行情的领导者。但是，即便是领导者也需要休息。图 10-9 显示只要谷歌到达上轨线，就变得步履蹒跚，需要短暂休整几周才开始继续上涨。

图 10-9 谷歌周线图

两条移动平均线和自动包络线
MACD 柱和强力指标

本图右侧超买信号再次出现，周线组合系统变蓝，变蓝意味着允许交易者做空。

在此处做空的勇气来自几个方面，其中之一是技术分析结果。2009年12月，谷歌表现得非常强势，创出当年新高；另外，周线组合系统由绿变蓝，日线图中多个指标走出大量的顶背离走势，股价表现出相对低风险的做空机会（见图 10-10）。

图中向上垂直箭头标注的是 12 月 31 日，也是我做空的那一天，当天日线组合系统由绿变蓝，我在价值之上做空，并把止损设在前一天高点附近。谷歌随后跌到下轨附近，我在那里平掉了空单，获得了 64% 的通道宽度评分。

股价短暂停留后再度下跌，但已经和我没什么关系了。我已经抓住了我想要的利润，并且一旦股价达到下轨线，我的系统也不再允许我做空。
如果你准备和你的系统结伴而行，相信你的系统很重要。

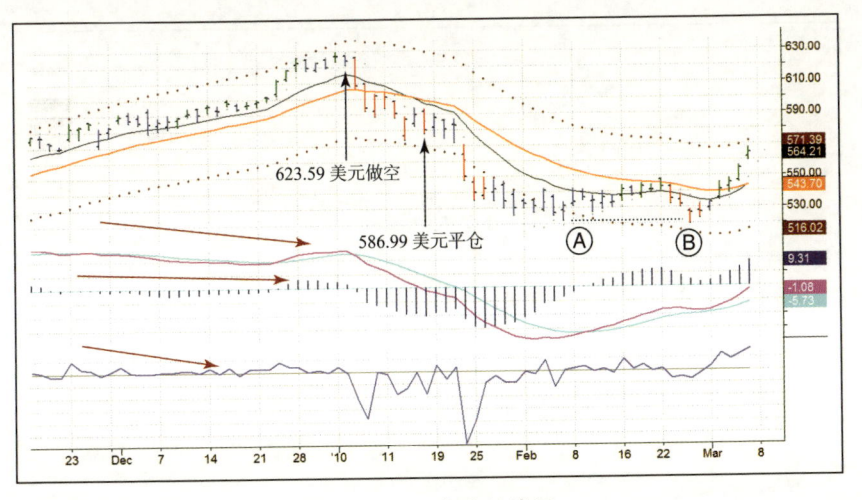

图 10-10　谷歌日线图

两条移动平均线和自动包络线
MACD 线、MACD 柱和强力指标

请注意 2010 年 2 月的向上反转，A 点时，股价跌到了 522.46 美元，
B 点创出 520 美元的新低，但收盘价在 526.43 美元。这是一次假突破，
最好的见底信号之一！看这幅图，你能识别当时 MACD 和强力指标给出
的信息吗？

在结束本章之前，我们一起看看我的交易日记中的另一个交易案例，
它将是本书的最后一个案例。

## 令人错愕的做空

我第一次看到这幅图（见图 10-11）的时间是 2010 年 4 月的一个星
期天，当时我正在纽约讲课，教室里有两个澳大利亚人，我在教室里挂起
了两幅图，一幅是 MSCI 澳洲指数基金（EWA），另一幅是我从未交易过的

澳洲指数 ETF。周线图反映出令人兴奋的信号，始于 2009 年 3 月底部开始的上涨走到了尽头，EWA 走出双顶形态，只差几美分周线图的组合系统就会由绿变蓝，如果这个条件达到，我们会有一个完美的周线 MACD 柱、MACD 线和 FI 的顶背离。于是我就看它的日线走势图（见图 10-12）。

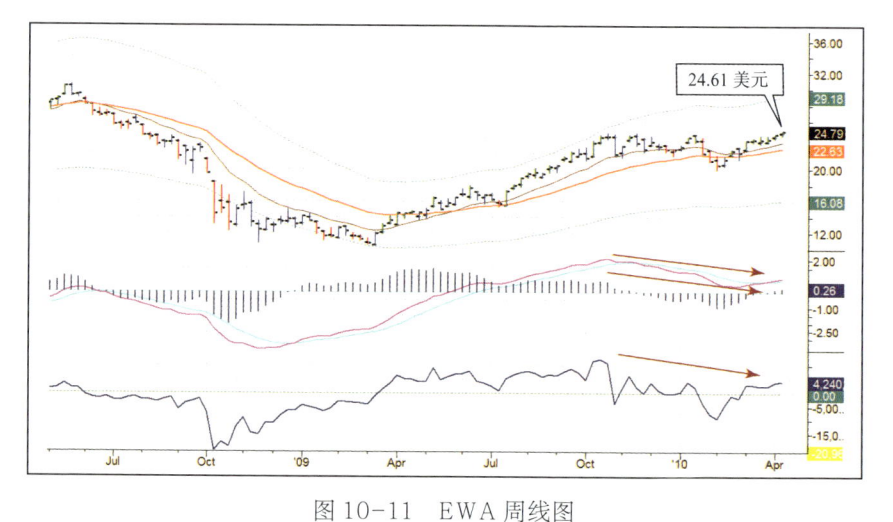

图 10-11　EWA 周线图

两条移动平均线和自动包络线
MACD 线、MACD 柱和强力指标

　　日线图给出的信号与周线的信号非常像，周二，在组合系统变蓝后，我开始做空。并把止损设在近期高点之上，我每股承担的风险只有几美分，意味着我可以以很低的风险做空更多股票。

　　随后价格加速下跌，我一直持有这些空单（如图 10-13 所示），即便 EWA 跌到日线通道下轨附近我仍然持有，因为组合系统仍然是红色。当小反弹发生时，我正在亚洲旅行，没有看到行情，错过了绝佳的获利了结的机会。还好，我对自己的经验比较有信心，快速下跌通常会有一次恢复性反弹，尔后股价会再去测试快速下跌创出的低点，低成交量的二次测试。这也在 EWA 身上发生了，于是当日线组合系统变蓝时，我在前期低点不远处平掉了所有空单。

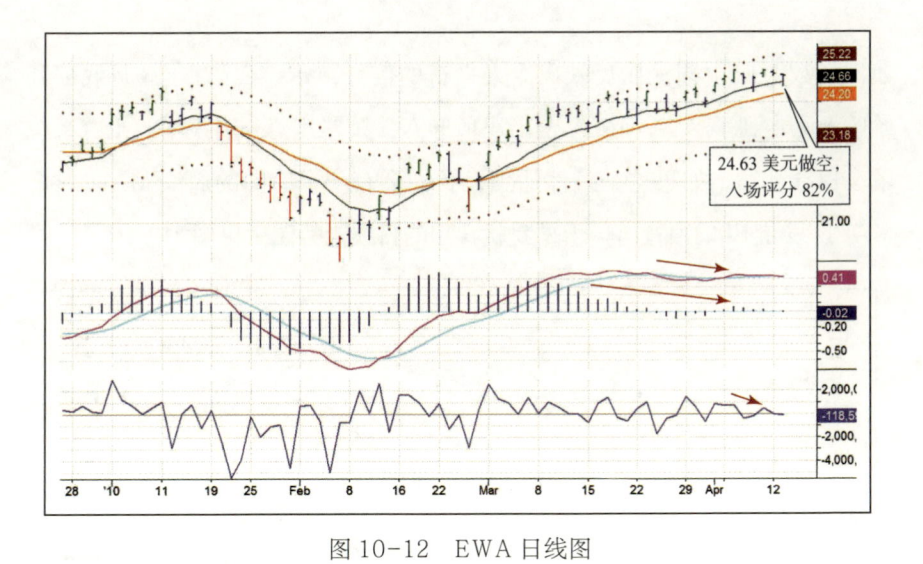

图 10-12  EWA 日线图

两条移动平均线和自动包络线
MACD 和强力指标

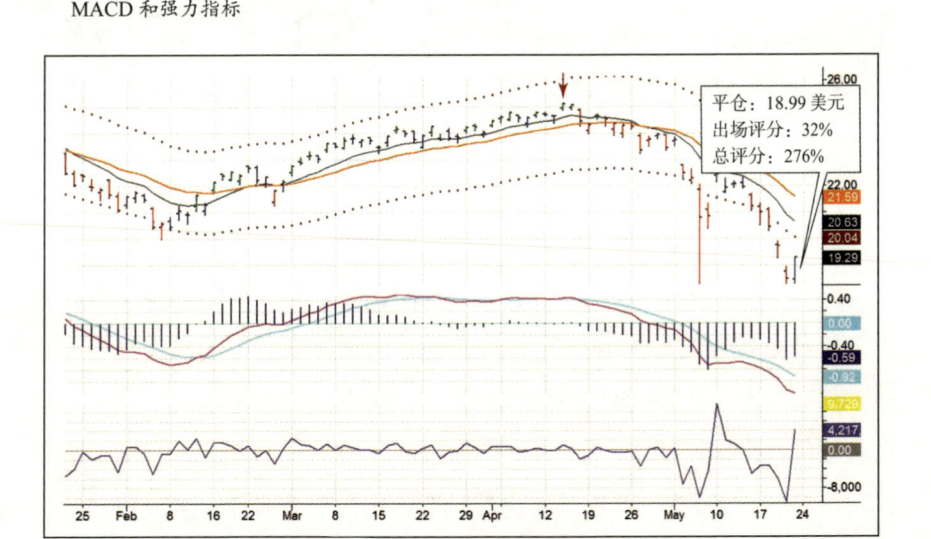

图 10-13  EWA 周线图

两条移动平均线和自动包络线
MACD 线、MACD 柱和强力指标

本次交易心得：值得拥有一套简单的交易系统，风险相对较小，方案在脑中，并以平静和放松的方式实施计划。

## 总结

　　成功的交易要求思路清晰、严守纪律，多数交易者和投资者思路不清而且优柔寡断，他们在生活中也往往是这样。他们不断推迟做出决定的时间，好像他们是全世界最不缺时间的人，他们如歌词"明天太阳照常升起"唱的那样活在梦里，事实上他们时间有限，由于这种轻佻的决策方式，明天很可能比今天更糟。

　　本书主旨并非教你如何生活，但可从教你如何做好交易做起。下一个交易日入场、出场的计划明确吗？如何管理交易风险并做好交易记录？何时卖出股票？准备好做空并以此获利吗？在完成了本书的学习之后，你应该对这些问题对答如流了吧。

　　我已经和你分享了那些给我和我的学员带来巨大的积极影响的发现：成功与否的唯一重要的因素是交易记录的质量。新手不假思索地追求各类指标的参数，但这些参数与做好交易记录的重要性比起来简直不值一提。我已经向你说明了该做好哪些记录以及如何使用这些记录，你会遵守吗？你会对它们做升级改造吗？

　　本书关于买入的环节我们所用篇幅不大，我们把大量篇幅用在卖出和做空方面，以让你了解如何设置止损价和盈利目标。在这两个问题上我们讨论了多种方法，在实际交易中你需要选择适合你的个性的技术分析指标。

　　如果你像大多数交易者一样从没有做空过股票，我鼓励你找一只你讨厌的股票并少量做空，开始学习做空时务必控制交易规模，还要多加练习。你不必成为活跃的做空者，但我希望你能放下包袱、学习做空，而不是对做空不闻不问、心怀恐惧。

　　我们没有提到的一个话题是交易中的税赋问题，我不是这方面的专家，我只能建议你详细研究一下这方面内容并找到令你满意的答案。

## 处置盈利

　　正如奥斯卡·王尔德在 100 多年前所说：每个真正的理想背后都是金钱，因为金钱意味着更多的自由，最终意味着一种生活方式。我想花更多时间和孩子们在一起，我想住大房子，我想在北方冬季时去加勒比海度假，我不想待在医院被人随叫随到，这些欲望驱动着我努力赚钱。

　　当你开始赚钱时，知道何时满足、何时跳出旋转木马很重要。人的追求是无穷尽的，一匹健马、一栋别墅、一个有趣的玩物等。如果你在好的时期并没有离场，那么你就是在追求花不完的钱，这样的话，你的生活将变得越来越糟。请记住，目标是自由而不是赚不尽的钱。

　　独立可能是解决贪婪这个问题的好方法。我很乐意听你说你已经开始实施自己对贪婪问题的解决方案了。

　　我一直在做的与赚钱无关的事情就是写书，我用大量时间和精力写书所获得的版税远不能和做交易赚的钱相提并论，我喜欢写作，也很享受读者读我的书的感觉。

　　我的另一个追求是授课。多年前我自告奋勇给本地一所高中讲解关于"金钱和交易"的课程，为了给这些孩子带来更真实的感受，我开了一个 4 万美元的账户并向他们承诺：如果在当年学年结束时账户亏损，我就承担这部分亏损；如果盈利，我就把利润的一半捐赠给学校，把另一半均分给班级成员。

随着时间推移，我惊奇地发现与我的账户相比，我更关注这个小账户，在年度末的时候账户是获利的。这些孩子们喜欢那次经历，学校也不断邀请我再回去给孩子们讲课。给学生讲课并在一群人面前做出决策使这些选手获得另一个优势：在粉丝面前做出决策的能力。

### 个人红利

每个季度只要达到100%的盈利目标，我就把其中的5%的季度利润拿出来作为个人红利均分给那些想做一件事而没钱做的人。

起初没人知道这个红利项目，第一次红利是2002年第四季度，接受者听闻后非常惊喜。我的捐赠方法是把一叠钱钉在卡片上，这确实达到了预期的效果。

目前接受者主要有六类人和当地的一个慈善机构，该慈善机构为专家型姑息疗法，事业而殚精竭虑地工作。5%的红利不会改变世界，但多少能为那些接受者做点什么。

有时候我没有达到目标，但让每个季度都保持新鲜，因为每个人都想知道那个季度我做得怎么样！在每个季度第三个月我让他们都知道这份红利可能有还是没有，这让我工作起来注意力更加集中，同时让我的家庭以一种井然有序和心怀感激的态度对待这项工作。我喜欢我的"股票持有者"。

罗伯特·布雷克辛斯基

## 未来之路

年年岁岁股相似，岁岁年年人不同。请你想想为什么交易股票都一样，交易专家能持续盈利而门外汉却经常亏损？

　　有一位俄罗斯人曾说过：冬天买马车，夏天买雪橇。专家们在低位买入，等待股价上涨后卖出；当他们发现可能要下跌时，在高位做空、低位平仓。这就好比在 3 月买冬衣或在秋天买夏季的体育用品一样，都是在等它们过季。

　　当然，股票卖出时会更复杂一些。想象一下，如果你正在寒冷的 3 月卖冬衣，因为你知道寒冬即将过去，所以此时一定是了结的最好时机。研究市场、找到市场运行模式、参与挑战，这些会让我们与市场大众的行为有所不同。

　　如果交易头寸太大让你变得紧张、焦虑、不舒服，你就毫无例外地变得跟市场大众一样了。如何保持放松和独立，尤其是在刚开始交易时控制交易规模很有必要，你已经知道了 2% 规则，如果能再将风险缩小，将非常可取。风险越小，你越轻松，在面对获利、止损或让交易继续的决定时你就更能应对自如。

　　贪婪和恐惧是一对双胞胎，如果交易较小的头寸你就控制住了贪婪，而此时恐惧也不太可能侵袭到你，你的思路会变得清晰；反过来，如果贪婪地增加头寸，恐惧也将常伴你左右。低度恐惧带来好决策和大利润，高度恐惧带来坏决策和大损失。

　　交易的最大吸引力之一在于它能让人自由，另一个巨大的吸引力在于它能成为人一生的追求。交易时间越长，你的经验越丰富。记忆力、耐心和经验（年龄的优势）是交易最基本、最有用的东西。但首先，为了从经验中赚钱，你需要活下来并在这个游戏中待足够长的时间，你要设置资金管理规则，这样就不会有重大损失或一连串损失击垮你。你需要管理交易记录系统，并从交易经历中获得成长。

　　如果你认真使用了本书给出的信息，并用其中的规则和课程，前路将一片光明，我希望你能在前方多个十字路口处都做出正确的决策。

　　祝你交易成功！

## 致谢

在此非常感谢本书的编辑凯文·康明斯在创作早期给我的鼓励；感谢 John Wiley 出版社的同事们，正是由于他们的帮助，我才能顺利出版这么多书；与出版社的乔安娜·波梅兰兹、盖比瑞拉·卡达尔和南希·迪米特里工作时就像与老友一同旅行一样愉快；感谢我的经纪人特德·博南诺，他为本书顺利完成做了很多工作。

我的两个女儿米莉亚姆和妮卡在本书出版过程中也帮助不少，米莉亚姆是位旅行家，目前在莫斯科，妮卡正在普林斯顿大学攻读博士学位，但她们都在百忙中抽出时间检查底稿并给出宝贵意见。感谢我忠实的朋友卡罗尔·凯甘·凯恩，本书的最终校验者，他的认真与细致为本书最后出版把好了最后一道关。

感谢亚拉巴马州的交易者克里·劳文，也是 Spike 集团的合伙人之一，他慷慨地帮我做出了本书的多幅图表；感谢北卡罗来纳州的交易员杰夫·帕克，他也是 Spike 交易集团的成员之一，是他通读本书底稿并提出一些困难的问题以提高本书的质量；感谢帕特里夏·刘，一位非常珍贵的读者，是她确保本书语言的连贯和准确；同时感谢埃尔德公司主管经理伊娜·费尔德曼，在我创作期间，她独自一人管理公司数周，确保我能有充裕的时间撰写和编辑本书。

非常感谢你们所有人，在你们的帮助下本书才得以顺利出版。再次感谢！

亚历山大·埃尔德博士

纽约，2011 年

# 参考文献

[ 1 ]  Alcorn, Stephen. Personal Communication, 2010.

[ 2 ]  Angell, George. *Winning in the Futures Markets*. New York, NY: McGraw Hill, 1990.

[ 3 ]  Apple, Gerald. *Technical Analysis: Power Tools for Active Investors*. Ramon, CA, Financial Times, 2005.

[ 4 ]  Bade, Margret. Personal communication, 2003.

[ 5 ]  Benyamini, Zvi. Personal communication, 2007.

[ 6 ]  Bleczinski, Robert S. *The Unconventional Trader*. An unpublished paper, 2007.

[ 7 ]  Bruin, Gerard de, Personal communication, 2007.

[ 8 ]  Buffalin, Dr. Diane. Personal communication, 2007.

[ 9 ]  Cooke, Grant. Personal communication, 2010.

[10]  Elder, Alexander. *Come into My Trading Room*. New York: NY: John Wiley & Sons, 2002.

[11]  Elder, Alexander. *Entries & Exits: Visits to 16 Trading Rooms*. Hoboken, NJ: John Wiley & Sons, 2006.

[12]  Elder, Alexander. *Trading for a Living: Psychology, Trading Tactics, Money*

*Management*. New York, NY: John Wiley & Sons, 1993.

[13]　Faith, Curtis. *The Way of the Turtle*. New York, NY: McGraw Hill, 2007.

[14]　Friedentag, Harvey Conrad. *Options—Investing Witbout Fear*. Chincago, IL: International Publishing Corporation, 1995.

[15]　Cawande, Atul, *The Cbecklist Manifesto*. Metropolitan Books, 2009.

[16]　Grove, Nicholas. Personal Communication, 2004.

[17]　Hieronymus, Thomas A. *Economics of Futures Trading*. New York, NY: Kreiz, Shai. Personal communication, 2007.

[18]　Lewis, Michael. *The Big Sbort: Inside the Doomsday Macbine*. New York, NY: W.W. Norton & Company, 2010.

[19]　Lovvorn, Kerry. Personal Communication, 2007.

[20]　MacPherson, Malcolm. *The Black Box: All-New Cockpit Voice Recorder Accounts of In-fligbt Accidents*. New York, NY: Harper, 1998.

[21]　Mamis, Justin. *Wben to Sell: Inside Strategies for Stock-Market Profits*. New York, NY: Simon & Schuster, 1997.

[22]　McMillan, Lawrence G. *Options as a Strategic Investment*, 4th ed., Upper Saddle River, NJ: Prentice Hall, 2001.

[23]　Morris, Stephen. Personal communication, 2010.

[24]　Natenberg, Sheldon. *Option Volatility and Pricing*. New York, NY: Mcgraw Hill, 1994.

[25]　Parker, Jeff. Personal communication, 2007.

[26]　Patteson, Jacqueline. Personal communication, 2006.

[27]　Rauschkolb, James. Personal communication, 2007.

[28]　Rhea, Robert. *The Dow Tbeory*. New York, NY: Barrons's, 1932.

[29]　Schroeder, Alice. The *Snowball: Warren Buffett and the Business of Life*. New York, NY: Bantam, 2009.

[30]　Smith, Adam. *The Wealth of Nations*. New York, NY: Bantam Classics, 2003.

[31]　Steidlmeier, J. Peter. Presentation at a CompuTrac conference, 1986.

[32]　Teweles, Richard J., and Frank J. Jones. *The Futures Game*, 3rd ed. New York, NY: McGraw Hill, 1998.

[33]　Weis, David. *Catcbing Trend Reversals: a video*. New York, NY: elder.com, 2007.

[34]　Weissman, Richard L. *Mechanical Trading Systems: Pairing Trader Psychology with Thechnical Analysis*. Hoboker, NJ: John Wiley & Sons, 2005.

[35]　Wilder, J. Welles, Jr. *New Concepts in Thchnical Trading Systems*. Greensboro, SC: Trend Research, 1976.

[36]　Winters, Deborah. Personal communication, 2007.

[37]　Zuckerman, Gregory. *The Greatest Trade Ever: The Behind-the-Scenes Story of How John Paulson Defeated Wall Street and Made Finanical History*. New York, NY: Broadway Business, 2009.

亚历山大·埃尔德，医学博士、交易专家和交易者导师，著书十余本，其中《以交易为生》和《以交易为生的学习向导》被众多交易员誉为现代交易经典之作。

埃尔德博士出生于彼得格勒并在爱沙尼亚长大，16 岁时在爱沙尼亚学习医学，23 岁时成为船上医护工作者，收到美国的政治避难函后随船前往美国，曾在纽约哥伦比亚大学教授心理学课程。

埃尔德博士对交易心理有独到的研究，他是全球领先的交易专家，他的书籍、文章和观点多数已经出版，他本人的多次交易也出现在本书中。

埃尔德博士是交易训练营的发起人，该训练营专门为交易者展开为期一周的交易培训。他也是 SpikeTrade 网站的创始人，其成员都是专业和准专业的交易者。SpikeTrade 成员之间每周分享自己最看好的股票以挣得奖金。

埃尔德博士目前还在交易，并为交易者组织在线会议，他是广受欢迎的会议演讲者。他欢迎本书的读者通过电子方式申请免费订阅其电子新闻通讯。

elder.com

PO Box20555, Columbus Circle Station

New York, NY 10023, USA

Tel. 718.507.1033

e-mail: info@elder.com

　　截短损失、获取利润，这句交易的至理名言对大多数交易者来说都不陌生；同样对大多数交易者来说，他们并不了解如何去做，才能达到"截短损失、获取利润"的效果。诚如本书封面所写：如何锁定利润、设定止损，作者亚历山大·埃尔德博士（全球著名畅销书《以交易为生》的作者）将倾心向您讲述如何实现的过程，带你走向成功的交易之路。

　　作者首先介绍了成功交易的三个要素：方法、心态和资金管理，以及交易新手在交易之前需要做出的几个重要选择，这为学习作者所教的交易过程打下基础。

　　第一部分重点讲述了交易之前的选择和准备，交易的三个要素——方法、资金管理和心态。对于买入方法，作者并没有过多阐述。尽管如此，在第2章有关卖出的部分，我们仍然可以看到作者精彩的买入方法。

　　第二部分重点总结了三种类型的卖出——止盈、止损、因交易噪声而卖出，其中对主要的卖出方法都做了细致的分析，并以实际交易案例告诉交易者在卖出过程中需要重点关注的问题。

　　第三部分对做空的基本原理、做空的分析方法、学习做空的注意事项以及在市场不同阶段选择做空所面临的问题都做了详细阐述。

在 A 股转融券业务全面开闸的今天，提前做好准备、学会做空便能在市场中领先一步。作者在书中引入做空比率和平空所需时间这两个指标将在未来 A 股市场上为交易者再添胜算。

第三部分还针对期货、期权及外汇的卖出及做空做了实战性阐述，内容同样精彩实用。

第四部分先对 2007 ～ 2009 年的大熊市做了回顾，并通过实际案例讲述作者在超级熊市中是如何应用他的做空方法规避风险、赚取利润的，仅"巴斯克威尔猎犬"的案例就值得交易者认真学习。第四部分还针对市场底部的形成模式进行了讨论，这对交易者也非常有借鉴意义。

做好交易记录这一宗旨贯穿全书，作者称之为交易盈利的重中之重。在全书的第一部分，作者阐述了自己交易记录和交易计划的内容。以译者的经验，做好交易记录确实有着难以言表的好处，交易记录对于交易者认识自己、认识市场、总结交易方法、思考适合自己的资金管理策略以及调整交易者的心态都有巨大的帮助。

本书的另一个特色是全书应用了大量的插图及交易实战案例，每则案例都阐述了交易的全过程，强化了交易要素的学习。

最后，每章后都有习题集，主要考查学员对作者传授的方法、资金管理策略等与交易相关的要素的掌握程度。

译者做交易近八年，深感交易之路不易，经历过对交易的迷茫、方法的困惑、对资金管理的无知，尽管看到过不少好书，也与书中作者所述产生过共鸣，但多数书籍都没能把"交易该如何做才能获利"这个问题说清楚。读完本书，相信你会对交易过程及"交易该如何做才能获利"这个问题有新的认识。

本书是国内少有的能将交易实战方法、资金管理和心态以众多案例的形式展现给读者的图书。本书适合个人交易者将其作为教科书来学习，也可以作为专业机构培训交易员之用。无论你是即将加入交易大军的新手，还是处于迷惘、彷徨的准交易专家，抑或是已经能够实现持续盈利的交易老手，相信大家都能从本书中有所收获。

　　非常荣幸能有机会翻译亚历山大·埃尔德博士的这本经典著作，同时非常感谢机械工业出版社给了我这样一次难得的机会，并在全书翻译过程中提供了很多帮助和建议，再次感谢！

　　愿本书能够带您走向成功的交易之路。由于水平和时间有限，译文中的缺点和错误在所难免，恳请读者批评指正。

马福云

2013 年 2 月于北京